부동산 공인중개사를 위한

# 입주장
# 1등의
# 비밀

아파트입주장 15년 실전 전문가가 알려주는 노하우

부동산 공인중개사를 위한

# 입주장 1등의 비밀

윤건율
지음

초보자도 따라 할 수 있는 입주장 기본서
부동산중개업의 꽃, 입주장 1등을 위한 로드맵

최소비용
사무실
오픈하기

매물장
만들기
노하우

선수처럼
매물작업
노하우

바른북스

# 반드시 아파트입주장 1등을
# 목표로 하라!

입주장에서 1등 중개업소가 되고 싶다면, 이 책을 반드시 읽어라. 그리고 부동산중개업에서 성공하고자 한다면, 중요 부분만이라도 반복해서 읽어, 자신의 것으로 만들기 바란다.

입주장에 대해 구글, 네이버, 유튜브 등에서 검색해 봐도 깊이 있는 내용들을 찾을 수가 없다. 왜냐하면, 아직 입주장에 대한 정립된 이론이 없고, 오랜 기간 동안 입주장에만 집중해서 일해온 전문가도 많지 않으며, 또한 그들이 자신들만의 노하우를 밝히고 싶지 않아서일 것이다. 그래서인지, 입주장을 경험하지 않은 사람들은 단편적으로 "입주장은 초보자에게 너무 어렵다", "누구는 입주장에서 큰돈을 벌었다는데, 어디서부터 시작해야 할지 잘 모르겠다", "전화작업이 힘들고 두려워서 입주장은 못 하겠다", "경쟁이 심해서, 스트레스받으면서는 못 할 것 같다", "떴다방과 같은 반칙을 일삼는 중개업자들이 많다더라" 등과 같이 입주장에 대해 부정적인 시각이나 두려움을 갖고 있다.

시중에 나와 있는 공인중개사를 위한 부동산 중개실무 및 창업 관련 서적이나, 사설 교육프로그램은 주택, 상가, 토지 그리고 공매·경매에만 국한되어 있을 뿐, (아파트)입주장에 관한 전문서적과 교육은 전무한 상태이며, 입주장을 다루는 유튜브 영상들의 경우에도 그나마 신도시와 같은 택지개발지에서의 분양권 거래에 관한 내용만 있을 뿐이다. 반면에, 공인중개사 시험에 합격하고 창업을 준비하거나, 소속공인중개사로 일하고 있거나, 개업중개사로 일하는 분들 중 상당수는 입주장에 높은 관심을 갖고 있다. 그런데 입주장은 기존 아파트 단지에서 중개하는 방식과는 여러 면에서 접근 방식을 달리해야 하는 특수성이 존재한다. 예컨대, 단기간에 많은 계약이 이뤄진다는 점, 수많은 중개업소들이 밀집해서 경쟁한다는 점, 입주장만을 위해 단기간만 사무실을 운영한다는 점, 특히 아파트가 완공되기 전에 계약물건을 실질적으로 보지도 않고 계약이 이뤄진다는 점 등이 있겠다.

　이 책은, 내가 입주장에서 15년간 일하면서, 공부하고 경험한 것들을 바탕으로 기술하였다. 이 책에는 나만의 노하우로 간직하고자 주변 지인 중개사들이 질문하여도 자세히 설명하지 않았던 내용들도 모두 빠짐없이 포함되어 있다. 기존의 부동산 관련 책과 강의는 실무에서 중요한 내용이라고 강조하지만, 실제로는 이론에 과도하게 편중되어 있거나, 실무적으로 지나치게 초보적인 내용들이 대부분이라, 실제 업무와의 직접적인 연관성이 떨어지는 경우가 많았다. 언급했듯이 나는 15년 동안, 매년 쉬지 않고 입주장을 돌아다녔다. 여기에 기록된 내용들은 순수 공부를 위한 이론이 아닌, 온전히 실제 경험을 바탕으로 터득한 아파트입주장에 대한 중개실무 이야기이다. 나는 입주장이라는 전쟁터에서 치열하게 경쟁하며 싸워왔다. 그리고 나의 목표는 언제나 입주장 1등이었다.

이 책을 통해, 입주장에서 사무실을 오픈하는 단계에서부터 입주장을 마무리하고, 그 후 입주아파트 단지 내 상가에 입점하여 1등을 유지하는 일련의 과정들을 상세히 기술하였다. 입주장에 처음 입문하는 초보자라도 이 책의 내용을 반복해서 읽다 보면, 입주장에 자신감을 갖게 될 것이다. 입주장이 결코 넘기 힘든 장벽이 아님을 인지하게 될 것이다.

대한민국에 존재하는 모든 시험 중에서 수능을 제외하고, 가장 많은 사람이 응시하고, 가장 많은 합격자를 배출하는 시험이 공인중개사 시험이다. 전국의 개업공인중개사만 약 12만 명이라고 한다. 중개업에 종사하지 않는 일반 사람들 입장에서는, 집 가격이 높으니, 한 건만 거래해도, 직장인 월급이 나오고, 때에 따라서는 1년 연봉도 벌수 있지 않느냐며, 중개보수가 과도하게 높다고 말한다. 하지만 중개업의 현실은 결코 녹록지 않다. 2022년 기준으로 개업공인중개사의 평균 연 매출액이 겨우 3,500만 원 정도라고 한다. 순수익이 아니라 연 매출이라는 점을 명심하기를 바란다. 사무실 임대료와 인건비 그리고 각종 공과금 등을 제외하고 나면, 순수익은 평균 2,300만 원이고, 이를 월 단위로 계산하면 192만 원으로 최저 임금 수준이다. 현실이 이러함에도, 수많은 초보 중개사들은 "나는 잘될 거야", "나는 다를 거야"라는 막연한 기대감이나, 근거 없는 자신감만으로 중개업 시장에 뛰어들지만, 현실의 높은 벽에 부딪혀 결국 좌절하게 된다.

이 책은 부동산중개업, 그중에서도 아파트입주장에 대해 전문적으로 기술한 최초의 책이다. 나는 이 책을 통해, 수많은 입주장을 경험하면서, 입주장에서 누구보다 열정을 갖고, 뛰어다니며 얻게 된 생생한 지식, 경험, 그리고 노하우를 아낌없이 전달하고자 한다. 이 책은 단순히 흥미 위주가 아닌, 공인중개사가 입주장에서 원하는 성과를 달성할 수 있도록 돕기 위한 '입주장 기본서'이다.

이 책을 읽는 독자들의 대부분은 입주장을 경험해 보고 싶은 현직 개업공인중개사이거나, 소속공인중개사, 중개보조원, 그리고 새롭게 공인중개사 자격증을 취득한 합격생일 것이다. 나는 이 책을 통해, 초보 중개사를 위해 입주장에 관한 A부터 Z까지 모든 부분을 상세히 설명하였다. 또한, 입주장에서 다소의 경험은 있지만, 그동안 성과를 내지 못했던 중개사에게도 도움이 될 내용들이 많이 있다. 이 책을 다 읽고 나면, 입주장에 대한 두려움이 사라질 것이며, 장담컨대, 책 내용을 실전에 적용하다 보면, 원하는 목표를 기필코 달성할 수 있을 것이다.

이 책의 전반부에는 어려운 내용이 없으므로, 초보자라도 쉽게 이해할 수 있을 것이다. 다만, 후반부로 갈수록, 조합원의 양도세, 취득세, 입주 시 매매잔금 등을 다루게 되는데, 이 부분은 다소 난해할 수 있지만 집중해서 읽다 보면, 충분히 이해할 수 있을 것이며, 그 어디에서도 얻을 수 없는 최고의 실무 지식을 얻게 될 것이다.

입주장이건, 다른 분야의 중개업이건, 거래를 성사시키는 것은 중개사에게 가장 중요한 덕목이다. 만약, 계약을 달성하지 못한다면, 당신은 가장 중요한 목적을 이루지 못하는 것이다. 당신이 좋은 물건을 만들고, 그 물건을 찾는 고객에게 열심히 브리핑했지만, 거래를 성사시키지 못할 경우, 당신과 고객 둘 모두는 시간만 낭비하게 되는 꼴이 된다. 고객은 계약을 이루지 못한 것에 대한 수익을 상실하게 되고, 당신은 거래 불성사로 인해 한 푼도 벌지 못하고, 중개업에서 실패를 맛보게 된다.

입주장에서 단 한 번이라도 좋으니 1등을 해보기를 바란다. 1등을 해보면, 그다음에 다시 1등을 하는 건 어렵지 않다. 1등을 못 하는 건, 지식이 없어서도 아니고, 경험이 부족해서도 아니다. 간절함이 부족해서다. 나는 지금부터 다른 삶을 살 것이라고 결심하고, 명확한 목표를 세워라. 그리고 단 한 번이라도 내가 가진 모든 열정을 쏟아붓겠다고 다짐하라.

'초보자에게 입주장은 어렵다'라는 편견을 떨쳐버려라. 그리고 '나는 입주장에서 반드시 1등을 한다'라고 목표를 세워라. 1등을 하든, 2등, 3등을 하든 노력의 양은 같다. 그러니 목표를 최대한 높게 설정하자.

# 누구나 입주장에서
# 100건의 계약을 달성할 수 있다

"어떻게 하면 입주장에서 살아남을 수 있을까요?" 2024년 12월, 내가 처음으로 입주장 강의를 시작할 때, 가장 먼저 받았던 질문이었다. 이 질문을 듣는 순간, 나는 화가 났다. 입주장에서 '살아남기 위해' 입주장에서 일한다는 건데, 도저히 이해가 되지 않았다. '살아남기 위해서…' 이때 나는 강의의 방향을 바꿔야겠다고 다짐했다. 내가 경험하고, 알고 있는 이론을 초보자들에게 강의하는 것보다, 더 중요한 게 있었구나. 바로, 그들의 마인드를 바꿔놓지 않으면, 절대 입주장에서 원하는 목표를 달성할 수 없겠다 싶었다. 그날 나는 향후 나의 강의 목표를, 이론적인 면도 충분히 설명하고 이해시켜, 실전에 적용하게끔 도와주는 것과 진정으로 나의 강의를 듣는 중개사들이 입주장에서 살아남을 수 있도록 마인드 대전환을 이루는 방향으로 설정하였다.

내가 중개업을 하면서, 함께 일하는 직원들에게 자주 하는 말이 있다. 이론은 중요하지 않다. 마인드와 열정이 갖춰지지 않은 상태에서는 아무리 공부하여 이론적으로 무장한다고 하여도, 원하는 목표를 달성하기 쉽지 않다고 말한다. 공부한 것을 실전에서 적용하지 못한다면 그 공부는 시간만 낭비한 꼴이 될 수 있다. 공인중개사분들 중에는 이런저런 강의를 듣고, 충분한 지식으로 무장해야 중개업을 잘할 수 있을 것으로 생각하는 분들이 있다. 물론, 필요하긴 하다. 하지만, 실전에서는 내가 가지고 있는 나의 마인드와 성향이 중개업에서 성공할 수 있느냐, 아니냐를 결정한다. 그러니, 중개업에서 성공하고 싶다면, 마인드를 바꾸고, 나의 모든 열정을 중개업에 쏟아부어야 한다.

"입주장에서 어떻게 하면 살아남을 수 있을까?" 이 질문에 대해 가장 정확한 답변은 '기본에 충실하라'이다. 그렇다면, 입주장에서 가장 중요한 기본은 무엇일까? 우선, 명확한 목표를 설정하는 것이다. 입주장은 수많은 중개업소들이 단기간에 엄청난 경쟁을 하는 곳이다. 그러한 경쟁에서 이기기 위해서는 목표를 확실히 하고, 그 목표를 향해 매진해야 한다. 따라서, 막연히 잘해야겠다고 생각하면 안 된다. 목표가 구체적이어야 하고, 업무의 일관성을 입주장의 시작 시부터 마무리할 때까지 유지해야 한다. 그다음이, 입주장 업무의 근본이라고 할 수 있는 꾸준한 전화작업(TM)과 매물광고, 그리고 매물장을 잘 만드는 것이다. 혹자는, 입주장에서 소기의 성과를 이루기 위해서는, 사무실 입지가 중요하다고 말하지만, 실제로 입주장에서 입지는 절대적으로 중요한 요인이 아니다. 사무실에 방문하는 사람이 많다고 계약을 많이 하는 것도 아니다.

입주장에서 성공하고 싶은가? 그렇다면, 기본에 충실하라.

# 목차

## | 1장 |
## 부동산중개업의 꽃

# | 2장 |
# 입주장을 위한 사무실 선정

# | 3장 |
# 선수들의 입주장 물건작업 요령

# | 4장 |
# 입주장에서 반드시 필요한 광고 방법

# | 5장 |
# 단지 내 상가 입점하기

# | 6장 |
# 입주장에서 알아야 할
# 기본적인 재개발 재건축 지식

# | 7장 |
# 입주장 매매와 전세 물건의 특징

# | 8장 |
# 입주장에서 알아야 할
# 취득세와 양도세

# | 9장 |
# 사전점검과 입주절차, 그리고 등기

# | 10장 |
# 고객응대 노하우

# | 11장 |
# 터줏대감 부동산을 이기는 전략

# | 12장 |
# 입주장 매매/전월세 계약서 작성 요령

## | 13장 |
# 프로페셔널 공인중개사가 되자

## | 14장 |
# 경제적 자유를 꿈꿔라

# 부동산 중개업의 꽃

# 1. 입주장이 뭐야?

입주장은 크게 아파트입주장과 오피스텔입주장으로 구분할 수 있다. 어떤 형태이건 입주장이란, 신축 아파트(오피스텔)의 공사가 완료되는 시점을 전후로 매매 물건과 전월세 물건을 중개하는 부동산 중개시장을 의미한다. 통상, 입주장은 입주 6개월 전(대단지는 조금 더 빠름)부터 본격적으로 시작되며, 입주기간이 종료되어 거래 물건이 사라지는 시점까지 진행된다. 입주장은 짧은 기간에 무수히 많은 부동산 거래가 일어난다는 점에서, 공인중개사에게는 기존 주택을 거래하는 부동산 거래 시장보다 큰 기회의 장이다. "돈이 들어오길 기다리지 말고, 돈이 깔린 판으로 가라"라는 말이 있다. 입주장은 그런 곳이다.

아파트입주장은 주로 구도심에서 재개발과 재건축으로 신축 아파트가 공급되는 방식과 신도시(택지개발지)에서 신축 아파트가 공급되는 방식으로 구분할 수 있다. 재개발과 재건축 방식에서, 개발 전부터 토지와 건물을 소유했던 사람들을 조합원이라고 하며, 조합원 물건을 거래할 때 '입주권' 거래라고 한다. 그리고 조합원과는 달리 아파트 청약에 당첨된 사람들을 일반분양자라고 하며, 일반분양자 물건을 거래할 때 '분양권' 거래라고 칭한다.

| 아파트입주장의 종류 | | |
|---|---|---|
| 구분 | 구도심(재개발, 재건축) | 신도시(택지개발) |
| 수분양자 | 조합원 → 입주권 | 일반분양자 → 분양권 |
| 시행사 | 조합원 각자<br>(조합은 조합원을 대리) | 시공사=시행사 |
| 등기완료 시기 | 준공 후 등기까지 오래 걸림<br>(조합원 → 보존등기<br>일반분양자 → 이전등기) | 준공 후 바로 등기<br>(일반분양자 → 이전등기) |
| 중개 난이도 | 높은 | 낮음 |
| 중개업소 간 경쟁 | 높음 | 높음 |

　이 책을 읽는 여러분들 중 입주장을 모르는 사람은 거의 없을 것이다. 내가 처음 입주장을 시작하던 2010년에는 입주장은 일반인은 물론이고, 공인중개사에게도 보편화되지 않았던 개념이었다. 하지만, 수년 전부터 입주장에 뛰어드는 중개업소가 급격하게 증가하였고, 심지어 입주장이란 용어를 일반인조차 알고 있을 정도로 보편화되었다.

　일반인들 중에는 입주장만을 위해 돌아다니며 영업을 하는 중개업소를 마치 떴다방으로 취급하는 경향이 있다. 그래서 입주예정아파트의 소유자들과 전화통화를 하다 보면, 떴다방이 아니냐며 경계부터 하는 사람도 있다. 하지만 떴다방과 입주장 전문 중개사는 완전히 다르다. 떴다방이란, 모델하우스 주변에 파라솔이나 천막을 치고, 분양권 거래를 전문으로 하는 이동식 중개브로커들을 말하는 것으로, 이들 중 상당수가 공인중개사 자격증을 취득하지 않은 사람들을 일컫는 말이다. 그래서 나는 떴다방이라는 말을 듣게 되면, 관할 관청으로부터 정식으로 허가를 받아 운영하는 공인중개사사무소라고 말한다. 아무리 입주장만을 돌아다니면서 일한다고 하여, 떴다방과 동일시하면 안 된다. 입주장 전문 중개사들은 부동산 계약을 하는 고객에게 손해를 끼치는 업자가 아니라, 오히려 그들이 원하는 가격에 그들이 원하는 상대방과 계약을 진행시켜 주는 고마운 부동산 전문가이다.

심지어는, 같은 중개사들 중에도 입주장 전문 중개사들을 마치 물건을 뒤로 빼서 계약시키는 반칙을 일삼는 집단으로 오인하는 사람도 있다. 하지만, 오랫동안 입주장을 해오면서 만나온 많은 입주장 전문 중개사들 중에 나는 단 한 명도 정당하지 않은 방법으로 주변 중개업소에 해를 끼치며 거래하는 중개사분들을 본 적이 없다. 오히려, 그들은 어떻게 하면 입주장에서 원하는 결과물이 나오는지를 정확히 알고 있다. 기존 중개업소보다 열정적으로 일하고, 영업에 가장 필요한 명단 입수도 더 빠르게 하고, 전화작업(TM)도 더 열심히 해서, 좋은 물건을 더 만들어, 더 많은 계약서를 쓴다. 많은 중개사 대표님들은 입주장 선수들을 업자라고 치부하며 적대시하지만, 정작 본인들도 입주장 선수가 되고 싶어 한다.

# 2. 열정 가득했던
   나의 입주장 초창기

입주장이 좋은 점은 준공이 되어 입주가 시작되기 전까지는 고객에게 집을 안 보여줘도 되기 때문에, 업무시간을 절약할 수 있다는 것이다. 대신에, 상상 속 이미지로 물건을 거래시켜야 한다.

과거 나의 입주장 초창기에는, 사무실을 오픈하면, 입주예정아파트에 관한 자료를 수집하는 것 외에, 반드시 공사현장에 몇 번씩 들어가곤 했다. 직접 눈으로, 아파트 단지에 대한 느낌을 이해하고, 동 간 거리, 지하주차장 층수, 내부 구조 등을 단순히 아파트 단지 배치도만으로 알고 있던 정보와 비교하며, 머릿속에 이미지화하였고, 고객 브리핑 시에 많이 활용했다.

당시에, 나는 고객이 관심을 갖고 있는 물건을 직접 보여주기 위해, 건설현장 감독자들의 눈을 피해, 마치 007작전을 펼치듯 공사현장 이곳저곳을 돌아다니며 고객에게 관심 물건을 직접 안내하곤 했다. 건설현장은 아직 공사 중인 상태라, 단지 내부는 진흙투성이로, 신발이 엉망이 되기 일쑤였다. 공사 중이므로 위험한 상황이 발생할 수 있어, 반드시 공사 헬멧을 쓰고 다녔다. 현장 방문 시 최대한 공사 인부처럼 보이기 위해, 건설현장 정문 앞에서 공사 인부들을 대상으로 작업복과

장비를 판매하는 사람들이 있는데, 여기에서 작업복 등을 구입할 수 있었다. 공사 초기에는 엘리베이터가 설치되어 있지 않기 때문에, 이 때에는 엘리베이터 대신에 작업자들이 이용하는 리프트를 타야 했다. 리프트는 철골 뼈대로 만들어져 있고, 건물 외벽에 부착된 상태로 운행되다 보니, 외부 바람에 그대로 노출되어 심하게 흔들리기 쉽다. 그래서 리프트를 탄 고객들 중 일부는 공포감에 크게 당황하기도 했다.

한번은 입주까지 6개월 이상 남은 공사현장을 방문했다가, 지하주차장에서 출구를 찾지 못해 1시간이 넘도록 갇혀본 경험도 있었다. 당시는 겨울이 끝나지 않은 2월 초라, 생각보다 지하주차장은 무척이나 추웠다.

이처럼, 나는 입주장 초기에 무엇이든 할 수 있다는 열정으로 가득했고, 이 열정은 항상 좋은 결과물로 돌아왔다.


내가 입주장을 지금까지 해오면서, 가장 기억에 남는 매도인이 있다. 내가 첫 입주장(서울 동대문구 전농답십리 재개발 지역)에서 일하고 있을 때의 일이다. 어느 날, 남루한 모습의 한 남자분이 사무실을 방문했는데, 전용 59㎡ 물건을 보유한 조합원이었다. 자신이 이 물건을 급하게 매도해야 하니, 급급매라도 좋으니, 수일 내로 무조건 빨리만 팔아달라는 것이다. 사정을 들어보니, 본인이 2000년대 중반에 파주 모 지역에서 중대형 평형의 아파트를 분양받았는데, 시행사이자 건설사가 2008년 금융위기로 인해 파산하게 되었고, 수분양자인 본인은 계약금만 지급하고, 중도금은 대출받은 상태에서 시행사가 법정관리 후 최종 부도처리가 되고, 자신을 포함한 수분양자들은 계약금만 포기함으로써 분양권계약을 해지하고 싶었으나, 시행사의 채권단과의 법원 소송에서 패소하였고, 결국 나머지 잔금까지 납부해야 한다는 판결까지 받은 상태였다. 하지만, 본인은 잔금 납부 여력이 안 되니, 채권단으로부터 조만간 추심이 들어올 것 같다는 것이었다. 이분은 당시 내가 일하던 곳 인근의 재개발 건설현장에서 포크레인 기사로 일하고 있었다. 어느 일요일에 집에서 쉬고 있는데, 분양상담사라는 분이 찾아와 집 인근의 빵집에서 만나게 되었는데, 파주 모 지역에 투자하기 좋은 물건이 있으니, 분양받으라는 말에 넘어가 당일에 100만 원을 지급하는 것으로 분양을 받았다고 한다. 내가 이분을 기억하는 또 한 가지 이유는, 아버지께서 수년 전에 돌아가셨고, 충청도에 어머니가 거주하고 계시는데, 그 토지와 주택을 본인 이름으로 상속받았다는 것이다. 결국, 채권추심이 들어오면, 어머니가 거주하는 집에도 영향을 미칠 것을 무척 걱정하고 있었다. 결국, 나는 이분의 물건을 바로 매매계약을 진행해 드렸고, 최종 명의변경까지 빠르게 진행하고 마무리했다. 명의이전을 완료한 날 이분과 점심 식사를 함께 하게 되었고, 항상 수심이 가득한 얼굴이었지만, 너무나 예의 있고 선해 보였던 그분의 모습이 지금도 선명하게 기억된다.

세상에서, 모르고 무식하면 당한다고 한다. 특히나 부동산 거래에서는 한 번의 실수가 인생을 나락으로 떨어뜨리게 만든다. 그래서 공인중개사는 고객의 입장에서 항상 그들을 돕는다는 마음을 잊어서는 안 될 것이다. 눈앞에 당장의 수수료도 중요하겠지만, 고객의 입장을 반드시 한번 생각해 보자.

# 3. 입주장이 부동산중개업의 꽃이라고?

　입주장을 처음으로 알게 되고, 대단지 입주장만 쫓아다니며 일한 지, 벌써 15년이 되었다. 해마다 부동산 사무실을 새롭게 오픈하고, 정리하기를 수없이 반복했다. 짧게는 6개월에서 1년 정도 일하고 나면, 새로운 입주장을 찾아 이동했다.

　수년 전 서울의 대단지 입주장을 준비하면서, 함께 일할 신입 소속 공인중개사를 구인하기 위해 면접을 보던 중이었다. 참고로, 나는 경력자를 거의 뽑지 않는다. 직원 대우 문제보다는 경력자는 본인 경험에 따른 습관이 있어, 나의 방식에 적응하지 못하는 경우가 많기 때문이다. 반면, 초보자는 가르쳐 주면 그대로 실행한다. 내 기준에서 보면, 보통 초보자도 2~3개월 정도 지나면 숙련자와 별반 다르지 않다. 당시 면접자와 장시간에 걸쳐 면접을 보던 중 면접자가 이런 말을 했다. 공인중개사 수험생들에게 "입주장이 부동산중개업의 꽃이라고 불립니다"라는 것이었다. 오랫동안 입주장만 돌아다녔던 나로서는 처음 듣는 말이었다. 듣고 보니 그럴 수도 있겠다 싶었다. 입주장이란 것이, 재개발, 재건축, 또는 택지개발 등으로 새롭게 신축 아파트가 들어서게 되고, 동일한 시기(즉, 입주기간)에 많은 세대들이 입주를 하다 보니, 매매, 전세, 월세 물건들이 쏟아져 나온다. 그러니 입주장에서는 거래 물건이 넘쳐나고, 그 많은 물건들이 중개대상물이니, 이 물건들을 거래하는 공인중개사의 입장에서는 그 얼마나 좋지 않겠는가. 노다지처럼 보일 것이다.

우리가 부동산중개업을 하다 보면, 거래 가능한 물건 하나하나, 소중하지 않은 것이 없다. 좋은 물건 하나를 접수받기 위해, 얼마나 많은 노력을 해야 하는가. 그런데, 입주장에는 그런 소중한 물건들이 널려 있다. 전화 한 통화로도 쉽게 물건을 만들 수 있다. 그러니, 행복한 상상의 나래를 펼치는 것도 무리가 아니다. 상상은 언제나 자유다. 하지만, 세상에 그냥 얻어지는 것은 없다. 물건이 많으면, 그만큼 중개업소의 숫자도 많고, 그에 따라 엄청난 경쟁에 노출된다. 입주장은 그런 세상이다.

내가 처음 입주장을 시작할 때만 해도, 입주장에는 속칭 '선수'라고 하는 사람들이 많지 않았다. 입주장은 엄청난 블루오션이었다. 하지만, 블루오션은 항상 오래가지 않는다. 점점 보편화되면서, 더 많은 중개사들이 입주장에 뛰어들었고, 그러는 사이에 입주장은 레드오션으로 변하게 되었다. 또한, 지난 수년간 지속된 부동산 규제책으로 인해 입주장도 메리트를 크게 상실했다. 심지어 입주장에서 손실을 보는 중개업소들도 심심찮게 볼 수 있었다. 입주장은 정부 정책에 대단히 크게 영향을 받는다. 그러니, 항상 정부 정책에 귀를 기울이고 있어야 한다. 어느 순간 분양권 전매제한, 실거주요건, 양도세 중과세 등 정부의 규제책이 발표되는 순간 입주장의 흐름은 순식간에 뒤바뀐다.

그럼에도, 나는 입주장이 여전히 '부동산중개업의 꽃'이라는 인식에 동의한다. 지금도 여전히, 기존 주택(아파트 등)을 거래하기보다는 입주장이 중개업소에는 더 좋은 수익원이라는 건 사실이다.

입주장 선수들은 입주장에서 기본 100건의 계약을 목표로 설정한다. 말이 좋아 100건이지, 우리가 일반적인 아파트 단지에서 단기간(1년)에 100건의 계약을 달성하기는 불가능에 가깝다. 이 불가능에 가까운 계약 건을 입주장 선수들은 통상적인 목표 건수라고 생각한다는 것이다. 물론, 입주장 선수들도 100건을 달성하기 위해서는 노력+α(알파) 즉 어느 정도 운이 작용해야 한다. 특히 최근의 입주장에서는 더욱 그렇다. 과거 수년 전만 해도 100건은 정말 기본에 가까웠다. 과연 100건의 계약을 하면 수익이 얼마나 될까? 계산해 보자.

| 매매 30건 | | | 전세 70건 | | |
|---|---|---|---|---|---|
| 평균 매매가 10억 | | | 평균 전세가 5억 | | |
| 구분 | 단독중개 25건 | 공동중개 5건 | 구분 | 단독중개 28건 | 공동중개 42건 |
| 중개보수 0.5% | 25,000만 | 2,500만 | 중개보수 0.3% | 8,400만 | 6,300만 |
| 합계 | 27,500만 | | 합계 | 147,000만 | |

서울의 모 지역이라고 하고, 매매 평균거래가격은 10억으로, 전세 평균거래가격은 5억이라 했을 때, 100건의 계약 중 매매와 전세를 3:7의 비율로 계약한다고 가정하였다. 그리고 나 같은 경우에 매매 건은 대부분 단독중개이므로, 총 30건 중 25건을 단독중개로 계산했

고, 반면에 전세 건은 공동중개가 60%, 단독중개가 40%라고 가정했다. 위 표의 결과로부터 즉각적으로 파악해야 하는 건, 30건 매매거래의 총중개보수가 2억 7,500만 원인 반면에 70건의 전세 거래의 총중개보수는 1억 4,700만 원이라는 점이다. 즉 전세계약은 거래 건수는 많지만, 총수익에서 차지하는 비중은 매매거래 시 중개보수보다 상당히 낮다. 결국, 우리가 입주장에서 목표하는 수익을 달성하기 위해서는, 매매계약을 많이 체결해야 함을 잊지 말아야 한다. 입주장은 전세계약 싸움이라는 말도 있지만, 실제로 원하는 목표수익을 달성하기 위해서는 매매계약에도 집중해야 한다.

# 4. 입주장은
# 정말 어려운가?

중개업에 처음 입문하는 초보 중개사뿐만 아니라, 중개업 경력이 어느 정도 있다고 하는 중개사들도 입주장은 어렵다라는 인식을 갖고 있다. 그들은 왜 입주장이 어렵다고 말하는 것일까? 전화작업(TM)이 힘들다, 경쟁이 치열하다, 아니면 소유자와 접촉하기 위한 수단(일명. 명단 확보)의 문제일 것이다. 사실, 열거한 것들 중에 쉬운 건 하나도 없다. 특히, 전화작업을 힘들어하는 분들이 많다. 소유자의 심한 컴플레인이 있는 날에는 의욕을 상실하고, 심리적으로 큰 내상을 입게 된다. 이런 일들이 빈번히 발생하다 보면, 결국 입주장에 회의감을 느끼고는 영원히 입주장을 떠나게 된다.

나는 전화작업을 하면서 '전화 한 통화 할 때마다, 1만 원씩 번다'라는, 긍정의 자기암시를 한다. 계약 한 건을 달성하기 위해서는, 수백 통의 노력이 있어야 한다. 소유자의 컴플레인을 어떻게 극복할 수 있는지에 대해서는 정답이 없겠지만, 나는 한 귀로 듣고, 한 귀로 흘려버린다. 나는 본래 내성적인 성향으로 작은 일들에도 신경이 쓰여, 잠을 제대로 못 자는 사람이었다. 처음 입주장을 시작하는 사람이라면 누구나 전화작업 시 상대방의 심한 컴플레인으로 힘들어할 수 있지만, 그것도 겪다 보면 요령이 생기고, 여러 일상의 다양한 일들 중 하나로 취급하며 넘어가게 된다. 어렵고 힘들다고 포기하지 말고, 버티고 맞서다 보면 극복된다.

오늘 내가 전화하지 않았던 그 물건을 내일 다른 부동산에서 계약한다고 생각해 보라. 그것이 나의 마음을 더 아프게 하는 것임을 명심하라.

그리고 입주장은 경쟁이 치열하다? 물론, 경쟁이 치열하다. 하지만 경쟁이 없는 곳은 없고, 경쟁이 없다면 큰 수익도 없다. 그래서 경쟁자보다 더 뛰어난 시스템을 갖춰야 한다. 여기에서 시스템이란, 그들보다 조금 더 효율적이고 효과적으로 광고하고, 매물장을 작성하고, 조금 더 빠르게 상담부터 클로징까지 이르게 하는 방법이다. 일련의 방법들은 이 책을 통해 모두 공개할 것이니, 책을 놓지 말고 끝까지 읽기 바란다. 이해하기 쉬운 내용이 대부분이고, 조합원 입주권 매매 시 잔금을 아파트입주기간에 하기로 했는데, 이때 매수인이 해당 입주아파트로 담보대출을 일으켜 지급하는 거래 방식은 그 처리 과정이 다소 복잡할 뿐이다.

끝으로, 명단 문제는 이 책에서 자세히 공개할 수 없는 부분이지만, 이 또한 크게 염려하지 않아도 된다. 입주장을 직접 경험해 보면 자연히 알게 된다.

좀 전에 언급했듯, 입주장도 과거보다는 점점 레드오션이 되고 있다. 실제로, 수년 전에 서울 송파구 대단지 입주장에서 일할 때, 주변 중개업소 중에 입주장에서 수익은커녕 1억 원 이상 손실을 본 분들도 보았다. 아니 어떻게 입주장에서 그렇게 큰 금액을 손해 볼 수 있을까 하고 의문이 생길 수 있을 것이다. 하지만, 정말 그런 일들이 벌어질 수 있다. 그렇다고, 초보자인 여러분들은 겁먹을 필요가 없다. 이 책을 다 읽고 나면 그런 실패를 경험하는 일은 없을 것이며, 오히려 초보자도 자신이 원하는 충분한 목표수익을 달성할 수 있을 것이다.

나는 입주장에서만 15년 동안 매년 사무실을 이전하며, 수없이 많은 입주장을 경험해 왔다. 가끔, 입주장 실전 경험도 없으면서 유튜브 등에 올라오는 특정 입주장에서 매매와 전세가격이 급락할 거라며, 무턱대고 주장하는 영상들을 보면, 헛웃음이 나올 때도 있다. 오랫동안 입주장에서 일했지만, 알면 알수록 예측이 어려운 게 입주장이다.

최근, 몇 년 전부터는, 조합원 입주권보다는 분양권 투자가 더 매력적인 부동산 시장상황이다. 특히, 서울 수도권 등 인기 지역에서 분양가상한제가 적용되어, 일반분양가격이 주변 아파트 시세보다 월등히 저렴한 경우가 많아, 분양권에 당첨되는 순간 수억 원의 시세차익을 올릴 수 있었다. 하지만, 내가 과거에 경험한 입주장 중, 2014년 9월에 입주한, 여러분들도 잘 알고 있는 재개발 아현3구역이었던 마포래미안푸르지오(일명, '마래푸')를 예를 들어보면, 당시 전용 84㎡ 물건의 일반분양분의 분양가격이 7억 초반 정도였다. 그런데, 입주가 시작되기 1년 전쯤으로 해서, 일반분양세대보다 로얄동 로얄층이 배정된 조합원 입주권의 매매시세가 6억 초반이었다. 당시 내가 직접 중개했던 물건들의 대다수도 이 가격이었다. 그리고 입주가 시작되는 시점까지도

분양권 시세는 마이너스 프리미엄 상태였다. 2025년 초 현재, 마포래미안푸르지오의 전용 $84m^2$ 물건의 시세는 20억 선인 것과 비교해 보면, 입주장 당시의 가격은 상상할 수도 없을 것이다.

이번에는 2018년 12월 말에 입주한 송파헬리오시티의 사례를 보자. 송파헬리오시티의 총세대수는 9,510세대이다. 입주를 앞두고 있는 송파헬리오시티 전세가격을 예측하면서, 수많은 언론과 부동산 전문가들이라는 사람들이 연일 전세가가 전용 $84m^2$ 기준으로 5억 원 정도로 폭락할 것이라 예측하면서, 마치 전세가 5억인 매물이 넘쳐나는 것으로 보도하였고, 심지어 입주가 가까워지면 전세가격이 더 하락할 것이라고 했다. 아마도, 2008년에 입주한 잠실 대단지 아파트들(엘스, 리센츠, 파크리오)의 경험 때문에 그렇게 예측했는지도 모르겠다. 하지만, 실제로 송파헬리오시티의 전용 $84m^2$의 전세가격의 대부분은 6억 초반부터 7억 선이었다. 사실 언론에서 언급했던 5억짜리 물건들은 선순위 대출이 있는 몇몇 물건들로 한정되어 있을 뿐이었다. 한번은 나에게 모 방송국에서 헬리오시티 향후 시세에 대한 인터뷰 요청이 들어왔다. 그런데, 자신들이 원하는 시세대로 인터뷰에 응하지 않자, 인터뷰를 중단하고 철수했다.

오랜 경험을 통해 깨닫게 되었지만, 알면 알수록 부동산 시장을 예측하기란 어렵다. 물론, 요즘도 나는 지속적으로 부동산 시장의 전체적인 흐름과 개별적인 입주장에서 순간순간 가격 흐름이 어떻게 움직일지를 예측한다. 고객들이 질문하는데, 모른다고 대답하지 않을 수도 없으니 말이다.

# 5. 초보자도 반드시 입주장을 시작하라

2010년 봄, 나는 서울 도봉구 창동역세권에서 상가점포와 사무실을 주로 중개하고 있었다. 그런데, 상가점포는 사실 나와 잘 맞지 않았다. 시간 날 때마다 상가점포와 건물 관리실을 돌아다니며, 명함을 전달하는 일은 나에게 익숙하지 않았고, 음주가무를 즐기거나 저녁 시간에 사람들을 만나는 것 또한 좋아하지 않던 나의 성향과는 잘 맞지 않았다. 일을 해도 즐겁지 않았고, 의욕도 크게 상실한 시기였다. 그러던 어느 날, 평소 알고 지내던 지인분의 연락을 받고, 입주장에서 일해볼 것을 권유받았다. 그 즉시 나는 당시에 입주를 1년여 앞두고 있던 서울 동대문구의 2,400세대 규모의 아파트 단지를 시작으로 입주장에 입문하게 되었다. 정말, 입주장에 대해서는 생초보였고, 입주장에는 전월세 물건들이 한꺼번에 쏟아져 나오고, 그 많은 물건들을 누군가는 중개해야 하고, 그럼, '나도 계약을 많이 할 수 있겠구나'라는 막연한 기대감만으로 시작하였다.

입주장을 시작한 그때부터, 나는 매일 아침 출근길이 너무나 즐거웠다. 남들이 어렵다고 하던, 전화작업도 처음 해보는 것이지만, 어렵게 느껴지지 않았고(당시에는 전화작업 시에 집주인들의 컴플레인이 거의 없던 시절이었음), 매일 새로운 계약과 새로운 것들을 경험하고 배운다는 것 자체가 너무 즐거웠다. 새로운 지식과 경험들은 모두 일목요연하게 정리해서 내 것으로 만들었다. 수시로 조합사무실을 방문하면서, 조합 직원들과 친분을 쌓고, 입주가 다가오면서는 집단대출을 진행하는 은행에 방문하여, 담당자를 만나면서, 대출에 대한 궁금한 점들을 물어보며, 실력을 키웠다. 나는 매일 내가 성장하는 것을 느꼈다. 그 결과, 당시 입주장에서 나는 아쉽게 1등을 할 수는 없었지만, 계획했던 것 이상으로 많은 계약을 이뤄냈다. 아마도 2등은 충분히 했을 것이다. 입주장을 한번 경험하고 나니, 자신감이 충만해졌고, 무엇보다 내 적성에 잘 맞았다.

입주장에 문외한이었던 나도 기대 이상의 성과를 달성했다. 그러니 중개업을 처음 시작하는 여러분도 이 책을 읽고, 그대로 실천한다면, 시행착오를 최소화하면서 입주장에서 충분히 원하는 결과물을 만들어 낼 수 있을 것이다. 물론 처음 시작을 입주장부터 시작한다는 것이 생각보다 큰 용기가 필요할 것이다. 그래서 서로 마음이 맞는 동업자와 함께하거나, 소속공인중개사부터 시작해도 괜찮을 것이다.

내가 초보자에게도 입주장을 권하는 몇 가지 이유가 있다.

첫째, 사무실 오픈 비용이 적다는 점이다. 입주예정아파트 단지 주변의 구도심 내 상가점포에서 시작하면 된다. 권리금이 없거나 아주 낮은 점포를 얻어도 된다.

참고로, 내가 오픈했던 사무실들 중 일부에 대한 보증금과 월세 그리고 권리금 내역이다. 이렇게 저렴한 점포는 위치가 형편없을 거라 생각하지 마라. 모두 입주장 하기에 괜찮은 입지였다.

| 입주장 | 평수 | 보증금 | 월세 | 권리금 |
|---|---|---|---|---|
| 서울 | 14평 | 1,000 | 70 | 1,500 |
| 서울 | 6평 | 500 | 40 | 500 |
| 서울 | 10평 | 2,000 | 170 | 2,000 |
| 서울 | 12평 | 1,000 | 100 | 무권리 |
| 경기도 | 10평 | 500 | 60 | 300 |
| 경기도 | 7평 | 1,000 | 85 | 700 |
| 서울 | 10평 | 1,000 | 60 | 1,000 |
| 서울 | 10평 | 2,000 | 100 | 200 |

위의 표는 내가 실제로 오픈했던 입주장 사무실들에 소요된 비용이다. 보증금은 최대 2,000만 원이 넘지 않았고, 월세는 서울 송파에서의 170만 원을 제외하고는, 100만 원을 넘지 않았다. 권리금의 경우 가급적이면 1,000만 원 이하에서 지급하였다. 권리금을 가장 많이 지불한 사례(2,000만 원)의 경우, 사무실 입지가 정말 좋았다. 송파대로 변에 위치하고, 전용주차장까지 완비한 점포였다. 입주장 초기에는 권리금 1억을 주겠다며 넘기라는 제안까지 받기도 했던 자리였다. 여담이지만, 1억 원에 넘기고, 주변이 조금 입지가 떨어진 장소로 이전하지 않았던 결정이 지금도 후회스럽긴 하다. 이 사무실은 입주장이 끝나고, 종전에 나에게 사무실을 양도했던 종전 임차인에게 다시 넘겼는데, 처음에 이전받았을 때 지급했던 권리금액보다 좀 더 높은 금액을 받았다. 또한, 무권리로 오픈한 사무실은 임대차 종료시점에 프랜차이즈 업종과 계약하면서 권리금을 받고 넘겼다. 이와 같이, 부동산 초보자나 입주장을 조금 경험해 본 경험자라면, 반드시 사무

실 오픈 비용을 최소화하기를 바란다. 모든 사업에서 비용 절감은 필수이다.

둘째, 경쟁이 치열하지만, 그래도 전화작업만 열심히 하면, 기존 주택이나 아파트 단지에서 부동산을 오픈해서 물건을 확보하는 것보다 물건 확보가 훨씬 쉽고, 또한 물건도 많으니, 넋 놓고 아무것도 하지 않는 경우를 제외하고는 손가락 빨 일은 거의 없다.

셋째, 중개업소 회원제 모임에 가입하지 않아도 된다. 보통, 기존 아파트 단지 내 상가에 새롭게 입점하려면, 진입장벽이 있다. 바로, 회원제로 운영되는 부동산 친목회에 가입해야 한다. 따라서 권리금 등 많은 지출이 발생하게 되어, 사무실 오픈을 위한 자금 여력이 충분해야 한다. 하지만, 입주장은 부동산 친목회에 가입하지 않아도, 입주장에서 1등을 할 수 있는 기회의 장이다. 나는 입주장을 15년 넘게 하면서, 한 번도 입회비를 지불하면서 회원 중개업소로 활동한 적이 없다.

넷째, 입주장에서는 계약할 수 있는 건이 많으므로, 상담부터 계약까지 중개업과 관련된 많은 일들을 경험하게 된다. 개업을 했는데, 부동산 시장상황이 좋지 않아서, 가물에 콩 나듯 거래한다면, 경험치를 높일 수 없다. 뭐든지 많이 경험하면 할수록 좋다. 그러니, 초보자라 하더라도, 반드시 입주장을 경험해 보기 바란다. 다만, 첫 번째로 언급했지만, 반드시 사무실 오픈 비용을 최소화하기 바란다.

정리하면, 입주장에서는 사무실 오픈을 위한 자금이 많지 않아도 되고, 손실을 볼 확률이 기존 부동산보다 낮고, 단기간에 다양한 경험을 할 수 있다는 점 등에서 장점이 많다. 그러니 부디, 초보자도 두려움을 갖지 말고, 입주장을 경험해 보기 바란다.

# 6. 입주장은
# 스피드 싸움이다


그렇다. 입주장은 누가 얼마나 빠르게 물건을 만들고, 만든 물건을 고객(매수인, 임차인)에게 얼마나 빠르게 계약까지 연결시키느냐의 싸움이다. 아차 하는 순간에, 물건도 손님도 모두 날아간다. 나는 함께 일하는 직원들에게, "오늘, 하루 종일 수백 통의 전화작업을 해서 옆 부동산도 갖고 있는 동네 물건 100개를 찾는 것보다, 지금 당장 계약할 수 있는 물건 하나를 만드는 것이 훨씬 더 중요하다"라고 강조한다. 지금 바로 계약 가능한 물건을 보유하는 게 중요하고, 오늘 물건을 만들고, 내일 또 새로운 물건을 만들기 위해 업무에 집중해야 한다. 어떤 업종에서나 마찬가지이지만, 경쟁자들보다 조금 더 좋은 물건을 만드는 것이 입주장에서 성공하기 위한 제1 덕목이다.

고객은 반드시 없는 물건만을 찾는다. 참으로 신기한 일이다. 고객은 어쩌면 그렇게 딱 없는 물건만 찾는지 모르겠다. 중개업을 하는 분들이라면 크게 공감할 것이다. 그럼 우리는 어떻게 해야 하는가? 그렇다. 찾으면 된다. 나는 찾는다는 표현보다는 '만든다'라고 한다. 물건은 찾는 것이 아니라, 만들어 내는 것이다. 찾는다는 건, 경쟁자들이 이미 찾아낸 바로 그 물건이다. 그런데, 그 찾아낸 물건으로는 고객과의 계약에 이르지 못한다. 더 좋은 조건의 물건을 반드시 만들어 내야 하는 것이다. 얼마나 빠르게 만들어 내느냐가 입주장에서 얼마나 많은 계약을 이루어 내느냐를 결정한다. 찾아내는 계약은 쉬운 계약이다. 만들어 내는 계약이 많아야 1등을 할 수 있다.

좋은 물건을 만들어 내기 위해서는, 무엇보다 매물장을 평소에 잘 작성해야 한다. 잘 만들어진 매물장에서 빠르게 물건이 만들어지는 것이다. 명심하기 바란다. 잘 만들어진 매물장은 보물창고와 같다. 보물창고에서 고객이 원하는 물건을 필요할 때마다 하나씩 꺼내어 계약을 달성해야 한다. 수기로 작성하는 노트를 매물장으로 사용하는 분들이라면 입주장에 뛰어들 생각조차 하지 마라.

# 7. 대단지 입주장이
## 수익을 보장하지 않는다

입주장이 대중화되면서, 많은 중개사분들이 입주장에 뛰어들고 있다. 하지만, 생각처럼 원하는 만큼의 수익을 내는 경우는 드물다. 대단지 입주장에는 그만큼 많은 경쟁자들이 나보다 더 많은 자금력을 바탕으로 더 좋은 위치에 자리를 잡고, 더 많은 직원들을 동원해서 일을 한다. 상황이 이러하니, 일부 입주장 선수들은 대단지보다는 1,000세대 전후 규모의 입주장에서 혼자 북 치고 장구 치고 다 하면서 더 높은 수익을 내는 경우도 많다. 실제로, 나의 지인은 서울의 1,200세대 규모 입주예정아파트에 사무실을 오픈하여, 오래된 기존 부동산들이 정신 못 차릴 정도로 압도적인 수익을 올리기도 했다. 개인적으로, 초보자라면 2,000~3,000세대 이하 규모의 입주장부터 시작할 것을 추천한다. 대단지 입주장이 수익이 더 클 것 같지만, 그렇지 않은 사례가 오히려 더 많았다. 단지 규모가 클수록 해야 할 업무의 양만 많아질 뿐이다.

대단지 입주장은 경쟁이 치열한 만큼 사무실 오픈 및 유지비용도 많이 든다. 일하는 인원도 더 많아야 하고, 더 많이 광고비를 지출해야 한다.

입주장의 시작은 통상 입주시작 6개월 전후부터이다. 결국, 입주장이 시작되는 시점에는 거주 가능한 아파트가 아니라, 법적으로 건축 중인 건축물에 불과한 것이다(준공인가 전이므로). 결국, 입주장은 건축물이 아파트로 되는 과정 중에 있다 보니, 복잡한 법적인 영향을 받게 된다. 또한, 정부 정책에 민감하다. 단적인 예로, 2017년 8월 2일 부동산 대책(일명, 8.2 부동산 대책)으로, 투기지역, 투기과열지구, 조정대상지역 등에서는 분양권 전매제한과 입주권의 조합원 지위자격 양도금지와 같은 규제가 시행되었다. 이때부터, 해당 지역에서는, 입주장에서의 부동산 매매가 사실상 불가능해졌으며, 2018년 9월 13일 부동산 대책(일명, 9.13 부동산 대책)으로 양도세 비과세를 위해 실거주 요건이 강화되면서, 소유자들이 우선적으로 입주를 고려하게 됨에 따라, 입주장에서 전월세 물건이 급격하게 감소하게 되었다. 결국, 입주장에 뛰어들 때에는 반드시 정부의 부동산 정책을 면밀히 검토해야 한다. 특히, 정부가 부동산을 규제하는 정책 방향일 때는 더욱 그렇다. 앞에서도 언급했던 송파헬리오시티의 입주장 당시에, 언론은 단군 이래 가장 큰 규모의 입주장이 펼쳐지게 되면, 매매와 전월세 가격이 폭락할 것으로 예상했지만, 입주시점 전후로, 예상보다 전세가는 크게 폭락하지 않았으며, 매매계약은 거의 이뤄지지 않았다. 이로 인해, 큰 기대를 안고 입주장에 뛰어들었던 수많은 중개업소들 중 상당수가 수익은커녕 손실만 보고 말았다.

최근, 입주한 서울 강동구의 둔촌주공아파트를 재건축한 '올림픽파크포레온'의 경우, 12,000세대라는 우리나라 최대 규모의 입주장에 뛰어든, 중개업소가 대략 300곳 이상이었다. 하지만, 최근 신축 아파트에 대한 선호도가 높아짐에 따라, 매매 및 임대 수요는 많았지만, 반대로 소유자의 입주율도 상당히 높았다. 일설에 따르면, 80~85% 이상이었다. 결국, 임대세대를 제외하면, 실제 총매물은 1,500~2,000개 정도였다는 점이다.

# 8. 파레토의 법칙

우리는 8:2의 법칙에 대해 많이 들어봤다. 이탈리아의 경제학자 파레토에 의해 발표된 소득분포의 불평등도에 관한 법칙으로, 이탈리아 인구의 20%가 이탈리아 전체 부의 80%를 가지고 있다는 것이다. 파레토의 법칙에 대한 사례는 무수히 많다. 전체 운전자의 20%가 전체 교통위반의 80%를 차지한다. 업무성과의 80%는 전체 근무시간 중에서 20%의 집중근무 시간에 이뤄진다. 전체 수험생 중 20%만이 열심히 공부한다. 그런데, 이들 사례들 중에서, 전체 수험생 중 열심히 공부한 20%만 따로 모아서, 다시 경쟁을 하면, 그중 또다시 20%만이 열심히 공부한다는 것이다. 우연의 일치인지는 모르겠으나, 최근까지 통계를 보면, 공인중개사 자격증 소지자가 50만 명을 조금 넘는데, 전국에 개업공인중개사가 12만 명 정도로서, 파레토의 법칙이 적용된다.

파레토의 법칙에 따르면, 개업공인중개사들 중의 20%가 전체 계약 건의 80%를 달성한다는 것이다. 수년 전까지 내가 경험한 입주장들에서도 동일한 결과가 일어났다. 입주장이 시작되면 기존 부동산들에 더해, 수많은 중개업소들이 새롭게 오픈하고 영업을 시작한다. 예컨대, 총 2,000세대의 입주예정아파트의 입주장을 위해 기존 중개업소 50곳과 새롭게 오픈한 50곳, 즉 100개의 중개업소가 경쟁한다고 가정해 보자. 이 100개의 중개업소들 중 전화작업, 광고 등 열정적으로 일하는 부동산은 20개 업소이고, 이 20개 중개업소가 실질적인 경쟁을 하는 것이고, 이들이 전체 계약 건의 80%를 달성한다.

그리고, 내가 경험했던 입주장에서 중개업소 간 계약 건수들을 생각해 보면, 위의 상위 20개 업소가 달성한 80%의 계약 건들 중, 상위 4개의 중개업소가 이 80% 중의 80%에 해당하는 계약을 달성했다는 점이다. 결과적으로, 전체 100개의 업소 중에서, 상위 4개 중개업소가 전체 계약 건의 64%를 달성한 것이다.

그럼, 계산해 보라. 전체 2,000세대에서, 전체 세대 중 30% 정도가 매물로 나온다고 보면, 즉 600세대가 매물로 나오고, 100개의 중개업소 중 상위 4개 업소가 384건의 계약을 달성한다. 자신이 알고 있는 주변 아파트의 매매가격과 전세가격을 참조하여, 매매와 전세계약 건의 비율을 3:7이라 가정하면, 384건에 대한 입주장 4등까지의 평균 수익은 얼마나 될까?

하지만, 추측건대 파레토의 법칙도 정보획득의 불균형이 해소되는 상황에서는 깨진다. 적어도 입주장에서는 그렇다는 말이다.

과거 입주장의 특징을 보면, 조합원이건 일반분양자건 전체 세대 중 입주율이 지금처럼 높지 않아서, 중개업소가 거래할 수 있는 매물의 숫자가 절대적으로 많았다. 그런데, 당시에는 입주예정자들 간의 대화 창구가 없었다. 즉, 입주예정아파트에 관한 정보를 획득하고 공유하기 어려워, 중개사의 말에 의존하는 경향이 많았다. 하지만, 수년 전부터, 입주예정아파트를 보면, 입주 전부터 입주예정자 모임이 활발하고, 그들 간의 정보 소통이 원활하여, 매매와 임대차 시세를 서로 공유한다. 그러니, 중개업소에 전적으로 의존하지 않아도 되고, 때로는, 중개업소보다 거래된 물건의 시세를 더 빠르게 알고, 그에 반응한다. 매매와 임대차 물건에서 눈먼 물건은 이제 거의 없다.

한편, 입주장에서 경쟁하는 중개업소들에도 과거와는 달리 많은 변화가 일어났다. 과거 입주장에서는 중개업소 간 공동중개 계약 건보다 단독중개(양타 계약)의 비중이 훨씬 높았다. 10건을 계약하면 그 중 7~8건이 단독중개 계약이었다. 또한, 입주장 성공의 중요한 열쇠 중 하나인 '명단'의 입수도 일부 중개업소에 편중되는 경향이 많았다. 하지만, 최근 몇 년 전부터는 공동중개 계약이 압도적으로 많아졌는데, 가장 큰 요인은 카카오톡 단체방(단톡방)을 활용하기 시작하면서부터이다. 이 단톡방을 활용하면서부터, 매일 매 순간 물건이 실시간으로 올라오고, 물건을 찾는 고객이 있다는 카톡 문자도 쉴 새 없이 업데이트된다.

위와 같이, 소유자 그리고 중개업소에 과거와는 달리, 정보획득의 불균형이 해소되면서, 파레토의 법칙의 상당부분은 적용되지 않는 상황에 이르렀다. 전체 100개 중 4개의 업소가 전체의 64%에 해당하는 계약을 달성하기는 불가능해졌다.

정보획득의 불균형이 해소됨에 따라, 초보 중개사들의 입주장으로의 진입장벽도 크게 낮아졌다. 이제 초보 중개사가 입주장에 오픈하고, 전화작업을 잘해서 좋은 물건을 만들어, 단톡방에 올리기만 하면 쉽게 공동중개를 통해 계약을 진행할 수 있고, 전화작업 능력이 부족하더라도, 블로그와 같은 마케팅이나, 네이버 매물광고를 열심히 해서, 물건을 찾는 고객의 연락을 받아, 역시 단톡방에 올리면 쉽게 공동중개가 가능하게 되었다.

만약, 임의의 입주장에서 중개업소 간 정보획득의 불균형이 해소되지 않는 상황, 예컨대, 중개업소 중 극소수만이 중요정보(예컨대, 명단)를 독점적으로 보유한다면, 이 경우에도 파레토의 법칙은 깨어진다. 즉, 이때는 계약 건수의 편중도가 더 심해질 수 있다는 의미이다.

# 9. 아파트 단지에서
# 1등 중개업소가 되는 방법

현실적으로, 아파트 단지 내에 부동산을 새롭게 오픈하기 위해서는, 기존 부동산 친목회에 가입해야 하는 경우가 많다. 현실이 그렇다. 특히 아파트의 규모가 클수록 부동산 친목회에 가입하기 위해서 많은 가입비가 필요하다. 그런데, 이 가입비를 전혀 들이지 않고, 아파트 단지에 중개업소를 오픈하고, 심지어는 1등도 할 수 있는 방법이 바로, 입주장을 이용하는 것이다.

예컨대, 서울 서초구 반포동에는 수많은 기존 아파트 단지들이 있고, 각 아파트 단지들은 회원제로 운영되고 있다. 그리고, 이곳에 회원으로 가입하기 위해서는 상당한 금액의 가입비가 필요하다. 그런데, 회원이 아닌 비회원으로 아파트 전문 중개업소를 운영하기에는 상당한 난관이 있을 것이다. 하지만, 이곳 반포동에 새로 입주하는 아파트 단지가 있다고 해보자. 그리고, 해당 입주장아파트 단지 주변에서 비회원으로서 입주장을 한 후에, 단지 내 상가에 입점해 보자. 어떤 일이 벌어질까? 이 경우, 신축 아파트 상가에는 종전 재건축 전의 아파트 단지 내에 있던 중개업소가 입점하기도 하지만, 상당수의 중개업소는 외부에서 새롭게 진입하게 될 것이고, 신축 아파트 단지 내에는 기존 중개업소와 신규 중개업소 2개의 회원제가 운영되거나, 일정 시간이 지나면 하나의 모임으로 통합될 것이다. 결론적으로, 이와 같은 방식으로 입주장을 통해 단지 내 상가에 입점함으로써, 큰 가입비를 들이지 않고, 신축 아파트 단지에 안착할 수 있게 될 것이다.

이러한 예시와 같이, 입주예정아파트 단지 주변에 중개업소를 오픈하고, 입주가 시작되기 전까지 많은 계약을 달성한 후에, 해당 아파트 단지 내에 입점하면, 계속해서 1등 부동산을 유지하기 위한 첫 단추를 끼운 것이다. 다만, 입주장이 끝나고는, 거래 가능한 매물은 거의 사라진다. 적어도 2년 후가 되어 매매시장이 돌아오면 다행이다. 전월세는 임대차계약 갱신청구권제도로 인해 2년장은 사라졌고, 4년장을 바라봐야 한다. 그러니, 2년, 4년을 어떻게 버티며 사무실을 유지할 수 있을지를 고민해야 한다. 이 시기만 잘 버티고, 지속적으로 노력한다면, 입주장이 끝난 후에 아파트 단지에서, 지속적으로 1등으로 살아남을 수 있을 것이다.

중개사 대표님들 중에, 아파트 단지 외곽에서 시작하지 않고, 입주가 시작되고, 그제야 단지 내 상가로 입점하는 분들도 있지만, 이러한 방식은 좋은 선택이라 볼 수 없다. 출발선부터 이미 뒤처져서 시작했는데, 어떻게 1등 부동산이 될 수 있겠는가. 1등이 되기 위해서는 아마도 몇 배의 노력이 필요할 것이다.

여러분들 중에는, 입주예정아파트 지역에서, 오래전부터 자리를 잡고 있는 기존 부동산들의 친목회가 있기 때문에, 회원 가입비 없이는 회원이 되는 것이 불가능하다고 지적할 수도 있을 것이다. 하지만, 염려할 필요가 없다. 신규 입주아파트가 대단지일수록 종전 부동산 친목회만으로 유지되지 않는다. 반드시 그에 대응하는 새로운 친목회가 만들어진다. 대단지가 아닌 경우에는, 대부분의 기존 부동산들은 입주장 경험이 부족해서, 그들을 이겨내기가 어렵지 않다.

아파트 단지 내 상가에 입점해서, 이후 1등 부동산을 유지하는 과정을 보다 구체적으로 살펴보자. 일단, 입주장을 하기 위한 사무실의 위치는, 입주가 시작되기 전 1년~6개월쯤에 입주예정아파트 단지 주변에 사무실을 오픈한다. 이때 사무실은 기존 부동산 자리를 인수할 필요가 전혀 없다. 특히나 상당액의 권리금을 주면서까지 인수하지 않기 바란다. 앞에서 언급했듯, 나는 15년간 수많은 입주장 사무실을 오픈하면서, 권리금으로 가장 많이 지급한 경우가 2,000만 원이었고, 대부분은 무권리이거나, 1,000만 원 미만이었다. 어차피 입주장을 하기 위한 사무실은 입주장이 끝나면, 그 가치가 떨어지는 게 일반적이다. 그러므로 오픈 비용을 최소화하는 것이 중요하다. 유동인구가 많은 도로변일 필요도 없다. 최고 입지가 아니더라도, 얼마나 전략적으로 열심히 노력하는지가 거래 건수를 늘리는 가장 중요한 요소이다. 참고로, 내가 강동구 상일동에 새로 중개업소(당시에도 무권리로 확보한 자리였음)를 오픈하고, 몇 달간 가장 많이 거래한 물건이 3km 떨어져 있던 명일동에 위치한 신축 아파트 단지이고, 현지 부동산중개업소들보다 많은 거래를 달성했다.

입주장 전문 중개사라고 하는 사람들은 대부분, 입주예정아파트의 입주기간이 끝나면, 사무실을 정리하고, 또 다른 입주장을 위해 떠난다. 그리고 그들 중 일부는 기존 자리를 정리하고, 단지 내 상가로 입점한다. 입주장만을 위한 종전 사무실에는 투자한 비용 자체를 워낙에 낮게 해서, 미련 없이 털고 나올 수 있어야 한다. 내가 아는 대표님 중에는, 입주장을 위해 사무실 권리금으로 3억 원을 주고, 유동인구가 엄청 많은 곳에 사무실을 오픈했으나, 입주장이 끝나고는 사무실 정리가 어려워, 결국, 권리금의 대부분을 손실 본 경우도 있었다. 그러니, 반드시 입주장을 위한 사무실 오픈 비용은 최소화하기 바란다. 입주장을 위한 사무실 자리를 선정하는 방법에 대해서는 다음 장에서 구체적으로 설명하겠다.

입주아파트 단지 내 상가는 통상 입주 1년 전부터 6개월 전 사이에 조합원분양과 일반분양이 시작되고, 상가분양계약이 이뤄지면, 이때부터는 본격적으로 상가 임대차계약도 활발해진다. 단지 내 상가 자리를 선택할 때는 반드시 유동인구, 특히 유효 고객이 어떤 방향으로 움직일지를 심도 있게 고민해 봐야 한다. 아직 아파트 거주민들의 입주가 완성된 것이 아니므로, 머릿속으로 사람들의 동선을 계속 그려봐야 한다. 예컨대, 주차장을 통해 단지 상가를 이용하는 고객의 동선과 출퇴근 시 이동하는 입주민들의 동선을 곰곰이 생각하고 신중히 선택한 후, 사무실 자리를 잡아야 한다. 아무리 생각해 봐도, 명확히 결정할 수 없을 때에는, 일단은 임대료가 저렴한 자리를 선택하기 바란다. 1년 후, 2년 후가 되면 지금 자리보다 더 좋은 상가점포가 나올 것이고, 그때 사무실을 이전해도 충분하다. 그러니, 조급한 마음에 무리해서 높은 임대료를 부담하면서까지 좋은 자리를 고집하지 말기 바란다.

# 입주장을 위한 사무실 선정

이번 장에서는, 입주장을 하기 위한 입주예정아파트를 검색하는 방법, 선정된 입주아파트에 대한 사전 정보를 입수하는 방법, 입주장을 위한 중개사무실을 찾아 오픈하고, 함께 일할 직원을 세팅하는 방법을 구체적으로 설명하겠다.

# 1. 입주예정아파트 찾기

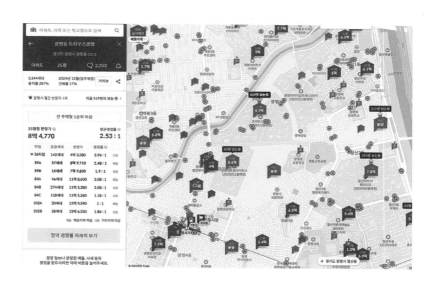

입주예정아파트는 호갱노노 사이트(www.hogangnono.com)에 방문하면 쉽게 검색할 수 있다. 호갱노노 사이트에서 파란색 집 모양은 기존 아파트나 오피스텔 등을 나타내며, 붉은색 집 모양은 분양 예정이거나, 이미 분양이 이뤄져서 공사가 진행 중인 단지를 나타낸다. 따라서 우리가 입주장을 하기 위한 아파트 단지는 붉은색 집 모양 중에서 이미 분양이 이뤄진 단지들 중에서 선택하면 된다. 붉은색 단지를 클릭하면, 총세대수, 입주예정시기, 청약경쟁률, 용적률과 건폐율 등 입주예정아파트 단지에 대한 제반 정보를 파악할 수 있다.

또한, 좌측 상단에 말풍선 모양이 있는데, 이곳을 클릭하면, 사람들이 해당 아파트에 대해 어떠한 이슈로 이야기를 하고 있는지 알 수 있으니, 참고하기 바란다.

자신의 생활권과 가까운 지역부터 검색하다 보면, 입주장 지역을 선정하는 데 도움이 된다. 나의 경우, 과거에는 네이버지도 또는 다음지도를 통해 입주장 아파트 단지를 검색했으나, 최근에는 주로 호갱노노 사이트를 활용한다.

# 2. 사전 시장조사

    사전 시장조사는, 목표로 하는 입주예정아파트 단지의 입주가 시작되기 1년 전부터 조사하는 것이 좋다. 사전 시장조사 결과에 따라, 사무실 자리를 미리미리 선점해야 한다. 일반적으로 입주시작 6개월 전후부터 신규 중개업소가 크게 증가하고, 이때부터는 주변 상가의 권리금도 높아진다. 그래서 나는 사무실을 입주시작 1년 전부터 사전조사를 시작해서, 늦어도 입주 10개월 전후로는 사무실 선정을 마무리한다. 입주장에 몰려든 중개업소로 인해 상가점포의 높아진 권리금은 입주장이 끝나게 되는 시점부터는 급격하게 낮아지게 된다. 하여, 입주장을 위해 마련한 사무실에 큰 비용을 지출하면, 입주장이 끝나면서 권리금 손실로 인해, 피땀 흘리며 입주장에서 올렸던 수익의 상당부분을 상쇄하게 되는 불상사가 발생할 수 있다.

    사전 시장조사를 위해, 첫 번째로는, 시공사 홈페이지에 접속해서, 해당 아파트 단지의 홈페이지를 찾아본다. 홈페이지에서, 건립 세대수, 조감도, 동호수 배치도, 평면도, 입주자모집공고문 등 많은 유익한 정보들을 확인할 수 있다. 여기에서 가장 중요한 부분이, 동호수 배치도와 입주자모집공고문이다. 동호수 배치도는 조합원분의 동호수와

일반분양분의 동호수 그리고, 때로는 임대세대의 동호수를 확인할 수 있어, 입주장용 매물장을 만드는 가장 기본적인 자료가 된다. 그리고 입주자모집공고문으로부터 평형별 일반분양가와 옵션 내용 등을 확인할 수 있다. 단지 배치도와 커뮤니티시설에 대한 내용도 검토해 보면 좋다.

두 번째로는, 재건축 또는 재개발 조합에서 발행한 '관리처분총회' 책자를 입수해야 한다. 관리처분총회 책자는 조합마다 쉽게 주는 경우도 있지만, 안 주는 조합도 많다. 나는 입주장을 시작하기 전에, 조합사무실 위치도 확인할 겸 해당 조합에 방문해서 관리처분총회 책자를 받아온다. 관리처분총회 책자가 마치 대외비나 되는 것처럼 생각하는 조합들이 많은데, 나는 조합에 방문해서는 중개사인 내가 당연히 받아도 되는 자료인 듯 명함을 전달하면서 뻔뻔스럽게 책자를

요청한다. 관리처분총회 책자에서 반드시 알아둬야 할 내용은 사업성을 나타내는 비례율도 있겠지만, 이주비와 조합원분양가를 확인하는 것이 중요하다. 이주비와 조합원분양가를 통해, 조합원이 부담해야 할 개략적인 추가부담금 내역을 예측할 수 있으며, 입주 전에 매매거래를 체결하는 경우에도 원활한 거래 진행을 위해 숙지해야 할 정보들이 많다. 참고로, 인터넷 검색을 통해서도 이러한 정보를 얻을 수 있지만, 추천하고 싶지는 않다. 인터넷상에 올라온 정보는 오류가 있을 수 있으므로, 가급적이면 조합 및 시공사 등 공신력 있는 기관이 작성한 정확한 정보를 선별해서 이용해야 한다.

세 번째로는, 매물장 만들기와 명단(입주장 초기에는 대부분, 쪼가리 명단이라고 함)의 유무이다. 매물장은 앞서도 언급했듯이, 노트로 된 매물장을 사용하고자 한다면, 입주장은 포기하기 바란다. 그럼에도 본인은 노트 매물장으로 입주장에서 큰 성과를 올릴 수 있다고 자부한다면, 어쩔 수 없다. 선택의 결과는 본인 몫이다.

매물장을 엑셀이나 구글 스프레드시트(이하, 구글 시트)를 사용해서 본인이 직접 만들어 사용할 것인가. 아니면, 유료 매물장 프로그램을 사용할 것인지는 본인의 선택사항이다. 엑셀과 구글 시트는 무료라는 점에서는 매력적이지만, 아무래도 보안에 취약할 수밖에 없다. 누구나 맘만 먹으면 단 몇 초 만에 매물장 전체를 복사할 수 있다. 다만, 입주장을 처음 접하는 중개사라면 본인이 직접 엑셀이나 구글 시트로 매물장을 만들어 사용해 볼 것을 권장한다. 다만, 입주장을 한 후에 단지 내 상가에 정착하는 경우라면, 가급적이면, 유료 프로그램을 사용할 것을 권한다. 유료 프로그램은 당연히 보안성 높다는 점과 컴퓨터 활용 능력이 뛰어나지 않아도 사용이 편리하다는 점이 큰 장점이다. 나의 경우에도, 입주장을 시작하고 10년 정도는 엑셀과 구글 시트를 사용하였고, 수년 전부터는 유료 프로그램을 사용한다.

아래는 내가 처음 입주장을 할 때 사용했던 매물장의 일부이다.

매물장을 직접 만들 때 신경 써야 할 부분 중 하나는, 해당 동호수가 조합원세대인지 일반분양세대인지 아니면, 임대세대인지를 명확히 구분해야 한다는 점이다. 매물장은 위에서 언급한 시공사 홈페이지와 조합원관리처분총회 책자를 이용해서, 조합원세대와 일반분양세대를 구분해서 매물장을 만들면 된다.

| 동수 | 로수 | 타입 | 방향 | 확장 | 중도금대출 | 분양가 | 권리가액 | 프리미엄 | 매매금액 | 초기자본 | 연락처 | |
|---|---|---|---|---|---|---|---|---|---|---|---|---|
| 206 | 1402 | A | 남동향 | | | | | | 5,2~5,3000 | | | 영남부동산 파님 |
| 206 | 1801 | A | 남동향 | X | | 389,400,000 | 295,560,037 | | 50,000 | | | 매매위주지만, 전세도 가능, 1/18 : 5억 순에 쥐어달라 |
| 206 | 2001 | A | 남동향 | all O | O | 390,600,000 | 357,370,328 | 109,400,000 | 50,000 | | 서...8330 | 사요님이 전화하셨음, 전화번호를 남편분이랑 하나로 |
| 207 | 702 | A | 남서향 | | | 38,500 | 25,300 | 13,000 | 51,500 | 21,300 | 01...환) | 기분(25300)무이자(8천)/유이자(3천) |
| 207 | 1102 | A | 남서향 | X | | 386,250,000 | 391,269,708 | 11,375 | 5억 이상 | 36,822 | 장...982 | 무이자(13680), 대출신청. |
| 207 | 1701 | A | 남서향 | all O | 6차안 대출 | 386,050,000 | 180,009,034 | | 50,000(조정가) | | 이...775 | 무이자: 6290만원, 대출신청은 6차부분만 신청했음. |
| 207 | 1801 | A | 남서향 | | | 38,900 | | 14,000 | 52,900 | 27,950 | 구...639 | 무이자 7500 |
| 208 | 102 | A | 남서향 | | | | | | 47,800 | 일반분양 | | 33평 조합원께 5억선에서 매수의향 있음. 묵음 거주용 |
| 209 | 101 | A | 남서향 | | | | | | | 일반분양 | | 매매하시면, 어린이집하는 사람한테 돌려고 함. |
| 209 | 201 | A | 남서향 | | | | | | 최고가격 | | 동...457 | |
| 209 | 802 | A | 남서향 | O | | 386,850,000 | 181,815,156 | 100,000,000 | 48,685 | 218,315,156 (10/19 기준) | 홀...577 | 매매 보증 5억에도 안판다고 |
| 209 | 1102 | A | 남서향 | O (주방제외) | | | | | 53,000 | | | |
| 209 | 2101 | A | 남서향 (탑층) | | | | | | 5,5~5,8000 | | | 용인 수지에 거주음, TOP층 |
| 212 | 505 | C | 남서향 | X | | 38,400 | 188,540,000 | 80,900,000 | 46,500 | 24,370 | | 무이자(6500) |
| 212 | 705 | C | 남서향 | O | | 38,400 | 9,500 | 12,600 | 51,000 | 19,100 | 권...) | 권(9500),무이자(3000),60%대출 |
| 212 | 1304 | B | 남향 | | | | | | 47,000 | | 22...동산) | 삼성부동산(입금가 47500, 그 이상은 알아서 붙이라 ' |
| 212 | 1401 | A | 남동향 | x | | 38,900 | 36,100 | 13,000 | 51,900 | 37,500 | 01...명) | 권리가(36100)무이자(12600), 분담금 직접납부, 업무 |

2010년 첫 입주장 시에 사용했던 매물장

　해당 호수가 조합원 물건인지 일반분양 물건인지를 미리 알고 있으면, 전화작업을 하는 데 훨씬 수월하다. 임대세대는 차후에 분양 전환되는 경우를 제외하고는, 중개대상물이 아니므로, 매물장에 포함시킬 필요가 없다. 그리고 일명 아줌마 명단이라고도 하는 '쪼가리 명단'의 유무인데, 이 부분은 입주장에서 일하는 주변 중개업소에서 파악 및 확보할 수 있다. 일단 부딪치면 자연히 알게 된다. '풀(full)명단'이라고 하는 전체 명단도 대부분 적절한 시기가 되면 확보할 수 있을 것이니 염려하지 말라.

# 3. 기존 사무실을
# 인수하지 마라


부동산은 첫째도 입지, 둘째도 입지, 셋째도 입지라고 한다. 부동산 사무실의 입지도 당연히 이 논리에 부합한다. 하지만, 입지가 좋으면 임대료와 권리금이 당연히 높을 수밖에 없다. 인터넷, 스마트폰의 발달로 손님들은 방문 전에 충분히 사전 지식과 물건 검색을 완료한 후에 우선 전화통화로 물건의 진행 여부를 문의한다. 순수 워킹 손님으로 방문하는 경우는 극히 줄어들었다. 또한, 워킹 손님이라 하더라도, 대부분이 차량으로 이동하기 때문에, 입주장을 위한 사무실이 유동 인구가 많은 곳일 필요는 전혀 없다. 오히려 조금은 조용하지만, 주차가 용이한 입지가 입주장을 하기 위해서는 더 좋다. 많은 부동산 전문가들이 초보자일수록 권리금을 주더라도, 좋은 입지에서 중개업을 시작할 것을 권한다. 하지만, 입주장에서는 상황이 조금 다르다는 점을 인지하기 바란다.

또한, 입주장을 위해, 기존 부동산 사무실을 인수할 필요가 없다. 특히, 적지 않은 권리금을 부담하면서까지 인수하는 것은 어리석은 짓이다. 생각해 보라. 입주장을 왜 하는가? 수익을 얻기 위한 것이다. 그런데, 좋은 자리를 선점한다고, 도로변 코너에 넉넉한 규모의 사무실을 마련하는 중개사분들을 많이 봐왔다. 결국, 입주장을 시작하기도 전에 큰 비용을 지출하게 되고, 입주장이 진행되면서는, 기존장보다 많은 광고비용을 써야 하고, 또한 인건비도 만만치 않게 들어간다. 이런 식으로 오픈하면, 수익보다 손실이 큰 경우도 겪게 된다. 따라서 사무실 오픈 비용 자체를 최소화해야 한다. 1급지가 아니라 2급지 정도만 되어도 괜찮다. 어차피 실력과 노력, 그리고 전략으로 승부하면 된다. 이 책을 반복해서 탐독하다 보면, 모든 노하우를 자신의 것으로 만들 수 있을 것이다.

자 이제부터 사무실 자리를 찾는 방법을 생각해 보자. 여러분들은 사무실 자리를 찾기 위해 어떻게 하는가? 비용을 최소화해야 한다. 중개업소를 찾아가서 점포를 물어보는가? 물론 나쁜 방법은 아니지만 그건 너무 쉽지 않은가? 이 경우엔, 중개수수료도 부담해야 한다. 그러니, 역시나 발로 뛰어야 한다. 나의 경우엔, 다음지도나 네이버지도를 이용해서, 입주예정아파트 단지 주변으로 동선을 파악한 후에 후보지를 선정한다. 그리고는, 현장에 방문해서, 사무실을 오픈하기에 적당한 곳의 모든 점포들에 무작정 들어가, 사무실 이전 여부(인수 여부)를 타진한다. 빈 점포는 묻지도 따지지도 말고, 반드시 확인한다. 이렇게 며칠을 열심히 노력하다 보면, 임대료도 저렴하고, 권리금도 없거나 아주 낮은 사무실을 찾을 수 있다. 나의 방식이 가장 좋다고 말하지는 않겠다. 여러분들 중에는, 기존 자리를 인수해서, 기존자리에서 할 수 있는 다양한 거래를 부가적으로 하면서, 입주장을 시작하는 방식을 선택하는 분들도 있을 것이다. 하지만, 나는 입주장을 위해 선정한 사무실은 그 목적이 입주장이므로, 입주장에만 매진해야 한다고 생각한다. 주변 주택지 물건 등에 신경 쓰다 보면, 입주장에 집중할 수 없게 되고, 결국엔, 입주장의 흐름을 놓치게 되는 불상사가 벌어질 수 있다.

사무실 인테리어 비용도 될 수 있으면 최소화해야 한다. 중개업소 자리가 아닌 점포를 인수한 경우라면, 인테리어를 해야 할 것이다. 이때 인테리어 순서는 내부 면적(치수)을 정확히 측정해서, 나름대로 설계도면을 그려보길 바란다. 실제 인테리어는 전기공사부터 시작한다. 이어서, 목공과 간판, 그리고 조명, 바닥공사, 벽면 도배 또는 페인트 순으로 진행하면 된다. 참고로, 나는 전기공사를 해야 하는지를 우선적으로 검토하고, 전기공사가 필요하다고 판단되면, 전기설비업자부터 섭외한다. 그리고 바닥이나 도배는 서울 을지로의 방산시장 주변으로 수많은 업체들이 있는데, 주로 이곳을 이용한다. 간판 비용도 다수의 간판업자들에게 견적을 문의하고, 가장 합리적인 비용을 제시한 업체에 의뢰한다.

# 4. 사무실 자리 선정 시 가장 중요한 사항

입주장 자리로 가장 먼저 고려할 부분이, 바로 주차가 용이한지의 여부이다. 사무실 건물 내 또는 사무실 주변에 바로 주차할 수 있는 공간이 있다면 최상이다. 사무실 크기가 어느 정도는 되어야 한다든가, 사무실 전면이 커야 한다든가, 입주예정아파트에 바로 근접해야 한다든가와 같은 사항들은 최우선 고려 사항이 아니다. 고객의 입장에서는 주차가 용이한지의 여부가 가장 중요하다. 서울 서대문 내의 4,300세대 입주장을 할 때, 나의 사무실은 지하철역과는 거리도 멀고, 입주예정아파트 후문 맞은편 주택가에 위치하고 있었는데, 무려 5대나 주차 가능한 공간을 독점적으로 사용할 수 있었다. 당시에 부동산 매물광고를 많이 하지 않았음에도, 매일 방문 고객들로 넘쳐났다. 고객은 주로 자동차를 이용해서 방문한다. 그러니, 주차의 편의성 여부가 사무실 자리 선정 시에 최우선 고려 사항임을 명심해야 한다.

그다음으로, 코너 자리에, 전면이 넓고, 횡단보도가 바로 앞에 있는지 등을 일반적으로 고려할 수 있겠지만, 모든 사항을 고려하다 보면, 눈만 높아지고, 임대료와 권리금이 높은 자리를 계약하게 되는 우를 범하게 된다. 이 책을 읽은 여러분들이라면 절대 그렇게 하지 않을 것이다.

앞에서도 언급했지만, 대단지 입주장이 펼쳐지게 되면, 수없이 많은 중개업소들이 몰려들게 된다. 그리고 아파트의 입주가 시작되면, 그중 일부는 아파트 단지 내 상가로 이전하게 되고, 이때부터 물건의 거래는 주로 단지 내 상가에서 이뤄지게 된다. 단지 외부에 입주장을 위해 모여든 중개업소들은 점점 타 지역으로 이전하기 위해 중개매물로 나오게 되고, 권리금은 점점 낮아지게 된다. 경우에 따라서는 처음에 지불한 권리금을 전혀 회수하지 못하고 떠나가게 되는 상황이 일어난다. 열심히 벌어서 건물주만 좋은 일을 하게 되는 꼴이다.

우리가 입주장을 하는 이유는 단 한 가지다. 원하는 만큼의 수익을 올리는 것이다. 그러니, 매 순간 비용을 절감하는 것은 기본이다. 다만, 광고비용만큼은 예외이다.

# 5. 사람의 이름만큼 사무실 명칭도 중요하다

사무실 명칭 즉 상호 선정 시 중점을 둬야 할 부분은 무엇일까? 상호는 사람의 이름과 같다. 나를 소개할 때 가장 먼저 이름부터 밝힌다. 듣는 상대방이 한 번에 쉽게 알아들을 수 있고, 오래 기억할 수 있는 상호가 좋을 것이다.

잘 생각해 보자. 우리는 입주장을 하기 위해 사무실을 오픈한다. 그럼, 표적고객은 이미 정해져 있는 것이다. 바로 입주예정아파트의 소유자와 그 아파트를 찾는 고객들이다. 이렇게 표적고객이 한정되어 있다면, 중개업소 명칭은 어떤 기준으로 선정하면 되겠는가? 바로, 아파트 명칭을 기본적으로 포함하는 것이 좋다.

예를 들어, 2018년 말에 입주한 송파헬리오시티에서 입주장을 전문으로 하는, 상호가 '삼성 부동산'과 '헬리오시티 탑 부동산'인 두 사무실이 있다고 하자. 상호에 아파트 명칭이 포함되어 있는 '헬리오시티 탑 부동산'이 광고하는 부동산 매물을 검색한 고객은, 중개업소 상호만으로도 헬리오시티 아파트를 전문으로 하며, 해당 아파트 주변에서 영업하는 중개업소일 것이라고 자동적으로 인식하게 될 것이다. 반면에, 2024년 11월에 입주한 올림픽파크포레온의 경우에는, 포레온이라는 단어를 포함한 상호를 사용한 중개업소가 무척이나 많았다. 너무 많다 보니, 포레온000부동산, 포레온XXX부동산 등 포레온이라는 단어 자체가 소음처럼 느껴졌다. 공동중개를 위해 상대방 부동산과 통화할 때에도 혼선이 자주 발생하곤 했다.

상호가 얼마나 중요한지 판단해 보기 위해 전화작업을 하는 상황을 생각해 보자. 예컨대, 'R 마스터부동산'과 '탑 부동산'이 있다. 전화를 걸었고, 상대방이 전화를 받았다.

"안녕하세요. R 마스터부동산입니다"

"예? 알… 마스… 무슨 부동산이라고요?"

"아니요, R 마스터부동산이요~"

"마스… 뭐라고요?"

이러한 상황이 정말 발생한다. 참고로 내가 처음 부동산을 시작했을 때의 상호가 어처구니없게도 바로 'R 마스터부동산'이었다. 전화통화를 하면서, 엄청 고생했다. 반면에, "안녕하세요. 탑부동산입니다" "아, 네~" 상호가 바로 전달된다. 발음하기도 쉽고, 기억하기도 쉽다.

상호를 선정할 때는 반드시 듣는 이의 입장을 우선적으로 고려해서, 발음하기 쉽고, 알아듣기 쉬운 명칭으로 선정하기 바란다.

# 6. 간판은 얼굴이다

간판은 눈에 잘 띄어야 한다. 이는 불변의 진리일 것이다. 간판이 크면 좋겠지만, 간판은 규격에 따라 제작해야 하기 때문에, 사무실 전면과 측면의 크기보다 클 수는 없다. 그러니, 색상 선택을 잘해야 할 것이다. 촌티가 나도 좋으니, 밝고 화려한 색을 선택하길 권한다. 입체 간판과 같은 예쁜 간판을 하고 싶지만, 비용이 더 많이 든다. 내가 뭐라고 했던가? 입주장에서는, 어차피 입주장만을 위해 오픈한 임시 사무실이다. 비용을 줄이는 것이 중요하다. 그러니, 예쁘고 아늑하고 아름다운 카페와 같은 사무실은 평생 정착할 사무실에서나 필요한 사치에 불과한 것이다. 입체 간판을 반드시 해야 하는 규정이 없다면, 일반 간판으로도 충분하다. 심지어, 일반 간판이 입체 간판보다 눈에 잘 들어온다.

# 7. 사무실 집기 배치 방법

사무실 집기에서, 근무자 책상, 특히 대표자의 자리는 전면을 바라보게 배치하는 것이 좋겠지만, 사무실 모양으로 인해 측면에 배치해야만 하는 경우도 많다. 사무실 집기 배치에서 무엇보다 중요한 것은 상담 테이블의 위치이다. 될 수 있으면 출입구 바로 앞보다는 후면에 배치하는 것이, 고객 상담 시에 심리적인 안정감과 외부로부터의 방해요인을 차단할 수 있어 좋다. 상담 테이블을 2개 배치하는 경우에는, 두 테이블 간의 거리를 최대한 이격시켜야 한다. 그래야 동시에 상담이 진행되더라도 서로 방해를 주지 않게 된다.

사무실 집기 중에 중요한 것 중 하나가 계약서를 출력하는 프린터이다. 계약서 작성은 빠르고 정확해야 한다. 그런데 잉크젯 프린터를 사용하면, 출력하는 데 시간도 걸리고, 출력하면서 소음도 크다. 프린터는 반드시 레이저 프린터를 사용할 것을 권한다. 입주장은 느긋하게 천천히 계약을 진행하는 부동산 중개분야가 아니다. 하나에서 열까지 모두 스피드 있게 진행해야 한다. 계약 당사자들이 사무실에 방문해서 계약 완료 후 나갈 때까지 30분 이내로 끝내야 한다는 마음가짐으로 계약서 작성에 임하기 바란다. 입주장을 한마디로 정의하라고 하면, 나는 주저 없이 '스피드 싸움'이라고 말할 것이다.

입주장에서뿐만 아니라, 모든 중개업소에서는, 발신자표시 서비스를 사용해야 한다. 이를 위해서는 일반전화와 컴퓨터 프로그램을 연동시키는 오픈 API 기능을 통신사에 신청해야 한다. 그래야, 고객으로부터 전화가 오면, 발신 번호가 표시되고, 컴퓨터 매물장 프로그램에 저장된 전화번호로 연락이 온 경우라면, 종전 통화내용을 컴퓨터 모니터상에 팝업으로 표시하게 되어, 상담이 보다 용이해진다.

# 8. 직원 세팅 방법

　직원은 많아도 문제이고, 없어도 문제이다. 혼자서 한다는 건 불가능에 가깝다. 물론, 1,000세대 미만 단지는 혼자서도 충분히 운영 가능하다. 입주예정아파트의 규모가 4,000세대까지는 대표자와 직원 한 명만으로도 충분하다. 입주예정아파트 단지의 입주가 시작되기 전에는, 건축 중에 있으므로 외부인의 출입이 통제된다. 따라서 고객과 함께 물건을 보기 위해 현장에 직접 방문하는 경우가 거의 없으니, 일 처리를 빠르게 진행할 수 있어, 추가 인원이 필요치 않다. 다만, 입주가 시작되면, 그때부터는 물건지를 직접 방문해서 볼 수 있으므로, 해야 할 업무가 많아지고, 이때에는 인원 추가 여부를 고려해 봐야 한다. 하지만, 입주장마다 물건이 소진되는 속도가 다르다는 걸 감안해야 한다. 입주가 시작되기 전에 많은 전월세 매물이 계약되어, 남은 물건이 거의 없는 상황도 있고, 전월세 계약체결 건수가 입주시점이 다가왔음에도 많지 않은 경우에는, 남아 있는 물량을 개략적으로 파악해 보고, 미체결 물건에 대한 공격적인 영업을 위해 단지 내 상가에 입점하는 것도 고려해 봐야 한다.

　함께 일하는 직원은 초보여도 상관없다. 경력자라고 해서 반드시 입주장에서 일을 잘한다고 보장해 주지 않는다. 차라리 초보자는 배우는 대로 실행하기 때문에 오히려 더 좋을 때가 많다. 입주장에서 초보자가 경력자 수준으로 업무를 수행하기 위해서는 2~3개월이면 충분하다. 나는 직원 면접을 볼 때, 열정을 가장 우선시한다. 사무실은 대표자만의 사무실이 아니다. 직원도 자신의 사무실이라는 주인의식을 갖고, 일에 임해야 한다. 그래야, 열정이 생겨날 뿐만 아니라, 일에 더 집중할 수 있고, 결국에는 직원 본인의 성장에도 도움이 된다. 매일 아침 출근길에, 오늘 하루도 어떻게 버틸까?, 오늘 하루 전화작업 시 진상 소유자와 통화하면 어쩌지? 등등 걱정이 가득한 채 출근하는 직원이라면, 과연 그들이 얼마나 계약을 이뤄낼 수 있겠는가. 반면에, 매일 출근길에, '오늘 하루 반드시 계약 하나를 이뤄내야겠다' 라고 다짐하는 직원이 있다면, 당신은 성공한 입주장을 경험하게 될 것이다. 부동산중개업 자체를 재미있어하는 사람도 있다. 이런 사람이 주변에 있다면, 놓치지 말고, 오랫동안 함께 일하길 바란다. 그리고 충분히 보상하라.

　나는 함께 일하는 직원에게 충분한 교육을 시켜준다. 매물장 작성 노하우, 전화작업 노하우, 계약의 전초단계인 계좌 받는 요령, 기타 입주장이나 부동산중개와 관련된 모든 것들을 가급적이면 많이 설명해 준다. 그래야, 직원이 빠르게 성장하고, 빠르게 성장한 직원은 직원 본인에게도 그리고 대표자에게도 도움이 된다. 미래의 잠재적인 경쟁자라고 생각하지 말기 바란다. 나에게 지금 가장 필요한 건 '어떻게 하면 계약을 한 건이라도 더 체결할 수 있을까?'이다. 이 하나만을 생각하라.

나는 함께 일했던 직원이 다음 입주장에서 내 사무실 주변에 오픈하여도 축하해 준다. 심지어는 오픈하기 위한 사무실 입지도 함께 분석해 주고, 인테리어 과정도 도와준다. 그 사람이 나의 경쟁자가 아니라, 나를 도와주는 진정한 동료 고객이라고 생각하라.

나는 직원 채용을 할 때, 남자 직원은 일단 배제한다. 입주장의 특성상 전화작업이 업무에서 차지하는 비중이 높기 때문이다. 예외도 있겠지만, 경험상 남자 직원은 전화작업을 꾸준히 하고, 통화 상대방을 파악하는 센스에 있어서도 여자 직원보다 부족한 것이 사실이다.

이번에는, 직원의 보수 체계에 대해 언급하겠다. 사실 직원의 보수 체계에 대한 정답은 없다. 일반적으로 실무에서 활용하는 몇 가지 방식을 설명하면, 첫째, 기본급+$a$이다. 일반적으로 소규모 중개업소에서 가장 많이 활용하는 방식이며, 기본급은 100만 원인 경우가 가장 많고, +$a$는 비율제 즉, 직원이 직접 계약을 성사시킨 건에 대한 수익 비율인데, 이 비율은 기본급의 높고 낮음에 따라 달라진다. 둘째, 순수 월급제 방식이다. 이 경우는 중개업 현장에서 많이 활용되지 않으며, 나도 입주장에서 이 방식을 활용해 보았으나, 대표나 직원 모두에게 추천하고 싶지는 않다.

기본급 방식은 직원의 열정을 최대치로 끌어올리기에 부족하며, 입주장에서 계약체결 건이 너무 적으면, 대표의 손실로 이어지고, 직원 입장에서도 계약은 못 하는데, 월급만 받아 가는 꼴이 되어 눈치를 보다가, 사무실을 그만두게 된다. 그리고 계약체결 건이 많아지게 되면, 직원 입장에서는 계약 건이 아무리 많아도 본인에게 돌아오는 금액은 정해져 있으므로, 불만이 커지게 되고, 의욕을 상실하게 된다.

셋째, 순수 비율제 방식이다. 첫 번째와 두 번째 방식은 초보 직원이 선호하는 방식이고, 이 순수 비율제 방식은 경력이 충분한 직원들에게 적용 가능한 방식으로 보면 된다.

또한, 위에서 언급한 비율제 방식은 몇 가지로 구분할 수 있는데, 예컨대, 비율이 40%라고 했을 때, 사무실 총매출에 대한 비율인지, 직원 본인이 계약한 건에 대한 비율인지, 그리고, 사무실 경비(사무실 월세, 공과금, 각종 세금 등)를 제외한 것에 대한 비율인지를 명확히 해야 한다. 따라서 중개업소에 취업하고자 하는 소속공인중개사나 중개보조원이라면, 이 부분을 명확히 하고, 일을 시작해야, 차후에 오해와 분쟁이 발생하지 않을 것이다.

그런데 순수 비율제 방식을 운영하는 데 있어서도 곤란한 점이 있는데, 직원의 숫자가 많아지게 되면, 계약체결을 잘하는 직원과 그렇지 못한 직원 간에 위화감이 발생하여, 계약체결을 못 한 직원은 사무실을 떠나게 된다. 또한, 직원들 간의 사이가 동료가 아닌, 경쟁자라고 인식되어, 반드시 알아야 할 정보라던가, 괜찮은 물건이 나왔음에도 서로 공유하지 않는 등의 상황이 벌어질 수 있다. 그래서 순수 비율제 방식하에서는 대표자의 조정과 중재 역할이 매우 중요하다.

개인적으로, 입주장에서 내가 주로 활용하는 방식은 총매출에 대한 비율제 방식과 계약 건마다에 대한 정액제 방식이다. 총매출에 대한 비율제 방식은 대표자가 사무실 경비와 매출을 직원에게 명확히 설명해야 한다. 다만, 이 비율제 방식은 비율제 직원이 많아지다 보면, 대표자의 실질적인 수익이 생각보다 작아질 수도 있음에 주의해야 한다.

계약 건마다에 대한 정액제 방식은 사무실 경비와 매출에 대해 대표자가 하나하나 신경 써서 지출 경비와 매출 데이터를 수집하지 않아도 되고, 직원 입장에서도 사무실에서 달성하는 계약 건에 대해 매매, 전세, 월세에 따라 각각에 일정하게 정해진 금액을 지급받게 되므로, 오해의 소지가 낮아, 서로에게 괜찮은 방식이라 할 수 있다.

명심하라. 위에 설명한 어떤 방식이든, 직원은 나와 함께 성장하는 동반자임을 잊지 말고, 직원이 자신감을 갖고, 열정적으로 일할 수 있도록, 대표자는 항상 그 누구보다 노력해야 한다. 그리고 충분히 보상해야 한다.

# 3장

# 선수들의
# 입주장
# 물건작업
# 요령

# 1. 선수처럼 매물장 만들고, 작성하기

입주장 물건작업을 하기 위해서는 입주장에 적합한 매물장이 필요할 것이다. 입주장 업무 중에서 가장 중요한 부분 중 하나가, 잘 만들어진 매물장을 사용하여, 얼마나 효율적으로 업무에 적용시키느냐이다. 입주장에서 사용하는 매물장은 중개업소마다 다소 상이할 수 있으나, 처음 만들 때, 깊게 고민하고 만들기 바란다. 잘 만들어진 매물장을 훌륭한 내용으로 채운다면, 업무 효율을 극대화시킬 수 있다.

입주장용 매물장으로 많이 사용되는 유료 프로그램들이 있지만, 자신만의 매물장을 무료로 만들어 보자.

위의 매물장들은 내가 직접 입주장을 할 때 사용하던 매물장의 일부이다. 매물장에 포함될 항목을 순서대로 간략히 나열해 보면, ① 평형구분, ② 동호수, ③ 타입(평면타입, 필로티, 탑층 등등), ④ 옵션 사항(발코니 확장 여부, 시스템에어컨 등), ⑤ 거래종류(매매, 전세, 월세, 입주 등), ⑥ 금액, ⑦ 소유자, ⑧ 연락처, ⑨ 상담내용 등이다. 엑셀 프로그램이나, 구글 시트를 사용하면 어렵지 않게 매물장을 만들 수 있다. 엑셀과 구글 시트는 사용하기 편리하고, 내가 원하는 방식으로 매물장을 자유롭게 구성할 수 있고, 수정이 용이하다는 장점이 있다.

엑셀로 작성된 매물장

유료 프로그램으로 작성된 매물장

특히, 구글 시트는 엑셀보다 공동작업(즉, 협업)을 하는 데 있어 더욱 편리하고, 동시 작업 중에 공유자가 현재 어느 셀에서 작업 중인지도 확인할 수 있다. 또한, 구글 시트는 클라우드 저장 방식이라, 내가 사무실 밖, 외부 장소에 있어도, 휴대폰만 있으면, 언제든 매물장을 확인할 수 있다는 점에서 편리하다. 다만, 이 두 프로그램은 앞에서 언급했듯이 보안상의 문제점이 있어, 함께 일하는 직원들도 매물장 자체를 복사하거나 출력할 수 있다는 점이다.

이외에 유료 프로그램들이 있는데, 이 유료 프로그램들은 이미 만들어진 구성에 내가 맞춰서 매물장을 채워야 한다는 점과 일정 금액의 월 사용료가 부과된다는 점에서 단점이지만, 보안 문제로부터 자유롭다.

앞에서 언급했듯이, 매물장을 만드는 데 있어 근간이 되는 자료는, 입주예정아파트의 홈페이지에 나와 있는, 동호수 배치도와 관리처분 총회 책자이다.

나만의 매물장을 만들었다면, 업무를 하면서 매물장을 채워나가면 된다. 특히, 전화작업 한 내용을 기재할 때 상담내용에 특히 유념해서 기재해야 한다. 매물장은 사무실 내 근무자 누가 봐도 쉽게 이해할 수 있도록, 너무 주관적인 생각을 기재하지 말 것이며, 장황하지 않고 명료하게 기재하는 것이 중요하다. 그렇다고 너무 간단하게 기재하는 것도 좋지 않다. 상담내용을 기재함에 있어서, 정말 중요한 점은, 통화 상대방의 반응이나 성향을 사무실 내 근무자 누가 봐도 쉽게 파악할 수 있게 기재하는 것이다. 잘 작성됐다고 생각하는 매물장이란, 상담내용을 봤을 때, 누가 작성한 것인지 알 수 없을 정도로, 근무자들이 통일된 느낌으로 작성한 매물장이다.

또한, 매물장은 전화작업을 통해 각각의 해당 매물에 대한 소유자의 의사(매매/전세/월세 등)가 즉각적으로 반영되도록 최신의 상태로 업데이트되어야 한다. 그러기 위해서는 반복적이고 꾸준한 전화작업은 너무나 당연한 것이다.

# 2. 명단은 어떻게

　입주장에 진입하고 싶은데, 걸림돌이 되는 요인들 중 하나가 명단 확보일 것이다. 이 부분은 사실 민감한 부분이라 글로써 상세히 설명할 수 없음을 이해해 주길 바란다. 하지만, 입주장을 하고 싶다면, 크게 염려할 필요가 없다. 입주장에서 일을 하다 보면 자연히 확보하게 된다. 다만, 얼마나 빨리 입수할 수 있느냐가 관건이다. 명단을 빠르게 입수하기 위한 가장 일반적인 방법은, 주변 부동산 대표님들과 친분을 쌓는 것부터 시작하면 된다. 입주예정아파트 단지 주변에 오래 전부터 영업해 왔던 중개사 대표님들과는 지역에 따라 친해지기 쉽지 않을 수 있다. 하지만, 이 경우에도 크게 신경 쓸 필요가 없다. 여러분들이 입주장에 진입한 시점 전후로 새롭게 오픈한 대표님들과 친해져도 된다. 그분들 중에는 입주장 전문 중개사('선수')도 있는데, 그들은 명단 입수도 기존 부동산들보다 빠른 경우가 많다.

　이제부터, 명단 입수에 대한 고민은 하지 말고, 입주장에서 어떻게 하면 합리적이고 효과적으로 사무실을 운영할 것인지만 고민하기 바란다.

# 3. 전세 놓는 집주인들이
# 가장 중요시하는 사항

　입주장에서 집주인(소유자=임대인=매도인)을 분류하면, 입주/전세/월세/매매 중 하나이다. 당연한 생각이지만, 집주인, 특히 임대인은 월세든 전세든 높은 금액으로 거래하길 원한다. 보통은, 비슷한 입지의 준신축급 기존 아파트 단지가 있다면, 그 단지의 가격을 기준으로 생각할 것이다.

　하지만, 전세나 월세를 놓는 임대인은 임차인이 어떤 사람인지에도 관심이 많다. 새 아파트에 처음 입주하는 임차인이라 그럴 수밖에 없다. 그래서 가족이 단출한 신혼부부를 가장 선호하고, 애완동물을 키우는 임차인은 대부분 사절한다. 또한, 거실 아트월에 벽걸이TV를 설치하는 것도 싫어한다. 그리고 임대인은 하자보수에 대해 관심이 많다. 하자보수기간은 하자의 종류에 따라 상이하지만, 통상 그 기간은 2년인 항목이 대부분이다. 따라서 임차인이 거주하는 동안 발생하는 하자에 대해 적극적으로 대처해 주길 바란다. 따라서 중개사는 임대차계약서 특약에 위와 같은 사항들을 반드시 기재해야 한다.

# 4. 옵션을 잘
# 파악해야 한다

요즘은 발코니 확장은 기본 사항이다. 조합원세대의 경우 확장은 대부분 무상이며, 일반분양세대는 부동산 시장에 따라 무상인 경우도 있고, 유상인 경우도 있지만, 보통은 유상옵션 사항이다. 다만, 최근에는 발코니 확장을 선택하지 않는 사람이 거의 없으므로, 크게 신경 쓰지 않아도 될 것이다. 다음으로, 시스템에어컨은 가장 신경 써야 할 옵션이다. 사계절이 뚜렷한 우리나라지만, 점점 여름이 길어지고 더워지는 경향이 있으므로, 시스템에어컨은 정확히 체크해야 한다. 시스템에어컨을 설치하지 않은 세대, 2대만 설치한 세대, 3대만 설치한 세대, 전체 설치한 세대 등 다양하다. 그런데, 임차인은 이 시스템에어컨 설치 여부를 중요시한다. 그러니, 임대인으로부터 처음 매물 접수를 받을 때, 매물장에 정확히 체크해 둬야 한다. 입주가 시작되기 전까지는 입주예정아파트 세대에 직접 방문할 수가 없으므로, 입주 전에 계약하는 임차인은 중개사의 설명만 믿고, 계약을 위한 가계약금을 선입금한다. 가계약금 송금 후 며칠 후에 임대인, 임차인, 공인중개사가 만나 계약서를 작성하는 중에, 시스템에어컨 설치 대수가 중개사가 처음 얘기한 것과 상이한 경우가 종종 발생한다. 이런 상황이 발생하면, 중개사는 난감할 수밖에 없고, 심각하게는 계약이 해지되는 사태도 발생한다.

　가계약금에 대해 간략히 설명하겠다. 중개사는 가계약금을 송금하는 시점에서 임대인과 임차인에게, 계약하는 물건의 동호수, 보증금 지급 방식, 계약일, 잔금일 등 계약에 관한 중요사항을 상세히 기재해서 문자메시지로 전송하여, 임대인 임차인 쌍방의 확인을 받아두는 것이 좋다. 이러한 사항이 확정되지 않은 상태에서 가계약금이 송금되었는데, 계약서 작성 시에 계약이 해지되는 경우, 기송금한 가계약금의 반환 여부로 인한 법적 다툼이 발생할 수 있고, 중개하는 공인중개사도 정신적으로 스트레스를 크게 받게 될 것이다.

　임차인이 젊은 세대인 경우에는 인덕션을 중요 옵션 사항으로 여기는 경우가 종종 있다. 역시, 매물 접수 시에 소유자로부터 확인해서 매물장에 기재해 둬야 한다. 인덕션은 조합원세대에게는 무상옵션일 수도, 유상옵션일 수도 있는데, 일반분양세대에게는 대부분 유상옵션이다.

# 5. 전화작업은 입주장의 시작이자 끝이다

전화작업이 모든 것을 결정한다. 그런데 전화작업을 두려워한다면 입주장은 포기하기 바란다. 거절과 적대적 컴플레인이 많은 만큼 전화작업은 쉽지 않다. 하지만 누군가는 내가 하지 않은 일을 함으로써 계약을 이루게 된다.

중개사 대표님들 중에는 본인은 전화작업을 하지 않거나, 하루에 몇 통화만 하고는, 실장님이나 소속공인중개사에게 전적으로 미루는 분들을 많이 봐왔다. 그런 시스템으로 운영되는 사무실 중에 입주장에서 원하는 성과를 거둔 곳을 찾기 힘들다. 대표 중개사는 모든 면에서 모범이 되어야 한다. 가장 먼저 출근해서, 사무실 청소를 해야 하고, 매일 광고할 물건을 선별해야 하고, 때로는 휴일에도 쉬지 않고 출근해야 한다. 전화작업도 실장님이나 소속공인중개사만큼, 아니 그 이상으로 열심히 해야 한다. 입주장에서 1등 부동산은 그냥 되는 것이 아니다. 반드시 기억하라. 모두 내 일이다. 누가 대신해 주는 건 없다.

대표 중개사가 전화작업을 해야 하는 중요한 이유 중 하나는 감각을 유지하기 위함이다. 즉, 전화작업을 하지 않으면, 현재 어떤 물건이 가장 좋은 매물인지, 입주장 가격 흐름은 어떻게 진행되고 있는지 등을 정확히 파악할 수 없게 된다. 경우에 따라서는, 팀워크가 깨지는 원인이 될 수도 있다. 대표가 전화작업을 제대로 하지 않으면서, 직원에게 무턱대고 지시를 한다면, 열심히 일하는 직원 입장에서는, 상황에 맞지 않는 지시로 스트레스를 받을 수 있고, 결국에 해당 중개업소는 입주장에서 성공할 수 없게 된다.

나의 전화작업 노하우를 알려주겠다. 전화작업은 간단하고 빠르게 해야 한다. 전화작업은 잡담하는 시간도, 소유자와 친분을 쌓는 시간도 아니다. 나의 목적을 달성하기 위한 가장 기초적인 작업인 것이다. 나의 목적은 무엇인가? 소유자가 입주하는지, 임대를 놓는지, 매매를 원하는지를 알고 싶은 것이다. 여기에 옵션 사항을 알면 끝이다. 기계적인 작업의 반복인 것이다.

재미도 없는데, 때로는 상대방의 적대적 반응에 시달려, 크게 상처받고는, 그날은 전화기를 놓게 된다. 심하게는 입주장을 떠나게 된다. 세상에 쉽게 이뤄지는 건 아무것도 없다. 상대방의 적대적 반응이 심하더라도, 긍정적인 마인드로 웃으며 흘려 넘겨야 한다. 대표 중개사라면, 실장이나 소속공인중개사에게 전화작업으로 인해 문제가 발생한다면, 모든 책임은 대표인 본인이 진다는 믿음을 줘야 한다. 함께 일하는 분들께 항상 믿음과 신뢰를 줘라.

소유자의 적대적 반응에 대해 어떻게 대처하는지 간단한 팁을 드리겠다. 상대방이 조합원인 경우와 일반분양자인 경우에 따라 다르다. 언급했듯이 매물장에는 조합원세대와 일반분양세대를 구분해 놔야 한다고 했다. 매물장을 보면서 전화작업을 할 때 그 상대방이 조합원인지 일반분양자인지 미리 알고 통화하는 것이다. 조합원은 재개발 재건축 진행 과정 중에 여러 번의 총회에 참석하는 상황들이 있으며, 분양계약서를 작성하기 위해 분양사무실에 방문하고, 이주비와 중도금대출에 필요한 자서(대출서류 작성)를 하기 위해 은행에 방문한다. 그리고 일반분양자는 분양계약을 위해 분양사무실과 중도금대출을 위해 은행에 방문해야 한다. 이 상황들을 잘 기억하기 바란다. 실전 전화작업 중에 발생하는 개인정보 등으로 인한 상대방의 적대적 반응에 대응하기 위한 하나의 예시이다.

# 6. 모든 물건은
## 내 손바닥 안에 있다

타 중개업소에서 광고하는 네이버부동산 물건들과 전화작업을 많이 하다 보면, 현재 나와 있는 물건들 중에 가장 좋은 물건, 즉 지금 바로 계약 가능한 물건과 시세를 정확히 알게 된다. 말했듯이 정확히 알게 된다. 전체 물건들 중에 가장 1순위로 계약될 물건이 어떤 동호수의 물건인지 알게 된다. 우리 스스로가 고객에게 제시하는 물건이 가장 좋은 매물이라는 확신을 갖게 된다면, 고객에게 이득을 안겨줄 수 있음을 설득력 있게 설명할 수 있다. 우리는 부동산 중개를 하는데 있어, 우선적으로 고객이 원하는 물건을 계약하게 도와줌으로써 우리와 고객 모두에게 이로운 일을 행한다고 자부해야 한다.

입주장은 스피드 싸움이라고 했다. 고객은 기다려 주지 않는다. 아니, 고객은 나한테만 물건을 찾는 것이 아닌, 여기저기 다수의 부동산들에 연락을 취하고, 그중에서 자신이 원하는 가격과 동호수의 물건으로 계약을 한다. 내가 통화하는 중에도 타 부동산이 고객에게 전화를 걸고 있을 수 있고, 내가 처음 통화 후 물건을 찾고 있는 중에도, 타 부동산은 끊임없이 연락을 하거나, 고객 스스로가 연락을 취한다. 내가 열심히 물건을 찾아 다시 연락을 취했는데, 그사이에 손님은 이미 타 부동산과 계약한 경우가 다반사다. 입주장은 그런 곳이다. 그럼, 고객을 놓치지 않으려면 어떻게 해야 하겠는가? 맞다. 처음 통화가 되었을 때, 바로 결과물, 즉 계약으로까지 연결시켜야 한다. 적어도, 그런 마음으로 상담을 해야 한다. 그러기 위해서는, 내 머릿속에 당장 계약 가능한 물건들을 기억하고 있어야 한다. 최소한 매물장에서 바로 찾아낼 수 있어야 한다. 그래서 다시 한번 강조하지만, 이것이 매물장을 효과적이고 효율적이며, 정확히 작성해야 하는 이유이다.

여기에서 한 가지 더 강조하고 싶은 점은, 지금 계약 가능한 물건들을 최대한 많이 머릿속에 기억하기 바란다. 고객은 내가 사무실에 있을 때에만 전화하지 않는다. 내가 밥을 먹고 있는 중에도, 출퇴근길 운전 중에도 연락을 한다. 언제까지 매물장에 모든 것을 의존하려고 하는가. 최대한 많은 계약 가능한 물건들을 머릿속에 기억하라.

내가 현재 거래 가능한 최상의 물건을 쉽게 기억하는 한 가지 노하우를 알려주겠다. 암기 방법 첫 단계는 입주예정아파트 단지의 단지 배치도를 참조해서, 각각의 동의 위치와 평형별 라인을 명확히 암기하라. 예컨대, 101동의 위치와 모양 그리고 1, 2호 라인은 전용 $59m^2$이고, 3, 4호 라인은 전용 $84m^2$라는 것을 기억하면 된다. 대단지라면 단기간에 암기하기가 쉽지 않을 수 있지만, 노력하다 보면, 아파트 단지 전체를 이미지로 기억하게 될 것이다. 단지 전체가 이미지로 암기되었다면, 이제부터는 계약 가능한 물건이 나올 때마다, 그 물건을 머릿속에 이미지화시킨 아파트 단지에 콕 찍어 넣으면 된다. 기억력이 좋지 않아서 못 하겠다고 포기하는 사람도 있을 것이다. 하지만, 명심하라. 이 정도까지 노력해야 입주장에서 원하는 목표를 달성할 수 있다. 여러분도 입주장에 집중하다 보면, 적어도 물건 10개 정도는 어렵지 않게 머릿속에 기억하게 될 것이다. 나는 운전 중에 연락 온 고객과 수없이 상담하면서, 최상의 물건을 바로바로 정확히 설명하며, 다수의 계약을 이뤄냈다. 내가 기억력이 좋아서 할 수 있었던 것이 아니다. 나는 아주 보통의 머리를 갖고 있다. 여러분도 노력하면 된다. 해보지도 않고 포기하지 말기 바란다.

# 4장

# 입주장에서
# 반드시
# 필요한
# 광고 방법

# 1. 광고는 노력과 시간,
# 그리고 비용이 결정한다

광고는 모든 계약의 첫 단추이다. 고객이 없으면 계약도 없다. 매물을 광고하는 매체는 다양하다. 입주장에서 광고비를 가장 많이 지출해야 하는 매체가 네이버부동산 매물광고이고, 그다음이 네이버 키워드 광고다. 이외에 다방, 직방, 호갱노노, 아실 그리고 최근에는 당근마켓 등 다양한 광고 매체가 있겠지만, 광고비의 대부분은 네이버부동산 매물광고라고 봐야 한다. 기타 다른 비용은 아껴야겠지만, 입주장을 하면서, 광고비용만큼은 아끼지 말아야 한다.

사무실을 오픈하는 데 필요한 자금을 아껴, 광고에 집행해야 한다. 그리고 비용이 들지 않고 손품을 팔아서 할 수 있는 대표적인 방법은 블로그다. 그리고 유튜브 채널도 활용하길 바란다.

나는 컴퓨터 활용 능력이 부족해서, 그리고 지식이나 경험이 부족해서 할 수 없다는 건 그저 핑계일 뿐이다. 입주장 1등을 하고 싶다면, 뭐든 해야 한다. 다만, 광고가 유료이건 무료이건 효율성을 생각해야 한다. 손품을 팔아서 블로그를 열심히 운영했지만, 고객으로부터 문의가 없다면, 시간만 낭비한 꼴이다. 유튜브도 마찬가지이다. 다만, 진정으로 내가 집중해서 노력했다면 효과가 없을 수 없다. 광고에서 가장 중요한 건, 내 물건을 원하는 사람이 누구이고, 그들이 어떤 생각을 갖고 있으며, 어떤 상황인지 지속적으로 스스로에게 질문해야 한다.

예를 들어 신혼부부를 표적고객으로 삼았다면, 그들이 궁금해하는 것이 무엇인지 생각해 보자. 그들은 인생 처음으로 부동산 거래를 하는 경우가 많을 것이다. 그러다 보니, 불안감이 클 수밖에 없다. 대표적으로 입주아파트(재개발, 재건축의 경우)의 특성상 입주시점에 미등기 상태이고, 미등기 상태에서 입주하는 데에 따른 불안감이 클 것이다. 또한, 전세자금대출을 받는 경우가 많으므로, 전세자금대출 상품에 대한 궁금증도 많다.

네이버부동산 매물광고 시 상세설명란을 작성하는 데에 활용한다면, 조금이라도 타 부동산들과 차별화를 이뤄낼 수 있을 것이며, 보다 효과적인 광고가 될 것이다.

# 2. 네이버부동산
## 매물광고 방법 및 요령

현재 중개업을 영위하고 있는 중개사라면 잘 알겠지만, 네이버부동산에 매물을 광고하는 방법은 다양하다. 가장 일반적으로는 '확인매물'이 있고, 소유자인 집주인이 매물광고에 동의하는 '전화확인'과 '집주인' 광고 방식, 그리고 매물 건당 광고비가 가장 비싼 '현장확인' 방식이 있다. 네이버에서 노출시켜 주는 우선순위는, 현장확인 〉 집주인 〉 전화확인 〉 확인매물 순이다.

한때, 입주장에서 현장확인매물광고 방식을 많이 사용하기도 했으나, 건당 광고비용이 워낙에 높다 보니, 최근에는 그 비중이 많이 감소한 상태이며, 확인매물 방식과 집주인 광고 방식이 많이 이용되는데, 이 2가지는 광고비용이 동일하거나, 집주인 광고가 조금 더 저렴하기도 하다. 그런데, 광고효과는 집주인 광고가 훨씬 높다. 입주장에서 일반적인 확인매물광고는 단순히 소유자의 이름만 기재하면 되고, 별도로 소유자한테 확인 연락이 가지도 않는다. 따라서 광고 자체를 네이버부동산에 등록시키기는 쉽지만, 광고효과는 매우 낮은 편이다. 그러다 보니, 확인매물광고 중에는 실제매물보다 상당히 낮은 허위매물들이 즐비하다. 반면에, 집주인 광고를 하기 위해서는, 등기된 아파트의 경우에는 '등기사항전부증명서'를 첨부해야 하고, 네이버로부터 연락문자가 오면 집주인의 동의도 필요하다. 그런데, 입주장에서는 입주아파트가 미등기 상태이므로, 등기사항전부증명서 대신에, '분양계약서'를 첨부해야 하는데, 소유자와 친분이 있거나, 소유자가 거래가 급한 상황이 아니라면, 소유자로부터 분양계약서를 받아내기가 쉽지 않다. 그럼에도 최근에는 집주인 확인 광고의 효과가 압도적으로 중요하기 때문에 최대한 집주인 광고를 할 수 있는 방안을 나름대로 모색해야 할 것이다.

광고는 그 중요성을 아무리 강조해도 지나침이 없다. 입주장에서는 수많은 중개업소들이 엄청난 경쟁을 펼치는데, 특히나 대단지 입주장에는 몇천 개의 매물이 올라와 있는 경우도 있는데, 이때는 적당히 광고해서는 눈에 보이지도 않게 된다. 내가 몇 년 전에 서울 송파구 대단지에서 입주장을 할 때에는, 네이버 매물광고를 매일 20개씩 쉬지 않고 올리기도 했다.

이렇게 치열한 입주장 광고를 위해서는, 나름대로 규칙을 만들어 꾸준히 지키는 것이 중요하다. 아침에 출근해서 업무를 시작할 때, 가장 먼저 매물광고부터 점검하길 권한다. 입주장 주변 경쟁업체들의 광고 물건과 나의 광고 물건을 비교·검토하고, 어떻게 하면 그들과 차별화할 수 있는 전략이 있는지를 고민해야 한다. 일단, 네이버부동산 매물을 광고할 때 물건의 특징을 기재하는 한 줄짜리 글을 쓸 때도 광고를 보는 고객의 시각에서 생각해야 한다. 그들이 가장 필요로 하는 것은 무엇이고, 가장 궁금해하는 것은 무엇인지 살펴봐야 한다.

많은 중개사분들이 네이버 매물의 상세한 설명란에 입주예정아파트의 세대수, 입지, 학군 그리고 중개사 자신의 경력 등을 PR하는 내용을 주로 기재한다. 하지만, 이러한 내용은 고객의 공감을 자극하기에는 부족하다. 오히려, 고객이 궁금해하는 부분을 기재하는 것이 광고효과를 극대화시킬 수 있는 전략이다. 광고는 광고를 하는 주체의 시각보다는 광고를 보는 고객의 입장을 우선적으로 고려해야 함을 명심해야 한다.

# 3. 키워드 광고는 반드시 해야 하나?

네이버 키워드 광고도 가급적이면 하는 것이 좋다. 다만, 주요 키워드의 클릭당 가격이 너무 높다면, 1순위가 아니어도 된다. 5순위까지는 네이버 1면에 표시되므로 2, 3, 4, 5순위로 올려도 된다. 다만, 이 순위는 지속적으로 변하게 되므로, 키워드 광고 시에는 자신의 노출 순위를 지속적으로 모니터링해야 한다. 한편 키워드 광고에서 가장 중요한 점은, 키워드 광고를 클릭했을 때, 링크되는 웹페이지가 중요하다. 많은 중개사분들이 아무 생각 없이, 부동산 포털사이트(부동산 114, 부동산뱅크, 부동산써브 등)나, 본인의 웹사이트에 링크를 하는 경우가 많은데, 이러한 방식은 절대 추천하지 않는다. 그리고 블로그로 링크하는 경우에는 해당 블로그가 충분히 활성화되어 있어야 하며, 그렇지 않다면, 블로그로도 링크하면 안 된다. 차라리, 자신이 광고 중인 네이버부동산 웹주소로 링크할 것을 추천한다. 언급했듯이, 키워드 광고는 내가 운영하는 잘 활성화된 유튜브, 블로그, 또는 카페가 있어야 효과를 극대화할 수 있다.

그런데, 블로그 포스팅이 정보전달 목적이 아닌 단순히 매물광고로 도배되어 있다면, 그 블로그는 광고로서의 효과를 전혀 누릴 수 없으며, 아마도 저품질 블로그로 전락할 것이지만, 이렇게 단순히 매물광고로 도배된 블로그라 하더라도, 키워드 광고와 연동시킨다면, 큰 효과를 누릴 수 있다. 키워드를 검색하고 키워드 광고를 클릭한 고객은 해당 입주장에 관심이 있는 사람으로 유효 고객일 가능성이 크다. 따라서 연동된 블로그에 포스팅되어 있는 다수의 매물광고가 괜찮은 가격의 물건들로 채워져 있다면 전략적으로 도전해 볼 만한 광고 방법이 될 것이다.

참고로, 나는 입주장에서 키워드 광고를 특별히 하지 않는다. 유료광고는 네이버부동산으로도 충분하며, 무료광고를 할 수 있는 블로그, 유튜브, 네이버카페, 네이버지도와 다음지도를 활용한다. 블로그, 네이버지도, 다음지도에 상단 노출 할 수 있도록 노력하길 바란다. 네이버, 구글, 유튜브 등에서 검색을 통해 상단 노출 방법은 반드시 공부하길 바란다.

# 4. 블로그 운영

블로그는 오래전부터 중개업소에는 가장 대표적인 마케팅 수단이었다. 별도의 비용 지출이 필요치 않다는 점도 장점이고, 네이버에서는 잘 작성된 블로그 글을 상위에 노출시켜 준다. 그러니, 개업중개사 중에 블로그를 한 번도 운영해 보지 않은 사람은 거의 없을 것이다. 블로그를 잘하기 위해서는 무엇보다, 양질의 글을 꾸준하게 업로드해야 한다는 것은 누구나 잘 알 것이다.

검색엔진 최적화(SEO)란 용어를 들어봤을 것이다. SEO란 네이버나 구글과 같은 검색엔진으로부터 어떤 웹사이트에 도달하는 트래픽의 양과 질을 개선하는 작업을 의미한다. 쉽게 말하면, 네이버나 구글에서 키워드에 따라 관련 자료를 찾기 쉽도록 개선하는 과정으로, 검색엔진이 자료를 수집하고 순위를 매기는 기준에 맞게 내 블로그나 내 웹사이트를 잘 구성해서 검색결과에 따라 상위에 노출될 수 있도록 하는 것을 말한다.

따라서, 네이버블로그 상위노출을 위해서는 글을 작성할 때, 네이버에서 양질의 글이라고 판단하는 기준(로직)을 고려해야 한다. 예컨대, 키워드를 잘 잡아서, 제목과 본문에 적절히 사용해야 하며, 글 내용 중 일부라도 붙여넣기(복사)는 절대 사용하면 안 되며, 글 내용과 연관성이 높은 직접 촬영한 사진을 올려야 한다. 또한, 방문자가 내 블로그에 오래 체류할 수 있도록 글의 내용에 흥미를 유발하는 요소를 첨가하면 좋고, 해당 글과 관련된 글을 링크하여 페이지 뷰 횟수를 늘리는 것도 중요하다.

블로그를 처음 하려고 하면, 좀 막막할 수도 있으니, 잘 만들어진 타 블로그를 벤치마킹해 볼 것을 추천한다. 따라 하다 보면, 점점 나만의 노하우가 쌓이게 될 것이다.

블로그나, 다음 페이지에 언급할 유튜브나, 우리가 고객에게 마케팅할 때 주의해야 할 점은, 모든 마케팅의 주인공은 고객이고, 우리는 그들을 도와주는 신뢰할 만한 조력자임을 잊지 말자. 그들이 가장 알고 싶어 하고, 두려워하고, 달성하고 싶어 하는 삶의 목표가 무엇인지를 우리 스스로에게 질문해야 한다. 우리가 제공하는 서비스를 받았을 때 그들의 삶이 어떻게 달라지는지 상상할 수 있도록 도와주어야 한다. 그래야 고객의 관심이 증가할 것이고, 우리를 신뢰할 것이다.

# 5. 유튜브를 해야 할까?

지금은 유튜브 세상이다. 이제 유튜브는 단순히 관심 있는 동영상을 시청하기 위한 영상 매체로서뿐만 아니라, 구글, 네이버 등과 같은 검색엔진으로서 기능까지 수행하고 있다. 최근 통계에 따르면, 한국인 10명 중 8명이 유튜브를 이용하며, 1인당 월평균 33시간을 유튜브 콘텐츠를 시청한다고 한다. 매일 1시간은 시청한다는 것이다. 그러니, 유튜브는 공인중개사가 반드시 운영해야 할 마케팅 수단으로, 가장 효과적인 매체이다.

다만, 입주장의 특성상, 업무시간에 해야 할 일들이 무척이나 많다. 유튜브를 처음 시작하는 분들이라면, 유튜브에 영상을 올리기 위해 상당한 시간이 소요될 것이다. 영상제작을 위한 자료를 수집하고, 촬영을 하고, 편집하는 일련의 과정을 사무실 업무시간에 한다면, 다른 중요한 일들을 처리할 수 없게 된다. 따라서 유튜브는 업무시간이 끝나고 하길 바란다. 물론, 유튜브까지 하게 되면, 휴식할 수 있는 시간이 없다고 한숨이 나올 수 있다. 삶의 질이 확 떨어진다. 하지만, 당신의 목표는 입주장 1등이라는 것을 명심하라. 1등은 그냥 되는 것이 아니다. 1등도 해본 놈이 한다고 했다. 한 번 해본 놈은 또 할 수 있다는 자신감이 충만하다. 어떻게 하면 1등이 될 수 있는지를 안다. 입주장, 아니 세상 모든 일들이 그렇듯, 먹고 놀면서 다 할 수는 없다. 입주장이 시작되면, 많은 것을 희생하라. 딱 한 번만이라도 입주장에 몰입해서 1등이 되길 바란다. 그리고 입주아파트 단지 내 상가로 입점하라. 그러면, 해당 아파트 단지에서 1등 중개업소는 언제나 당신 자신일 것이다.

유튜브를 처음 시작하려고 하면, 갖춰야 할 장비와 다뤄야 할 각종 편집 프로그램들, 그리고 많은 시간 소요 등으로 인해, 두려움이 있을 것이다. 하지만, 일단 무조건 해봐야 한다. 유튜브 개인 채널을 개설해서, 어떤 영상이라도 찍어서 업로드해 보길 바란다. 그리고 필요하면 편집을 해보고, 적절한 섬네일도 만들어 보고, 이렇게 저렇게 하다 보면, 조금씩 실력이 향상된다. 중요한 것은 일단은 앞뒤 따지지 말고, 그냥 하라. 무조건 시작하라.

유튜브 영상제작이 힘들다면, 쇼츠영상을 활용해 보길 바란다. 쇼츠는 1분이라는 짧은 영상이므로, 제작하는 데 시간이 많이 소요되지도 않을뿐더러, 유튜브 영상보다 평균적으로 조회수가 훨씬 높다는 장점이 있다. 또한, 챗GPT를 활용해서 주제 선정 및 대본 작성도 쉽게 할 수 있다.

# 5장

# 단지 내 상가 입점하기

# 1. 입주장에는 상가도 있다

　입주장에는 아파트만 있는 것이 아니다. 단지 내 상가도 새롭게 분양이 이뤄지고, 상가를 분양받는 대다수의 소유자(조합원, 일반분양자)는 임대수익을 목적으로 분양을 받게 되므로, 대다수 물건들이 중개해야 할 대상이다. 특히, 대단지 입주장에서는 상가 규모도 상당하다. 서울 강동구 둔촌동의 올림픽파크포레온의 경우, 단지 내 상가만 대략 700여 개에 이른다. 상가는 중개수수료율도 주택보다 높으므로, 이와 같은 대단지 내 상가를 중개하기 위한 노력도 소홀히 해서는 안 된다.

　단지 내 상가의 분양은 주로, 입주 1년 전부터 6개월 전 사이에 이뤄진다. 상가 중개를 위한 첫 단계는, 조합원이 분양신청 하는 시기와 일반분양자가 분양신청 하는 시기에 맞춰, 분양자와 대면 접촉을 통해, 그들이 분양받게 되는 상가 호수와 연락처 그리고 기대 월세 등을 파악해야 한다. 이때, 각호별로 예상 가능한 임대수준에 대한 도표를 상가분양이 이뤄지기 전에 만들어, 분양계약서를 작성하기 위해 분양사무실에 방문하는 분양자에게 제공하면서, 대화를 진행하면 도움이 될 것이다. 단순히 명함만 전달하는 것보다 조금이라도 효과적이지 않겠는가.

참고로, 분양자에게 다가가 말을 거는 것을 부끄러워하거나 부담스러워할 필요가 없다. 아파트분양자보다, 상가분양자들은 어차피 분양받은 상가를 임대 놓을 예정이므로, 접근하는 중개사에게 훨씬 호의적이다. 중개사인 우리는 언제나 그들이 해결하고자 하는 문제(임대차계약)를 도와주는 전문가이다.

단지 내 상가를 중개하는 데 있어, 가장 많이 관심을 가져야 할 자리가 바로 마트 입점이 가능한 상가이다. 마트 입점이 가능한 상가는 통상적으로 규모도 크고, 그에 따라 임대료도 높다. 그러니, 상가 중개 시에 마트 중개를 달성하게 되면 상당한 중개수수료를 받을 수가 있다. 마트 입점이 가능한 상가 자리가 나에게 나왔다고 하면, 마트만을 전문으로 소개하는 전문브로커와 연결시켜 주면 된다. 입주장을 하다 보면, 마트 할만한 자리를 찾는다며, 본인이 직접 운영할 것처럼 말하는데, 실제로는 마트 전문브로커인 경우가 다반사다. 혹시 그들이 전문브로커라고 하여 문전박대하지 말고, 연락처를 반드시 받아두기 바란다. 어쩌면 큰 건을 계약하게 되는 기회가 찾아올 수도 있을 것이다.

다음으로, 대단지 아파트일수록 2층 이상 상가 중 병의원과 학원 등은 수요가 무척 많다. 이러한 상가를 미리 분석해서 물건을 확보해 두기 바란다.

내가 서울의 모 지역에서 입주장을 할 때, 상가 조합원분양 신청 날에 조합원 중 절반이 넘는 그들의 연락처를 받아낸 적도 있다. 반나절 동안, 조합원들에게 다가가서 말을 걸고, 그들의 관심사에 기초하여 상담하고, 연락처를 받은 것이다. 그 이후에도, 지속적으로 상가 조합원들에게 연락하면서, 다수의 상가 계약을 이뤄낼 수 있었다.

# 2. 최대한 빠르게
   단지 내 상가 입점하기

통상적으로, 대단지 입주(예정)아파트의 입주장은 입주 6개월 전후부터 시작한다. 이때는, 입주예정아파트에 가까운 주변 중개업소에서 주로 계약이 이뤄지고, 이후 준공이 되어, 실질적인 입주가 시작되면, 이때부터는 대부분의 계약이 단지 내에 입점한 중개업소에서 이뤄진다. 따라서 입주가 시작되면서, 단지 내 상가로 입점하기로 계획했다면, 최대한 빠르게 사무실 세팅을 완료해서, 입주 첫날부터 사무실을 운영할 수 있게 해야 한다. 사무실을 예쁘게 인테리어하는 건, 입주장이 모두 끝나고 천천히 해도 된다.

단지 내 상가의 분양 시, 좋은 입지의 상가는 보통 상가 조합원 몫이고, 나머지 상가가 일반분양자에게 분양된다. 따라서 내가 입점하고 싶은 상가의 위치를 공개된 상가 배치도 등을 참조해서, 확인해두면 좋다. 그리고 분양계약이 완료되면 수분양자(상가 조합원 또는 일반분양자)에게 직접 연락을 취하거나, 주변 중개업소의 도움을 받아서, 임대차계약을 진행하면 된다.

여기서, 한 가지 주의할 사항이 있다. 입주예정아파트 상가에 입점해서 지속적으로 중개업을 영위하고자 하는 경우가 아니라면, 단지 내 상가 입점을 신중히 고민해야 한다. 가장 중점적으로 체크해야 할 사항은, 입주 전까지 거래 가능한 물건들이 얼마나 많이 남아 있는지를 확인하는 것이다. 입주장을 열심히 하다 보면, 남아 있는 물량을 파악하기는 어렵지 않다. 2017년 전까지의 입주장에서는 입주가 시작되기 전에 70~80% 이상 물건들이 계약 완료되는 것이 일반적인 상황이었다.

따라서, 남은 물량을 파악해서, 충분한 양이 남아 있다면 단지 내 상가로 입점하고, 그렇지 않다면 단지 내 상가로 입점하는 대신에 단지 외부에서 좀 더 영업을 하다가, 단지 내로 입점하거나 타 지역 입주장을 알아보면 된다. 경우에 따라서는, 6개월 단기 월세가 가능한 단지 내 상가에 입점하는 것도 고려해 볼 만하다. 단지 내 상가 중 상당수가 입주 이후에도 한동안 공실로 되어 있어, 6개월 단기 임대를 놓는 상가 임대인도 있다.

# 3. 단지 내 상가,
# 비싼 자리가 좋은 자리일까?

　내가 서울 강동구의 신축 대단지 입주장에서 일할 때다. 당시에 나는, 입주가 시작되기 전에, 해당 입주예정아파트와는 거리가 상당히 떨어져 있었지만, 주차가 용이하고, 월세도 저렴하며, 권리금도 없던 자리에서 입주장을 시작했다. 통상 내가 입주장을 시작하는 그런 사무실 자리이다. 그래도, 계약 건수는 역시나 노력한 만큼 달성할 수 있었다. 그리고 입주가 시작되기 전에, 단지 내 상가 사무실 자리를 계약했다. 5,000세대 대단지 메인상가이고, 바로 앞에 지하철역 출구가 연결되는 그냥 봐서도 딱 좋은 그런 자리였다. 다만, 월세가 무려 700만 원이었다. '월세 700만 원이라 해도, 뭐 한두 건 더 하면 되겠지'라는 생각으로, 입주가 시작되는 당일 새벽부터 사무실 이전을 시작해서, 오전 중으로 모든 집기의 세팅을 완료하고 바로 입주 첫날부터 영업을 시작했다.

　이렇게 입점한 사무실에서의 결과는 어땠을까? 입주장이 끝나자마자 적자가 나기 시작했다. 사무실 월세와 관리비, 그리고, 광고비와 인건비 등등 기본적으로 매월 1,000만 원이 통장에서 빠져나갔다. 결국, 사무실 계약이 완료되는 2년이라는 시간 동안 겪었던 심리적

고통은 이루 말할 수 없었다.

우리는 사업을 하는 데 있어, 고정 지출을 최소화해야 한다는 원칙을 잊어서는 안 된다. 나의 쓰라린 경험을, 지금 이 책을 읽고 있는 여러분들은 경험하지 않기를 바란다. 계약 한두 건 더 해서 수익을 늘리면 된다는 생각은 버려라.

이렇듯, 입주장이 끝나고 나면 손가락 빨 일이 많아진다. 그래서 단지 상가에 입점하더라도 월세 부담이 가장 적은 자리를 잡고, 1~2년을 기다리다 보면 괜찮은 상가가, 보다 저렴하게 나오는 경우가 많다. 왜냐하면, 입주아파트에서 이뤄지는 상가분양가격에는 새로운 아파트의 입주로 인한 기대감이 반영되어 분양가격이 상당히 높은 경우가 대부분이다. 따라서 높은 분양가로 분양받은 수분양자로서는 분양가에 상응하는 임대료를 받고자 한다. 이러한 이유로 인해, 입주아파트 단지 내 상가의 임대료가 처음에는 높게 형성된다. 하지만 대부분의 단지 내 상가는 시간이 지남에 따라 상권이 커지는 일이 없으므로 상가의 임대료는 낮아지기 마련이다. 결국, 단지 내 상가는 재계약이 시작되는 입주 1년 이후부터는 점차 임대료가 하락하므로, 이때부터 더 좋은 입지의 사무실로 이전을 고려하면 된다. 그리고 통상적으로 입주 2년이 지나면 매매거래가 증가하고, 다시 2년이 지나면 전월세 4년장이 돌아온다.

# 4. 상상력이 필요하다

입주예정아파트 단지 내 상가에 자리를 잡기 위해서는, 무엇보다 상상력이 필요하다. 입주예정아파트가 준공되어 입주가 시작되기 전에는 공식적으로 단지 내부를 확인할 수가 없는데, 단지 상가 자리에 대한 임대차계약(또는 분양계약)은 입주 수개월 전에 이뤄지므로, 내부를 제대로 분석하지도 못한 채 계약하게 된다. 아파트입주자들이 이동하는 동선을 파악할 수도 없고, 방문하는 고객들이 어떤 경로를 통해서 상가에 접근하게 될지도 알 수가 없다. 이 모든 것이 상상력의 영역이다. 대단지 아파트의 경우에 상가 규모도 크고, 상가동이 여러 개인 경우도 있다. 상황이 이러하다면, 사람들의 이동 동선을 파악하기는 더욱 힘들어진다. 좀 전의 나의 실패담에서와 같은 오판을 하게 되는 일이 발생한다.

많은 시행착오를 거치면서, 개인적으로 중요하다고 생각되는 중개업소 영업에 적합한 단지 내 상가를 선정하는 기준을 말해보면, 첫째, 주 통로라고 예상되는 동선의 앞쪽과 뒤쪽 코너 상가다. 이런 상가는 누가 봐도 좋다. 앞쪽 상가는 고객이 방문하기 좋은 자리이고, 뒤쪽 상가는 입주민들이 방문하기 좋은 자리로서, 소유자로부터 물건을 접수받기에 좋은 입지이다. 둘째, 단지 내 상가를 관통하는 통로와 연결되어 외부에 노출된 상가 또는 통로 규모가 크다면 통로에 위치한 상가다. 이 경우에는 상가의 전체 규모가 클수록 좋은 입지이다. 셋째, 상가 내부에서 엘리베이터에 가까운 상가다. 상가 주차장에 주차를 하고, 이용하게 되는 엘리베이터와 인접한 자리는 고객이 방문하기 좋은 자리이다. 넷째, 지하상가 또는 2층 상가도 좋을 수 있다. 일단 지하상가라면, 입주민들이나 고객이 접근이 용이해야 한다. 예컨대, 지하상가에 사람들을 끌어모을 수 있는 집객시설로서 단지 내에서 가장 큰 마트가 입점한 경우라면, 지하상가도 괜찮을 수 있다. 그리고 2층 상가는 지하상가보다는 쾌적하고, 1층 상가보다는 임대료가 저렴하다는 장점이 있다. 그리고 노출도가 높은 입지라면 더욱 좋겠다. 이제는 바야흐로, 부동산중개업소 자리로 1층 상가만을 고집하는 시대는 끝났다. 우리 주변에서도 볼 수 있듯, 최근 은행 지점들은 1층에 오픈하지 않는다. 오히려 1층 지점을 정리하고, 2층 3층 점점 더 위로 올라가는 추세이다. 은행들도 고정비용을 줄이고자 1층 상가에서 벗어나고 있는데, 중개업소도 이제는 1층에서 탈피할 때가 된 것 같다. 오늘날 고객이 단순 워킹으로 방문하는 경우는 드물어졌다. 광고를 통해, 사전에 연락을 취한 후 방문하는 사례들이 더 많아졌다. 따라서 1층 상가 대신에 2층 상가에 입점함으로써 아낀 월세 비용을 차라리 더 많은 광고에 지출하는 것이 현명하지 않을까 한다.

# 5. 장기적으로 접근하라, 버티는 자가 이기는 게임이다

　나는 2010년 입주장을 처음 접하게 된 후로, 거의 매년 새로운 입주장을 찾아 사무실을 새로 오픈하고, 이전하기를 반복했다. 해마다 새로운 입주장을 찾아다니다 보니, 육체적으로 매우 힘들기도 했다. 입주장이 본격적으로 시작되면, 일요일도 쉬지 않고 일에 파묻혀 살았다. 그러던 어느 날, 이제는 그만 돌아다니고, 한곳에 정착해야겠다고 생각했다.

　대단지 입주예정아파트 단지에서 입주장을 시작으로 해서, 단지 내 상가에 안정적으로 정착하면, 장점이 많다. 우리가 기존 대단지 아파트 단지 내 상가에 입점하기 위해서는, 비용이 많이 필요하다. 임대료뿐만 아니라, 지역 부동산 친목회에도 가입하기 위해 상당한 입회비를 지불해야 한다는 점에서, 부담이 크다. 반면에 입주장 초기에 진입하게 되면, 종전 부동산 친목회에 가입하기 위한 비용이 전혀 필요하지 않거나, 가입비가 있다 하더라도 그 부담이 크지 않다. 내가 경험한 서울 경기권 내 대단지 입주예정아파트의 경우, 아파트의 입주가 시작되면, 새로운 부동산 친목회가 만들어지거나, 부동산 친목회들이 상호 통합되는 과정을 거치게 되면서, 실질적으로 가입비가 전혀 불필요한 상황으로 전개되었다.

결국, 입주장 초기부터 영업을 시작해서, 1등으로 입주장을 마무리하고, 단지 내 상가에 입점해서, 지속적으로 1등을 유지하는 가장 최선의 방법이 입주장을 통한 단지 내 상가에 입점하는 방식이다.

다만, 부동산 시장상황에 따라 다를 수도 있겠지만, 통상적으로 입주장이 마무리되고 나면, 한동안 거래가 거의 멈추게 된다. 이때부터 보릿고개가 시작된다. 과거에는 입주 후 2년이 되면, 2년장이라고 해서, 매매와 전월세 계약이 많이 이뤄지기도 했으나, 최근에는, 임차인의 계약갱신청구권으로 인해, 2년장이 무색할 정도로 조용히 지나가는 경우가 대부분이다. 결국, 입주 후 4년이 될 때까지 버텨야 하는 상황이 발생한다. 다행히, 입주 2년부터는 매매거래는 어느 정도 활성화된다.

단지 내 상가에서 지속적으로 중개업을 영위하기로 결정했다면, 해당 단지의 규모, 입지적인 장단점, 학군, 교통 등을 전반적으로 고려해야 한다. 모든 점을 분석했는데, 주거환경이 너무 좋아서, 입주자들의 만족도가 높다면, 중개사 입장에서는 좋은 상황이 아니다. 아무래도, 생활 만족도가 높을수록 회전율(또는 거래량)이 낮다. 여러분들은 입주민의 전출입이 많은 단지를 선택해야 한다. 따라서 단지 규모는 크고, 입주 수요가 많은 장점을 갖췄지만, 학군이 열악하거나, 교통이 불편하거나, 생활 편의시설이 부족하다든가 하는 단점이 공존하는 아파트 단지가 중개업을 하기에는 최상이다.

예컨대, 경기도 하남미사 지역 소유자는 바로 옆에 서울 지역인 강동구로 이사하려는 경향이 많고, 강동구 고덕동과 상일동의 고덕래

미안힐스테이트, 래미안솔베뉴, 그라시움, 아르테온 등의 소유자는 서울 중심권으로 교통이 보다 양호한, 강동구의 대장 아파트인 올림픽파크포레온(둔촌주공재건축아파트)이나, 강남 3구로 이사하고자 하는 경향이 있다. 또한, 경기도 성남 구도심 내의 산성역포레스티아 등의 소유자는 위례나 잠실 쪽으로 갈아타려는 경향이 있다. 그리고 대단지 아파트에서는 전세 세입자가 매수를 통해 해당 단지에 정착하는 자체 수요도 충분히 많다.

그러니, 입주장이 끝나고, 한동안의 힘든 시기가 지나면, 다시 꽃 피는 봄이 올 것이니, 그때를 위해 항상 준비하고 기다려야 한다.

# 6장

# 입주장에서 알아야 할 기본적인 재개발 재건축 지식

재개발과 재건축 정비사업(도시및주거환경정비법)이 진행되는 입주예정아파트의 입주장에서 고객을 응대하기 위해서는, 기본적으로 알아야 할 재개발이나 재건축에 관한 내용들이 있다. 정비예정구역부터 관리처분을 거쳐, 준공과 이전고시 그리고 조합의 청산까지 일련의 모든 과정을 깊이 있게 알고 있다면 좋겠지만, 그중 입주장에서 조합원 입주권을 이해하는 데 도움이 되는, 조합 설립 이후의 단계로서, 사업시행인가, 관리처분인가와 이주, 멸실과 착공, 그리고 분양계약에 대해서 간략히 설명하겠다.

# 1. 사업시행인가와 조합원분양신청

    사업시행인가 단계에서는 신축 아파트에 대한 청사진이 나오는 시기라고 보면 된다. 새로 건축될 아파트의 단지 규모, 즉 용적률과 건폐율, 건립 세대수, 건축 면적, 단지 배치도와 세대별 평면도 등이 정해진다. 그리고 조합원 개개인에게 가장 관심 사항인, 종전 토지와 건물에 대한 감정평가가 이뤄지게 되어, 평가금액이 통지된다. 또한, 공사비 등 총사업비와 (예정)일반분양가와 조합원분양가가 공지되고, 사업성 지표라고 할 수 있는 (추정)비례율도 이때 나오게 된다. 또한, 조합원의 타입별 분양신청(동호수 지정은 통상, 관리처분 후 착공되는 시점에 이뤄짐)을 통해, 신축 아파트를 분양받는 데 필요한 추정 분담금도 산출된다.

# 2. 관리처분인가와 이주

사업시행인가 단계에서 조합원의 분양신청이 완료되고, 종전 자산 평가금액과 추정 분담금이 통지되고, 관리처분총회를 개최하여 조합원의 의결을 거친 후에 관리처분인가를 받게 된다. 관리처분인가의 내용에는, 대지 및 건축물의 규모 등 건축계획, 분양계획, 기존 건축물의 철거예정시기 등이 포함된다. 또한, 관리처분인가를 받은 이후에는 이주가 시작되는데, 이주 기간은 6개월 내지 1년이다. 이주비로는, 조합원들에게는 종전 자산의 평가액에 대한 일정비율(40~60%)에 해당하는 기본 이주비가 지급된다. 기본 이주비는 과거에는 무이자 대출인 경우가 많았으나, 이제는 모두 유이자로 바뀌게 되었다. 또한, 추가적으로 이주비를 더 받을 수 있는데, 이러한 추가 이주비 또한 유이자이다. 그런데 최근 국세청은 조합원이 해당 조합으로부터 무상으로 지원받게 되는 이주비 대출금이나 중도금대출금에 대한 이자비용 상당액이 배당소득에 해당한다 하여 조합원에게 배당소득세를 과세하는 경향이 있다. 그래서, 최근의 재개발 재건축 사업지에서 조합원의 기본 이주비는 유이자이다.

그리고, 관리처분인가를 받게 되면, 정비사업이 중단되는 리스크는 사실상 사라졌다고 봐도 무방하다. 앞서 2장에서도 언급했지만, 조합원의 관리처분을 위한 총회 책자는 입주장을 준비한다면, 반드시 확보해야 한다. 조합원 입주권 매매를 위해 확인해야 할 많은 정보(비례율, 이주비, 평형별 타입별 조합원세대와 일반분양세대 확인, 보류지 등등)들이 포함되어 있다.

# 3. 멸실, 착공,
## 그리고 분양계약

    이주가 완료되면, 종전 건축물의 철거가 진행되고, 이어서 바닥공사부터 해서 착공이 진행된다. 통상, 이 시점이 되면, 조합원 동호수 추첨을 하고, 추첨 결과에 따라 조합원의 분양계약이 이뤄진다. 이어서, 일반분양이 진행되고, 일반분양세대는 조합원에게 먼저 좋은 동호수가 배정된 후에, 남은 세대에 대해서 진행되므로, 일반분양세대 숫자가 많지 않거나, 조합원이 많이 신청한 평형의 경우에는, 저층 위주로 배정된다.

# 4. 하나 사면,
# 하나 더 주는 1+1

정비사업, 특히 재개발 재건축 사업 중 사업성이 뛰어난 구역에서는, 조합원이 2개의 입주권을 분양받는 사례가 종종 있는데, 어떠한 경우에 2개의 주택을 분양받을 수 있는지 알아보겠다.

도시및주거환경정비법 제76조 제1항 제7조에 따른, "사업시행인가 당시의 평가금액 또는 종전 주택의 전용면적의 범위에서 2주택을 공급할 수 있는데, 이 중 1주택은 주거전용면적을 $60m^2$ 이하로 한다. 다만, $60m^2$ 이하로 공급받은 1주택은 이전고시일 다음 날로부터 3년이 지나기 전에는 주택을 전매하거나, 전매를 알선할 수 없다"라는 것이다.

위 내용을 자세히 검토해 보면, 첫째 가격 범위 기준이다. 즉, 조합원의 종전 주택에 대한 자산 가액이 주거전용면적 $60m^2$ 주택을 조합원분양가격으로 분양받고도, 추가로 전용 $84m^2$의 주택을 분양받을 금액 이상이라면, 2주택을 분양받을 수 있다는 것이다. 둘째 면적 범위 기준으로 보면, 건축물대장상의 종전 주택의 주거전용 총면적이 분양받고자 하는 주택의 전용면적의 2배 이상인 경우에, 2개의 주택을 분양받을 수 있다는 것이다. 예컨대, 종전 주택의 총 주거전용면적이 $144m^2$ 이상이라면, 먼저 분양받게 되는 전용면적 $60m^2$인 1주택과 추가로 분양받은 주택의 전용면적 $84m^2$인 1주택을 분양받을 수 있다.

① 종전주택의 자산가액 ≥ 1+1 주택의 합산분양가

② 종전주택의 주거전용 총면적 ≥ 1+1 주택의 합산 면적

이렇게 분양받은 2개의 주택은 이전고시일까지는 각각 별도로 거래할 수 없으며, 일심동체로서 함께 양도해야 한다. 이전고시일 이후에는 분리하여 거래할 수 있으나, 전용 $60m^2$의 주택은 이전고시일 다음 날로부터 3년 동안 전매가 금지된다.

입주장에서, 1+1 물건을 소유한 조합원 경우, 임대수익을 목적으로 소형 평형 2주택을 배정받는 사례가 많으므로, 중개업소 입장에서는 동시에 2개의 중개 물건을 확보하게 될 수 있다.

# 7장

# 입주장 매매와 전세 물건의 특징

입주장의 특징은 아무래도, 거래 물건이 기존 아파트 단지보다 단기간에 아주 많이 동시에 쏟아진다는 점이다. 다만, 강력한 부동산 규제책이 시작되던, 2017년 8월 2일의 일명 8.2 부동산 대책과 2018년 9월 13일의 9.13 부동산 대책으로 입주장의 지형도가 크게 변하게 되었다. 8.2 대책으로 인해 조정대상지역 등의 규제지역에서는 조합원의 지위자격 양도금지가 시행되어, 이전고시공고로 인한 등기 시까지 조합원 입주권의 거래가 사실상 어려워졌으며, 또한 9.13 대책으로 인해, 2년의 비과세 거주요건이 추가됨으로 인해, 일반분양자의 분양권의 거래가 크게 감소하였다. 그 결과, 신축 입주아파트에서 조합원과 일반분양자의 입주율이 높아지게 되어, 매매와 전세 물량은 크게 감소하였다. 여기에 신축 아파트에 대한 선호도가 높아짐에 따라 입주장에서 매물로 나오는 물량의 절대치가 감소하였다. 상황이 이러하다 보니, 입주장에서 매매가와 전세가격이 이전 과거처럼 크게 하락하지 않게 되었고, 이는, 입주장에서 영업을 하는 중개업소 입장에서는 매출 감소를 초래하게 되었다. 하지만, 부동산 하락기가 지속되다 보면, 정부의 규제책은 점차 완화되어, 다시 부동산 시장, 특히 입주장은 다시 호황기를 맞이하게 될 것이다.

# 1. 분양권과 입주권의 이해

여러분들도 잘 알겠지만, 분양권은 아파트 청약에 당첨되어, 분양 계약을 마친 상태로, 새로 건축되는 아파트에 입주할 수 있는 자격을 말한다. 그리고 입주권은 재개발 재건축 등의 사업지 내에 재개발의 경우는 토지 또는 건물, 재건축은 토지와 건물을 소유한 자 또는 그로부터 승계한 자로서, 도시및주거환경정비법에 따른 관리처분계획의 인가로 인하여 취득한 입주자로서 선정된 자를 말한다. 즉 관리처분 인가를 통해 주택이나 토지의 소유자가 입주권 소유자로 변경된다는 것이다.

분양권에 당첨되면, 통상적으로, 분양금액의 10%인 계약금만을 직접 자납하고, 통상 분양금액의 60%에 해당하는 부분은 중도금대출을 받아 납부하다가, 입주시점이 되면, 나머지 잔금(30%)을 지급하는 절차를 거치게 된다. 계약금, 중도금, 잔금의 금액과 납부 시기는 분양계약서상에 기재되어 있다. 결론적으로, 분양권자는 아파트가 완성되어 입주하기 전까지 분양금액의 10%만 직접 납부한 상태이고, 분양권을 거래하는 경우, 분양권의 매수자는 분양권자(또는 매도자)가 기납부한 계약금과 프리미엄만을 지급하면, 분양권을 매입할 수 있다. 따라서 분양권 거래의 장점은 실매수금액이 낮다는 점이고, 이로 인해, 부동산 시장이 조금이라도 좋은 시기에는 분양권 거래가 활발해진다. 예를 들어, 분양가가 10억이면, 계약금으로 1억 원을 납부한 상태이고, 매매가 11억, 프리미엄이 1억이라고 하면, 분양권을 매입하는 데 총 2억이면 가능하다.

한편, 조합원은 조합원분양가에 따른 분담금(개인적으로는, 조합의 사업 진행 과정에서 추가로 부담하게 되는 부분은 추가부담금이라고 칭함)을 계약금, 중도금, 잔금으로 나눠서 납부하게 된다. 그런데, 조합원의 분담금은, 종전에 소유했던 토지와 건물에 대한 평가금액에 비례율을 곱한 권리가액을 조합원분양가에서 빼주면 나오는 금액이다.

> 조합원 추가분담금 = 조합원분양가 – (종전부동산의 평가금액 X 비례율
> = 조합원분양가 - 권리가액

참고로, 비례율은 간단히, 사업성을 나타내는 지표라고도 하며, 그 산식은 아래와 같다.

$$비례율 = \frac{종후자산의\ 총평가액 - 총사업비}{종전자산(토지와\ 건물)의\ 총평가액} \times 100$$

그리고, 조합원에게는 이주비가 지급되는데, 통상 평가금액의 40~60%이다.

조합원 입주권을 거래한다고 생각해 보자. 조합원분양가를 9억으

로, 권리가액을 6억이라고 하고, 이주비로 3억을 받았고, 계약금은 추가분담금 3억(분양가 9억-권리가액 6억)의 20%인 6,000만 원은 직접 납부하고, 중도금대출을 받았다고 가정하자(조합원의 분담금은 일반적으로 계약금 20%, 중도금 60%, 잔금 20%로 분할해서 납부함). 매매가(11억)는 위의 분양권과 동일하다고 하면, 해당 조합원 입주권의 프리미엄은 2억 원(매매가 11억~분양가 9억)이 된다. 매수인이 해당 입주권을 매수하기 위한 총 필요 자금을 계산해 보면, 권리가액(6억)에서 이주비(3억)를 빼준 3억 원과 기납부한 계약금 6,000만 원, 그리고 프리미엄 2억 원을 모두 합산하면, 조합원 입주권을 매수하는 데 필요한 자금은 5.6억 원이다. 결국, 조합원 입주권을 매수하는 데 필요한 자금은 분양권을 매수하는 데 필요한 자금(2억)보다 훨씬 많이 소요된다. 여기에, 조합원 입주권을 매입하게 되면, 토지취득세가 4.6% 발생한다. 조합원 입주권의 토지취득세는 (권리가액+프리미엄)×4.6%이고, 위의 경우에 적용해 보면, 3,680만 원이 나오게 되어, 초기투자금액은 더 늘어나게 된다. 반면에, 분양권은 거래하는 시점에는 별도의 취득세가 발생하지 않는다.

한편, 입주시점에서 분양권은 주택에 대한 일반 취득세를 납부해야 하고, 조합원 입주권은 건물분에 대한 취득세를 추가로 납부해야 한다. 그런데, 조합원의 취득세가 입주장 실무에서는 아주 중요하다. 예컨대, 입주장에서 매매계약의 상당수는 입주예정아파트의 건축 중에 계약서 작성이 이뤄지고, 잔금 지급은 준공이 완료되어 입주가 시작된 후에 이뤄지기 때문에, 매도인인 조합원은 입주 전에 잔금을 받게 되면, 입주권 상태로 매도하게 되므로, 준공일로부터 60일 이내에 납부하게 되는 건물분 취득세를 자신이 부담하지 않아도 되지만, 이처럼 입주시점으로 잔금을 미루게 됨에 따라 건물분 취득세를 매도인인 조합원 본인이 납부하면서 매매계약을 해야 한다. 따라서, 조합원 입주권을 거래하는 중개사는 계약 시부터 이러한 부분을 인지하고 있어야 할 것이다.

참고로, 분양권은 주택을 분양받을 수 있는 권리인데, 이 분양권을 크게 2가지로 구분할 수 있다. 우선, 택지개발지 등에서의 분양권이다. 통상적으로 택지개발지역에서는 건설사(통상, 시공사)가 정부 또는 지자체로부터 구획정리가 된 토지를 매입하여, 직접 사업을 진행(시행사)하여, 아파트를 건축하고 분양을 한다. 이처럼 시공사와 시행사가 동일하고, 일반분양자만이 존재하며, 토지구획이 정리되어 있으므로, 아파트가 준공(또는 사용승인)이 되면, 바로 등기가 완료된다. 이때 수분양자인 일반분양자들은 분양잔금을 납부하고 바로 본인 명의로 이전등기를 하면 된다. 그런데, 재개발 재건축 방식으로 아파트를 공급하는 경우에는 조합원과 일반분양자가 있으며, 이때에 조합은 시행사이고, 건설사는 시공사이다. 즉, 시행사와 건설사가 동일하지 않다. 등기 방식과 등기 시기도 택지개발지 등에서와는 상이한데, 재개발 재건축 사업은 준공인가 된 후에도 수개월 또는 1년 이상의 시간이 지나, 이전고시라는 절차를 거쳐 등기가 완성되고, 조합원은 최초 등기권자인 보존등기자가 되고, 일반분양자는 시행사인 조합 명의로 일단 보존등기가 완성된 후에, 이전등기를 행하게 된다.

# 2. 입주권 거래 시 반드시 알아야 할 기본개념

　우리의 주 활동무대는 입주장이라는 특수 상황이다. 입주장이 시작되는 입주 6개월 전후 시점에서 보면, 건축 중인 아파트는 법적으로 주택이 아니다. 건축 중에 있는 건축물에 불과하다. 이 건축물이 주택으로 전환되는 시점이 바로 준공(또는 사용승인)이다. 이 점을 잘 기억하기 바란다. 주택이 아니었던 것이 주택으로 변하게 되면, 세금적인 측면에서 많은 일들이 벌어진다.

　그리고, 여러분들도 잘 알겠지만, 부동산 거래에 있어, 물건의 권리변동이 완성되는 시점은 잔금 지급일 또는 등기일 중 빠른 날이다. 즉, 개인 간 거래이건, 개인과 법인 간 거래이건, 통상적으로 계약금, 중도금을 거쳐, 잔금을 지급하게 되면, 내 것, 즉 소유권이 완성된다(다만, 등기가 완료돼야, 제3자에게도 공신력이 인정됨). 수분양자가 분양계약에 따라, 계약금과 중도금, 그리고 잔금을 납부하게 되면, 소유권을 완성하게 된다. 소유권이 완성되는 시점에서 세금적인 면에서는 어떤 일들이 벌어질까?

　우선적으로, 일반분양자는 취득일로부터, 즉 분양잔금 납부일로부터 60일 이내에 취득세를 납부해야 한다. 그리고 조합원은 준공일로부터 60일 이내에 취득세를 납부해야 하는데, 일반분양자의 취득세는 분양가격(옵션금액 포함, 또한 분양권을 프리미엄을 주고 매수한 경우에는 프리미엄도 포함)에 대한 일반적인 주택취득세를 납부하면 되고, 조합원은 일반적으로 종전의 토지는 그대로 보유하고 있으므로, 건물분에 대한 취득세를 납부한다.

그리고, 조합원 입주권 거래를 위해서는 이주비 금액과 이주비 이자, 중도금대출금 및 이자, 그리고, 입주시점이 다가오면서 기존에 없었던 새로운 추가부담금의 발생 여부를 잘 확인해야 한다.

# 3. 입주 전 매매와 입주 후 매매의 차이와 그 절차

    분양권 거래를 하는 데 있어, 준공 전 매매이거나 준공 후 매매이거나 절차상의 차이가 없다. 다만, 준공 후에, 일반분양권자가 분양잔금을 납부하게 되면, 당연한 말이지만 등기가 완료되기까지 제3자에게 명의를 이전할 수 없으며, 분양잔금을 납부한 자는 잔금 납부일로부터 60일 이내에 취득세를 납부해야 한다. 그런데, 분양권 매매거래를 하는 경우에, 입주기간에 매매잔금을 지급하고, 매수인 명의로 분양계약서상의 명의를 이전하기 전에, 실수로 매도인이 분양잔금을 납부하게 되면, 매수인은 꼼짝없이 명의를 이전받을 수 없게 되고, 담보대출 또한 받을 수가 없다. 그런데 재개발 재건축 아파트에서는 이전 고시라는 절차를 거쳐 등기가 완료되기까지 수개월 이상이 소요되므로, 큰 낭패가 발생할 수 있으므로, 분양잔금을 매수인 명의로 분양계약서상의 명의변경이 완성된 후에, 매수인이 직접 납부하여야 한다.

    분양권을 매매하는 경우를 다음의 2가지(준공 전 매매, 준공 후 매매)로 나눠서 그 절차를 자세히 검토해 보자.

준공전 매매시 명의변경
(공사기간)

준공 / 입주

준공후 입주기간에 매매시 명의변경

등기

## (1) 분양권의 준공 전 매매 시 명의변경

일반분양자의 분양계약서 1면이다. 가장 상단에는 분양타입(즉, 59B 로서, 전용면적 59㎡고 B 타입을 나타냄)이 기재되어 있고, 바로 아래에 박스로 표시된, 분양받은 아파트의 명칭과 동호수, 그리고 면적에 대한 상세 내역이 기재되어 있다. 그 아래 박스에는, 총 분양금액과 분양금액의 분납액과 납부일이 표기되어 있다. 그리고 시공사 등의 대표자 직인과 그 옆으로 분양받은 수분양자의 인적사항을 확인할 수 있다.

분양계약서에 기초하여 분양권의 매매계약서를 작성하게 되면, 우선 수임중개사는 계약일로부터 30일 이내에 실거래 신고를 하고, 잔금일 전에 미리, 중도금대출 은행과 시공사(분양사무실)에 방문 예약을 하고, 채무승계와 명의변경에 필요한 서류도 문의하여 매도인과 매수인에게 알려줘야 한다. 잔금일에는, 먼저 '중도금대출 은행'을 방문해서, 대출 승계 절차를 진행한다. 대출 승계에 필요한 서류를 제출하고, 각종 은행 서류에 자서를 하고 나면, 은행으로부터 '채무승계서'를 받아, 시공사(분양)사무실을 방문하여, 분양계약서상에 명의변경을 진행하면 된다. 다만 중도금대출 승계 시에 '채무승계서'를 은행에서 당일에 발급해 주지 않는 경우도 있다. 이때에는 '채무승계서'가 발급되는 날까지 기다렸다가 분양계약서 명의변경 절차를 진행해야 한다. 따라서 분양권 거래 시에 사전에 해당 은행에 이 부분을 확인해야 한다.

준공 전 분양권 거래 절차는 어려운 부분이 전혀 없다. 다만, 인지세에 대해서는 중개사가 신경 써서 처리해 줘야 한다. 인지세는 그 금액이 크지는 않지만, 잔금일에 중개사가 간과하고 넘어가면, 차후에 매수인으로부터 불만을 듣게 될 수 있다. 인지세는 분양권 거래 시마다 납부해야 하며, 아래와 같이 거래금액이 1억 초과~10억 이하일 때 15만 원, 10억 초과 시 30만 원이다. 인지세는 매도인이 잔금일까지 우체국이나 은행에서 매입해서, 매수인에게 전달하면 된다. 만약 잔금일까지 매도인이 인지세 납부내역서(즉, 정부수입인지)를 준비하지 않았다면, 잔금일에 중도금대출 은행에 매도인과 매수인이 함께 방문하게 되므로, 이때 해당 은행 직원에게 "정부수입인지를 구입하려고 한다. 거래금액이 얼마다"라고 알려주면 된다. 이 정부수입인지를 받아 그 원본을 매수인에게 전달하면 된다(매수인은 차후 이전등기 시에 이를 첨부해야 함). 또한, 매수인은 별도로 중도금대출에 따른 인지세를 납부해야 하는데, 이때에는 은행과 매수인(중도금대출 승계자)이 각각 절반씩 부담한다.

| 인지세 세액 | |
|---|---|
| 1억 초과~10억 이하 | 15만 원 |
| 10억 초과 | 35만 원 |
| 가산세 (2021.01.01부터 적용) | |
| 납부기간이 지난 후 3개월 내 | 납부세액의 100% |
| 납부기간이 지난 후 6개월 내 | 납부세액의 200% |
| 납부기간이 지난 후 6개월 초과 | 납부세액의 300% |

참고로, 분양계약서는 2부가 존재하고, 1부는 수분양자가 그리고 다른 1부는 시공사가 보유한다. 혹시, 분양계약서를 분실하게 되면, 재발행을 받을 수 있는데, 이때에는 시공사에 문의하면 된다.

## (2) 분양권의 준공 후 매매 시 명의변경

이번에는 준공 후에 분양권을 매매하는 경우로서, 매수인이 담보대출을 받으면서 입주하는 경우를 검토해 보겠다. 이 경우에도, 준공 전 분양권 거래 절차와 같이 매매계약서 작성 후 잔금일에 중도금대출 은행을 방문해서, 중도금대출 금액을 승계하거나, 상환하고(이때에는 상환영수증 수령), 이어서 시공사를 방문하여 분양계약서상에 명의변경을 완료하면 된다. 물론, 인지세 부분도 동일하게 처리하면 된다.

여기에서 한 가지 반드시 기억해야 할 내용이 있다. 분양권 거래이건, 입주권 거래이건, 매수인이 은행으로부터 담보대출(집단대출 또는 전환대출이라 함)을 받고자 할 때에는, 늦어도 대출이 실행되는 시점까지는 분양계약서상에 매도인으로부터 매수인으로의 명의변경이 완료되어야 한다는 점이다. 분양계약서상의 명의변경이 완료되지 않은 상태에서는 어떤 은행도 대출을 실행해 주지 않는다. 당연한 말 같지만, 반드시 기억하기 바란다.

앞에서도 언급했지만, 아래 절차를 진행하는 과정에서, 매도인이 자금이 충분하다고 하여, 매도인이 직접 분양계약에 따른 분양잔금을 납부하면 안 된다.

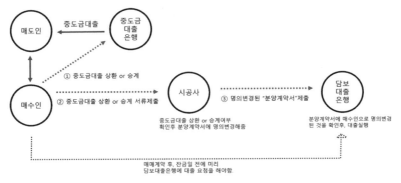

준공 후 잔금 시, 매수인이 집단대출을 받는 사례

　이렇게 되면, 매도인이 분양잔금을 납부하였으므로, 아파트 완성에 필요한 잔금을 납부하여, 부동산 물권의 변동이 완성된 것으로 되어, 매도인이 본의 아니게 소유권을 취득하게 된다. 결국 매도인이 취득세를 납부하게 되는 불상사가 발생할 수 있다. 그러니, 매수인이 분양계약서 명의변경을 완성한 후에 매수인이 직접 분양계약에 따른 잔금을 납부해야 한다. 매수인은 매매계약서를 작성하고 잔금일까지 시간이 있으므로, 미리 대출 은행을 선정해서, 대출(집단대출 또는 전환대출)에 필요한 서류 일체를 제출하고, 자서를 해봐야 한다. 그리고 최종적으로 부족한 서류인 명의변경이 완료된 분양계약서를 은행에 제출하면 대출이 실행된다. 예컨대, 매수인이 중도금대출과 옵션대금 등 입주에 필요한 잔금을 치르는 데 필요한 자금이 4억인데, 이 중 3억 원을 대출 신청한다고 하면, 매수인이 신청한 대출금 3억 원을 실행해 주는 은행에서는 입주에 필요한 자금 4억에서 부족한 1억 원을 매수인 본인 명의 계좌에 입금할 것을 요청한다. 1억이 입금 확인되면, 은행은 대출금 3억 원을 실행해서 총 4억 원으로 입주에 필요한 잔금(중도금대출금, 옵션대금 등 일체)을 직접 상환처리 한 후에 각각의 납부영수증을 매수인에게 전달한다.

한편 입주장에서 은행이 대출을 실행해 주기 위한 선결 조건으로 분양계약서상의 명의변경이 매수인으로 완료돼야 한다고 언급했었다. 그런데, 최근 은행에서는 분양계약서상의 명의변경이 완료되어야 비로소 대출 신청 자체를 받아주기도 한다. 이렇게 되면, 대출 신청과 대출이 실제로 실행될 때까지의 시간이 더 길어지게 된다는 점을 유의해야 한다. 따라서 준공 후 잔금을 지급하는 입주권과 분양권을 거래할 때에는 대출을 실행해 주는 은행에 대출 조건을 미리미리 확인해 둬야 할 것이다.

## (3) 분양권의 손피 거래

'손피'란 분양권을 매도하고, 매도자가 양도세 등 비용을 제외하고, '손'에 쥐는 순수익(웃돈)을 의미한다. 손피 거래 시 양도소득세는 매수자가 부담하게 되는데, 여기에서의 양도소득세란 통상 1차 양도소득세와 2차 양도소득세를 의미한다. 다만, 양도소득세를 매수자가 부담하는 거래일 경우, 매수자가 총 부담하는 양도소득세를 프리리엄 가액에 포함하여 실거래 신고를 하면 된다.

예를 들어, 보유기간이 1년인 전매제한 기간이 종료하고 분양권을 프리미엄 1억 원에 거래하면서, 양도소득세를 매수자가 부담한다고 하면(즉, 손피 1억 원의 거래임, 단 중개보수는 계산 편의를 위해 제외함), 프리미엄 1억 원, 기본공제 250만 원, 양도세율 66%(지방교육세 포함)이고, 1차 양도소득세는 64,350,000원((100,000,000원-2,500,000원)×66%)이고, 2차 양도소득세는 42,471,000원(64,350,000원×66%)이 되어, 매수자가 부담하게 총비용은 206,821,000원(프리미엄금액+1차+2차 양도소득세)이 된다.

| 일반적인 분양권 거래 시 | | 손피 거래 시 | |
|---|---|---|---|
| 프리미엄 | 289,264,706원 | 프리미엄 | 100,000,000원 |
| 기본공제 | 2,500,000원 | 기본공제 | 2,500,000원 |
| 양도세율+교육세 | 66% | 1차 양도세 | 64,350,000원 |
| 양도소득세 | 189,264,706원 | 2차 양도세 | 42,471,000원 |
| 매도자 순수익 | 100,000,000원 | 합산양도세 | 106,821,000원 |
| 매수자 총비용 | 289,264,706원 | 매수자 총비용 | 206,821,000원 |

이를 위의 표에서와 같이, 일반적인 분양권 거래 시와 비교해 보면, 매도자의 순수익은 1억 원(프리미엄)으로 동일한 반면에, 매수자가 부담하는 총금액은 82,443,706원(289,264,706원-206,821,000원)만큼 손피 거래 시 비용 절감이 발생한다. 이러한 이유로 분양권 거래 시에 손피 거래가 종종 일어나게 되는데, 손피 거래가 100% 합법 거래냐 아니냐는 논란의 여지가 있었지만, 최근 국세청은 이러한 방식의 손피 거래를 인정하지 않으며, N차 양도세금액까지 매매가액에 반영하겠다고 발표함으로써, 사실은 분양권 거래에 있어 손피 거래는 실익

을 상실하게 되었다.

## (4) 조합원 입주권의 준공 전 매매 시 명의변경

준공 전에 조합원 입주권을 매매하는 과정을 설명하기 전에, 재개발 사업과 재건축 사업에 따른 조합원 입주권의 차이를 간략히 설명하겠다. 먼저, 조합원이란 관리처분으로 인한 이주와 주택의 멸실 전에, 종전의 토지와 건물(재건축), 또는 토지 또는 건물(재개발)을 소유한 자 또는 그자로부터 승계한 자이다. 그런데, 재개발의 경우에는, 종전의 낡은 주택에 대한 건물등기부와 토지에 대한 토지등기부가 존재하였으나, 관리처분인가 후 건물이 멸실되면 등기부도 멸실된다. 따라서 입주권을 거래하는 시점에는 토지등기부만 존재한다. 통상적으로 재개발 조합원의 토지등기부에는 소유자인 조합원의 명의가 그대로 존재한다. 한편, 재건축의 경우에는 종전에도 공동주택인 아파트였으므로, 집합건물 등기부가 존재했다. 집합건물 등기부를 보면, 토지는 구분소유적 공유관계를 형성하고 있고(즉, 지분으로 소유함), 건물은 전유부분으로 표시되어 있다. 그런데 관리처분 후 건물이 멸실되더라도, 토지는 그대로 공유관계로 소유하게 된다. 이때 재건축 조합원 입주권에 대한 종전의 등기부는 폐쇄등기부로서 존재하게 된다. 이 폐쇄등기부는 대법원 인터넷등기소 사이트에서 발급받을 수 있다. 폐쇄등기부를 확인해 보면, 종전 집합건물 등기부에서 조합원의 이름을 확인할 수 있지만, 확인된 조합원이 현재 소유권을 가지고 있는 조합원이라고 단정하면 안 된다. 왜냐하면, 재건축 조합원 입주권이 관리처분 후에 매매되어, 소유자가 변경된다 하더라도, 폐쇄등기부에는 통상적으로 변경된 소유자가 아닌 종전의 소유자가 기재되어 있는 경우가 있다.

반면에 토지등기부를 확인하면 현재 소유자가 누구인지를 확인할 수 있지만, 문제가 있다. 토지등기부에는 지분소유자 전원의 이름이 기재되어 있어, 그 분량이 과다한 경우가 대부분이라, 인터넷등기소에서는 직접 발급받을 수가 없다. 따라서 재건축 조합원 입주권의 경우 폐쇄등기부상의 이름을 100% 신뢰하지는 말고, 참고만 해야 한다. 만약 재건축 조합원의 토지등기부가 반드시 필요하다면, 재건축 조합과 협력하는 법무사에게 연락하면, 해당 조합원이 표시된 부분만을 발췌한 토지등기부를 받을 수 있다. 다만, 법무사에 따라서는 해당 토지등기부를 제공하지 않는 경우도 많다.

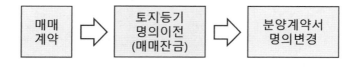

이제, 조합원 입주권을 준공 전에 매매하는 과정을 검토해 보자.

조합원 입주권의 매매계약을 체결하고, 중도금을 지급하였다. 잔금 날이 되면, 먼저 법무사가 참석해서, 토지등기의 명의이전을 위한 매도인과 매수인의 필요 서류를 받아, 등기소에 토지등기의 명의이전을 신청한다. 그 후에 토지등기부의 명의가 매수인으로 변경이 완료되면, 매도인과 매수인은 조합원에게 이주 시 지급된 이주비를 승계처리 하기 위한 이주비 대출 은행과 중도금대출을 처리해 준 은행을 방문해서, 각각에 대해 승계 절차를 진행하면 된다. 이때 대출 승계에 따른 '채무 승계서'를 은행으로부터 지급받게 된다. 그리고 마지막으로 조합사무실과 시공사사무실을 방문해서, 분양계약서상의 명의변경을 마무리하면 최종적으로 입주권 거래가 완료된다. 실무를 하다 보면, 매수인이 마지막 단계인 분양계약서상의 명의변경이 완료되지 않은 상태에서, 토지등기에 대한 이전서류만을 받고는 잔금 일체를 지불하는 것에 불안감을 호소할 수 있다. 이 경우에는, 잔금의 일부만을 남겨뒀다가, 분양계약서 명의변경이 완료될 때 지급하는 방법도 고려해 볼 수 있다.

## (5) 조합원 입주권의 준공 후 매매 시 명의변경

조합원 입주권 거래에서, 잔금 지급을 준공 후 입주 시에 진행하는 경우에, 점검해야 할 중요한 내용이 있는데, 그 첫 번째 쟁점 사항은,

준공일로부터 이전고시 전까지 조합원 입주권의 명의이전이 가능한 지의 여부이다.

이는, 입주장에서 조합원 입주권을 거래하는 데 있어, 공인중개사가 반드시 확인해야 할 사항이다. 통상적으로, 입주장에서 조합원 입주권의 매매계약은 입주 전부터 이뤄지는데, 이때의 매매계약 중에는, 잔금 지급과 조합원 입주권의 명의이전은 준공 후 입주기간에 이뤄지는 경우가 많다. 그런데, 조합에서 생각지도 않게 준공과 동시에 조합원의 명의변경을 금지하는 경우가 있으니 주의해야 한다. 그래서 나는 입주장을 시작하면, 조합원 입주권 매매거래를 위해, 입주 수개월 전부터 조합사무실에 조합원 입주권의 명의이전은 언제부터 금지하는지를 반드시 물어본다. 보통의 경우, 재개발 재건축 사업의 조합은 이전고시공고 2~3개월 전까지는 조합원의 명의이전을 허용하는 경우가 많은데, 가끔은 그 시기를 앞당기는 경우도 있으니 주의해야 한다.

2017년 초에 입주한 서울 강동구의 재건축 입주아파트에서 입주장을 하고 있을 때의 일이다. 역시나 나는 입주가 한참 남은 6개월 전부터 지속적으로 조합사무실에 방문하거나 전화를 해서, 조합원 입주권의 명의이전이 언제까지 되는지를 문의했다. 그런데, 조합 임원들이 그 내용 자체를 잘 모르고 있었다. 그래서 나는 수차례에 걸쳐 지속적으로 문의하였고, 결국, 조합 임원으로부터 이전고시 전까지는 명의이전이 가능하다는 답변을 받았다. 그 후 나는 입주기간에 잔금을 지급하는 방식으로 다수의 조합원 입주권 거래를 중개했다. 그런데, 입주 1개월도 채 남기지 않은 시점에, 조합 담당 법무사 측으로부터, 준공과 동시에 조합원을 특정해서 이전고시를 준비해야 하니(즉, 조합원 명의자 전체가 확정돼야만 등기 준비를 할 수 있으므로), 준공인가를 받게 되면 바로 조합원 명의이전을 금지하겠다는 연락을 받았다. 조합 임원을 말만 믿고, 그동안 계약을 진행한 건들을 생각하니 머리가 복잡해졌다. 입주시점에 잔금을 치르기로 한 모든 매매 건들에 문제가 발생한 것이다. 특히, 매수인이 담보대출을 이용해서 매매잔금을 치르려고 했던 거래 건들을 생각하자니, 멘붕 그 자체였다. 조합에 아무리 항의를 해도 소용이 없었다. 결국, 이 문제를 해결하는 데는, 이전고시가 완료되어 매도인(원조합원) 이름으로 보존등기가 되고, 다시 매수인으로의 이전등기가 완료되기까지, 8개월여의 시간이 걸렸다. 엄청난 에너지가 소모되었음은 말할 필요도 없을 것이다. 명의이전이 늦어지게 되면, 여러 가지 문제들이 발생한다. 매도인이나 매수인이 일시적 1세대 2주택 비과세 혜택을 못 받게 된다면? 매도인이 납부해야 할 재산세의 문제는? 또한, 매도인이 종부세 대상자라면? 이처럼 조금만 생각해 봐도, 명의이전이 늦어지게 됨에 따라 발생할 수 있는 문제는 실로 엄청나다. 상황이 이러한데도, 입주장에서 일하는 많은 중개사님들이 입주시기에 명의변경 되는 것을 당연시하는 경향이 있지만, 나의 경우와 같은 일을 겪지 않으리라는 법도 없으니, 항상 조합에 문의하고, 주의해야 한다.

두 번째 쟁점 사항으로는, 매수인이 담보대출을 받아서, 매매잔금을 지급하고, 입주할 수 있는지의 여부이다. 우리가 보통의 부동산 거래를 할 때에는, 매수인이 거래 잔금이 부족하면, 해당 거래 대상 물건으로 담보대출을 받을 수 있다(단, 주택에 임차인이 거주하는 경우에는 대출이 안 될 수 있음). 이 경우에 매매계약서를 제출하고, 대출에 필요한 서류를 제출하고, 각종 은행 서류에 자서를 하면, 잔금일에 은행에서 담보대출을 실행해 주면서, 거래 물건에 근저당권을 설정한다. 그런데, 조합원 입주권은 거래 물건으로 담보대출을 받기가, 일반적인 부동산 거래보다 훨씬 복잡하다. 대출이 실행되기 전에 이미, 매수인 명의로 분양계약서상에 명의가 매수인으로 변경 완료되어 있어야 한다. 그런데, 분양계약서의 명의변경을 위해서는, 조합원의 종전 토지에 대한 등기부상에 명의이전이 선행되어야 한다.

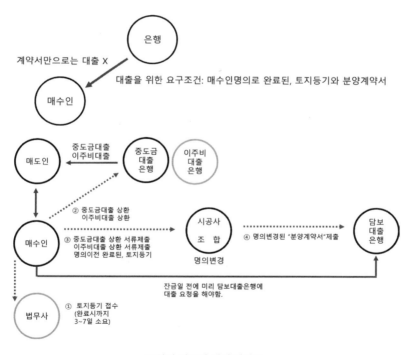

조합원 입주권 거래 절차도

위의 그림을 참조하여, 실무에서는 입주 시 잔금 방식으로 거래하는 입주권의 매매계약이 어떻게 진행되는지를 상세히 설명하겠다. 이 부분은 다소 복잡하지만, 잘 이해한다면, 입주장에서 입주권의 매매 계약을 하는 데 있어 자신감이 생길 것이다.

먼저, 조합원은 관리처분이 되고, 이주를 하면, 이주비를 받게 된다. 참고로 조합원 중에 이주비를 안 받는 경우도 있는데, 이 경우에는 통상 시중금리에 해당하는 공사기간 동안의 이자액을 입주 시에 지급받게 된다. 그리고 조합원은 조합원분양가와 권리가액(권리가액=평가금액×비례율)의 차액을 비교하여, 부족금액이 있으면 분담금으로 납부하고, 남는 금액이 있으면 환급금으로 돌려받게 된다. 앞에서 설명했듯이, 이주비 금액은 통상 종전 토지와 건물의 평가금액의 40~60%이다. 이주비 대출 은행은 대출금에 대해, 종전 토지 위에 근저당권을 설정한다. 참고로, 환급금은 입주 전에 일정 기간으로 나눠서 지급받기도 하고, 준공 후 입주 시에 일괄적으로 돌려받기도 하며, 또는 이전고시 시점에 일괄 지급받기도 한다. 그리고 이 환급금에 대해서는 이전고시공고가 되면, 해당 금액에 대해, 비과세, 일반과세, 중과세를 판단해서 그에 따른 양도세를 납부해야 한다.

이제, 매수인이 입주시점에 담보대출을 하면서, 조합원 입주권을 입주 시 잔금 방식으로 계약을 진행하는 과정을 설명하겠다. 입주예정 아파트의 조합원 입주권을 거래하다 보면, 가장 신경 써야 하는 부분이 매수인의 자금 상황이다. 일반적으로 매수인은 본인이 현재 거주하는 집을 처분하거나 전세보증금을 돌려받아야 매매대금 일체를 지급할 수 있어, 계약일 현재로서는 자금이 충분치 않은 경우가 대부분이다. 이해를 돕기 위해, 예를 들어보자. 매매가 10억 원인 조합원 입주권을 매수하고자 하는 매수인이 계약금과 중도금으로 3억 원만을 지급할 수 있고, 나머지 7억 원에 대해서는 현재 거주하는 집을 처분하거나 전세보증으로 돌려받게 될 5억 원으로부터 마련하고, 나머지 부족한 자금인 2억 원은 매수한 물건으로 담보대출을 받을 계획이다. 이러한 상황은 입주권 거래에 있어서 자주 일어난다. 중개사는 이러한 계약을 진행할 경우에, 매도인에게 계약금과 중도금 조로 3억 원을 받은 상태에서, 토지등기를 먼저 이전해 줄 것을 요청해야 한다. 앞에서도 언급했듯이, 은행은 분양계약서상에 명의가 매수인 이름으로 변경되어 있어야만, 대출을 실행해 준다고 설명했다. 따라서 분양계약서상의 명의변경을 위해서는 선행적으로 토지등기부상에 매수인 이름으로 명의변경이 완료되어야 한다.

이러한 계약에서, 토지등기부는 잔금일(매수인 입주일)의 7~10일 전에는 매도인에서 매수인으로 이전등기를 신청하고, 이후 이전등기가 완료되면, 분양계약서상에 명의변경을 하고, 그 명의변경 된 분양계약서 원본을 은행에 제출하면, 대출이 실행되어, 매수인은 매매잔금을 처리하고 입주할 수 있게 된다. 다만, 앞에서도 언급했지만, 최근 은행들은 토지등기부에 매수인으로 명의이전이 완료되고, 분양계약서상의 명의변경도 완료된 후에, 그때가 돼서야 비로소 대출 신청 자체를 받아주는 사례도 있으므로, 대출 심사가 끝나고 실제로 대출이 실행되기까지 상당한 시간(길게는 1개월)이 소요될 수 있다. 따라서 매수인이 입주하기 한참 전에 분양계약서의 명의이전을 완료해야 할 필요가 있으니 유의해야 한다. 특히 은행 업무와 관련해서는 입주장을 하는 우리의 입장에서는 보수적으로 접근해야 한다. 은행은 언제나 우리가 생각한 대로만 업무를 처리해 주지는 않는다.

앞의 '조합원 입주권 거래 절차도'에서, ②에서 조합원의 중도금대출금과 이주비 대출금은 상환하는 것으로 표시했으나, 상환할 수 없는 경우에는, 매수인이 승계처리 해도 된다. 이때에는, 승계승인 서류와 명의이전이 완료된 토지 등기부등본을 시공사와 조합에 제출하면, 분양계약서상의 명의이전이 가능하다.

여기에서, 유의해야 할 점이 있는데, 조합원 입주권을 매수하는 매수인은 토지취득세 4.6%를 내야 하는 것으로 알고 있을 것이다. 하지만, 위의 절차도에서, 중도금대출금과 이주비 대출금을 매수인이 승계하지 않고, 상환처리 하고, 조합원 분담금의 잔금(매매잔금이 아님)을 매도인이 납부하게 되면, 매수인은 토지취득세 4.6%를 납부하는 것이 아니라, 일반 주택에 관한 취득세를 납부하면 된다.

또한, 최근에는 준공일(사용승인일)을 기준으로, 조합원이 분양잔금 등의 납부 여부와 무관하게 주택(APT)이 완성된 것이므로, 준공일로부터 60일 이내에 취득세를 납부하게 되기에, 준공일 이후에 매매거래 잔금을 지급하고, 조합원 지위를 승계하는 매수자는 토지취득세를 납부할 필요가 없이, 단순히 주택취득세만을 납부하면 된다. 이 부분에 대해서는, 8장 취득세 부분에서 상세히 설명하도록 하겠다.

# 4. 입주장의 전세가격 흐름

이번에는 입주장에서 가장 많은 거래량을 차지하는 전세가격에 대해 알아보도록 하겠다. 입주장이 다른 일반적인 주택 등과 다른 점은, 무엇보다 물건을 확보하기 위해 수동적으로 고객(소유자)의 연락이나 방문을 기다리지 않아도 된다는 점이다. 물건은 이미 충분히 존재하고, 내가 얼마나 능동적으로 물건을 찾고, 만들어 내느냐가 중요하다. 물건 하나를 더 만들기 위해 더 많이 전화작업에 몰두하면 된다. 입주장은, 입주예정아파트에서 처음으로 중개업을 하는 초보 중개사나, 나와 같이 입주장만을 전문으로 하는 입주장 선수가 기존에 오래전부터 자리 잡고 있는 부동산들과 충분히 경쟁할 수 있는 괜찮은 게임의 공간이다.

입주장에서 전세계약에 대해 알아보겠다. 입주장은 단기간에 많은 물건이 나오기 때문에, 비슷한 입지를 갖춘 주변의 준신축 아파트보다도 전세가격이 낮게 형성되는 경우가 대부분이다. 질문을 해보겠다. 입주장에서 전세가격은 왜 낮을까? 너무 쉬운가? 그렇다. 물건이 많기 때문이다. 그럼, 입주장 초기의 전세가격은 누가 결정할까? 바로, 공인중개사이다. 물론 소유자인 집주인이 가격 결정을 하지만, 그

가격 결정에 가장 큰 영향을 미치는 건 공인중개사이다. 소유자 입장에서는, 입주장에 물건이 많이 나올 것을 예상하지만, 전세가격이 어느 수준에서 형성될지는 알 수 없다. 따라서 전적으로 공인중개사의 의견에 따를 수밖에 없다. 그런데, 중개사도 생각이 제각각이다. 어느 중개사는 주변의 비교 가능한 아파트 단지의 전세가격을 참조하여, 그와 같거나 높은 금액을 생각할 수 있고, 어느 중개사는 그보다는 조금 낮게 생각할 수도 있을 것이다. 또 다른 중개사는 그보다 더 낮은 전세가격을 생각할 수도 있을 것이다. 자 그럼, 입주장에서 전세계약이 진행된다고 하면, 과연 어느 중개사가 많은 계약을 할 수 있을까? 이것도 너무 쉽지 않은가. 그렇다. 바로 가장 낮은 전세가격을 생각하는 중개사이다. 그런데, 난관이 있다. 가장 낮은 전세가격을 생각하는 중개사는 전화작업을 하는 데 있어, 그만큼 가격 저항을 크게 받게 된다. 소유자들로부터 터무니없는 가격이라고 핀잔을 듣게 되는 건 다반사다. 그래도 참고 견디며 힘을 내야 한다. 노력의 대가는 계약으로 이어진다. 경쟁에서 이기고, 입주장에서 1등을 한다는 건 쉬운 일이 아니다. 그래도 그 누군가는 1등을 한다. 그게 바로 내가 되도록 만들어야 한다.

앞에서도 말했듯이 전화작업에서 가장 중요한 한 가지는, "오늘 하루 종일 수백 통의 전화작업을 해서 주변 부동산들도 갖고 있는 물건 100개를 만들기보다는, 지금 당장 계약할 수 있는 가장 좋은 물건 하나를 만드는 것이 훨씬 더 중요하다"는 것이다. 이렇게 만든 물건 하나하나가 쌓여서, 입주장 1등을 만드는 것이다. 작은 규모의 입주장이건, 대단지 입주장이건, 1등을 꼭 한번 경험해 보기 바란다. 그럼 그 충만해진 자신감은 다른 입주장에서도 원하는 성과를 이룰 수 있게 할 것이다. 이 책에 나온 내용들을 하나하나 잘 새겨서 자기 것으로 만들다 보면, 반드시 입주장에서 1등에 오른 본인의 모습을 경험하게 될 것이다.

또 하나의 질문을 하겠다. 전세계약을 하는 데 있어 전세보증금액을 낮춰서 계약할 수 있는 사람은 조합원일까? 아니면 일반분양자일까? 입주장을 경험해 본 사람들 중에 이런 질문을 스스로에게 해본 경우가 있는가? 그 답은 조금만 생각해 보면 쉽게 알 수 있듯이 바로 조합원이다. 그럼 그 이유를 논리적으로 설명할 수 있겠는가? 일반분양자는 분양계약 시에 10%만을 직접 자기 자본으로 납부한 사람이다. 그래서 입주하는 시점에는 중도금대출 금액과 분양잔금으로 분양가의 90%에 해당하는 자금이 필요하다. 반면에, 조합원은 평가금액의 40~60%에 해당하는 이주비와 분양가에서 권리가액을 빼준 분담금이 필요하다. 그런데, 조합원분양가와 일반분양가격은 차이가 크다. 예를 들어보자. 국민 평형인 전용 $84m^2$의 조합원분양가가 6억이고, 조합원의 종전 자산 평가금액이 4억이라고 하면, 분담금 2억과 이주비 2억(평가금액의 50%로 가정), 즉 4억이 입주 시에 필요하다. 반면에, 일반분양가는 조합원분양가보다 높은 7억이라고 했을 때, 일반분양자는 입주시점에 6.3억(분양가의 90%)이 필요하다. 따라서 조합원은 $84m^2$의 전세가격을 4억까지만 받아도 되지만, 일반분양자는 전세가격을 4억으로 할 수가 없다. 결국, 입주장에서 전세가격을 낮출 수 있는 건 조합원이고, 일반분양자는 필요 자금이 많기 때문에, 일반분양자에게 전화작업을 통해 낮은 전세가격의 물건을 받기란 쉽지 않다.

위 내용을 월세 물건에도 응용해 보자. 월세보증금은 당연히 전세보증금보다 낮다. 그럼, 자금이 상대적으로 많이 필요한 일반분양자로부터는, 월세보증금이 낮은 물건(예컨대, 1억 이하)을 만들기가 쉽지 않을 것이다. 즉, 이때에도 조합원을 상대로 전화작업을 해야 한다. 이 또한 매물장을 만들 때, 해당 동호수가 조합원 물건인지 일반분양자 물건인지를 반드시 구분해 놔야 하는 이유들 중 하나이다.

전세 거래량은 시중금리에 영향을 받는다. 요즘은 전세자금대출이 보편화되어 있다 보니, 전세계약 건의 상당수는 임차인이 전세자금을 대출받는 계약이다. 전세자금대출의 종류도 다양하므로, 중개사는 반드시 숙지해 놓는 게 좋다. 전세자금대출은 대부분의 시중은행에서 취급하며, 이자는 조금씩 차이가 있다. 전세계약 건과 월세계약 건의 비율을 보면, 과거에는 전세계약이 월등히 많았으나, 지속적으로 월세계약이 늘어나는 추세이다. 또한, 은행 금리가 높은 시기에는, 전세자금대출을 받기보다는 월세를 지불하는 임차인이 증가한다. 예컨대, 2022년 이전 저금리 시대에는 전세자금대출 금리가 2% 중반이었고, 이때에는 보증금 1억에 대해 30만 원 정도로 월세를 환산하였고, 당연히 임차인 입장에서는 전세자금대출을 받는 것이 유리하였으나, 2023년 4%대 금리 시기에는, 1억에 대해 40~50만 원으로 환산하면, 그 차이가 크지 않거나, 경우에 따라서는 역전되어, 월세계약이 증가하게 된다.

입주장에서의 전월세 가격의 흐름을 보면, 입주장 초기에 다소 낮은 금액으로 계약이 이뤄지고, 입주(예정)아파트의 입지적인 상황에 따라, 지속적으로 계약(특히 전세계약)이 증가하여, 빠르게 물건이 소진

됨에 따라, 입주시작 전에 사실상의 입주장이 끝나는 경우가 있다. 반면에, 입주장 초기에 계약이 다소 이루어지면서 가격이 상승하다가 어느 순간에 임차인이 계약을 미루게 되면, 입주가 시작되는 시점까지 물건이 적체되는 경우도 있다. 그런데, 입주기간은 정해져 있다 보니, 후자의 경우에, 이때부터는 집주인인 소유자의 마음이 급해지게 되어, 입주장 초기보다도 낮은 전월세 물건이 출현하게 된다.

그리고, 입주장은 정부의 부동산 정책에 크게 영향을 받는다. 우리나라의 주택가격에 가장 큰 영향을 미치는 지역이 어디인가? 바로 강남 아파트와 강남 재건축 단지이다. 8.2 부동산 대책과 9.13 부동산 대책에 따라 지정된 규제지역에서의 조합원의 지위자격 양도금지와 거주요건으로 인해, 2017년 이후부터 2022년 말까지의 입주장 시장은 초토화되었다. 또한, 정비사업(재개발, 재건축)으로 인한 입주장에서 뿐만 아니라, 택지개발지 내 입주장에서는, 조합원이 없고, 일반분양자만이 있으므로, 분양권 전매가 등기 시까지 금지되었기에, 분양권 거래 자체가 씨가 말랐으며, 전세나 월세의 경우도 거주요건이 있다보니, 소유자는 이왕이면, 새로 지어진 새 아파트로 바로 이사하여, 거주요건 2년을 채우려는 경향이 많았다. 해당 시기에 택지개발지 내에서 입주장을 경험해 본 중개사라면, 정말 마음고생이 심했을 것이다. 이처럼, 입주장을 전문으로 하는 중개사가 되고자 한다면, 정부의 정책 변화를 주시해야 한다.

# 5. 미등기 입주장의
## 전세계약은 안전한가

**전월세 계약 잔금일(3월 1일)에 임대인이 대출을 실행한 경우**

| 구분 | 우선순위 효력발생 시기 | |
|---|---|---|
| | 임차인 | 임대인 |
| 기존 주택 | 전입신고+확정일자 받은 다음 날 0시 (즉, 3월 2일 0시) | 3월 1일 설정등기 접수 시 |
| 재건축/재개발 신규아파트 | 위와 동일 | 원칙적으로, 대출금지 (실정시기: 등기완료 후) |

등기전 거래의 안전성

재개발/재건축 입주아파트

1. 계약시점에 등기부의 부존재
   -> 분양계약서로 본인확인

2. 신탁등기
   -> 제3자의 (가)압류가 어려움

3. 조합원과 일반분양자의 분양대금 등 파악

- 재개발/재건축 미등기 입주아파트 전월세의 선순위대출에 대한 리스크 여부

1. 기존주택 대비 안전하다
   (단, 전입신고 및 확정일자)

2. 후순위 리스크는 은행이... 대출 불가

입주시기에 재개발/재건축 아파트는 미등기 상태이다. 등기가 완료되기까지 통상 6개월에서 1년 이상 소요된다. 따라서 입주시점 전후

로 전월세 계약은 미등기 상태에서 진행된다. 미등기 상태에서의 계약이므로, 임대차계약의 임차인 상당수가 불안한 마음을 갖는다.

과연 미등기 상태에서의 전월세 계약은 안전할까? 먼저, 재개발/재건축 입주예정아파트의 전월세 계약 절차를 보면, 준공 수개월 전부터 전월세 계약이 이뤄지고, 준공 후 입주가 시작되면, 임차인은 잔금일에 잔금을 지급하고 입주하게 된다.

예컨대, 계약일이 1월 1일, 준공 후 입주시작이 2월 1일, 그리고 전세 잔금일과 이사일이 3월 1일이라고 하면, 먼저, 계약서 작성 시에는 임대인이 진정한 명의자인지를 확인해야 하는데, 등기부가 없으므로, 그에 갈음하여, 분양계약서 원본상의 명의자와 신분증을 대조한다. 그리고 혹시 모를 위조의 위험성이 있으니, 시공사나 조합에 문의해서 현재 명의자 여부를 확인해야 한다.

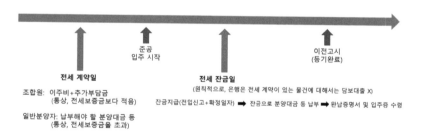

| 임대인 | 임차인 |
|---|---|
| 신분증 & 도장 분양계약서(원본) 본인확인 (시공사,조합) | 신분증 & 도장 계약금 |

계약일

| 임대인 | 임차인 |
|---|---|
| 분양잔금 등 납부 완납증명서 & 입주증 입주key 및 지급품 (임차인에게 전달) | 잔금지급 전입신고 및 확정일자 |

잔금일

한편, 소유자는 조합원과 일반분양자로 구분할 수 있는데, 조합원인 경우, 이주비와 추가부담금을, 그리고, 일반분양자인 경우, 분양대금 중 자납금액을 제외한 금액을 확인해야 하는데, 통상 조합원이 부담할 금액은 전세보증금액보다 작고, 일반분양자가 부담할 금액은 전세보증금을 초과하는 경우가 많다. 따라서 공인중개사는 임대인이 임차인의 입주 시까지 납부해야 할 금액이 전세보증금을 초과하는지의 여부를 늦어도 계약 시까지는 확인해서, 만약에, 초과 시에는, 임대인이 부족한 금액에 대해 어떻게 조달할 수 있는지를 확인해 두면 좋다. 이 부분은 전문가가 아닌 임차인이 알기 어려운 부분이라, 공인중개사가 잘 짚고 넘어가야 한다. 그렇기 때문에, 입주아파트에서는 좋은 중개사를 만나는 것이 상당히 중요하다. 한편, 계약서를 작성한 임차인은 계약일로부터 30일 이내에 관할 주민센터를 방문하거나 부동산거래관리스템을 이용하여, 주택전월세 계약 신고를 해야 하면(임대인과 임차인 각각이 해야 하나, 주로 임차인이 신고하면, 임대인에게는 이 사항이 문자로 통보됨), 확정일자가 자동으로 부여된다. 이어서 잔금일에, 잔금을 지급한 임차인은 전입신고를 마침으로써 익일 0시를 기준으로 우선순위를 부여받게 된다. 한편, 잔금을 지급받은 임대인은 납부해야 할 내역(분양잔금, 중도금대출금, 이주비, 옵션비, 관리예치금 등)을 모두 납부하면, 시공사로부터 완납증명서와 입주증을 수령하게 된다. 시공사는 임대인이 납부해야 할 금액을 완전히 납부해야만, 해당 서류(완납증명서)를 지급한다. 그러니, 임차인은 임대인이 납부할 것들을 모두 납부했음을 입증해 주는 '완납증명서'를 확인하는 것도 필요하다.

언급했듯이, 재개발/재건축 입주아파트의 전세계약 진행 시와 입주

시에는 등기부가 존재하지 않는다. 최근에는 재개발/재건축 사업 시에 조합원의 경우에는 토지를 조합 명의로 신탁등기를 하게 되어 있으므로, 제3자의 (가)압류 등이 사실상 어렵다. 다만, 일반분양자의 경우에는, '분양권'이란 단순히 입주할 수 있는 권리로서, 채권에 해당하므로, 압류 등이 들어올 수는 있으니, 이 경우에는 시공사에 확인할 필요가 있다. 그리고 중개사는 임대인(조합원, 일반분양자)이, 임차인의 입주 시까지 납부해야 할 총금액을 미리 파악해서, 전세보증금액의 안전성이 보장되는지를 계약 전이나, 늦어도 계약 시에는 확인해야 한다. 예를 들어, 일반분양 물건을 전세계약 한다고 하면, 분양잔금을 납부하기 전까지 일반분양자는 통상, 분양가의 10%만 납부한 상태이다. 따라서 분양가가 10억이면, 전세계약 시점에 기납부금은 10억의 10%인 1억만 납부한 상태이고, 9억이 남은 상태이다. 이때, 6억에 전세계약을 진행하면서, 임차인이 입주하기 위해서는, 소유자(분양권자)는 3억을 별도로 준비해야 한다. 가끔은 소유자 중에 부족한 3억을 은행으로부터 담보대출을 받아서 처리하면 되는 것으로 생각하고는 중개사에게 언급하지도 않는 경우도 있다. 이렇게 되면, 계약을 진행한 중개사에게는 난처한 일이 아닐 수 없다. 따라서 임대차계약 특히 전세계약을 진행하는 임대인이 일반분양자라면, 중개사는 임대인이 전세보증금을 받으면 입주에 필요한 자금 일체를 납부할 수 있는지를 물어봐야 한다. 중개사는 어떤 거래를 하더라도 거래 안전성을 최우선으로 해야 함을 잊어서는 안 된다.

한편, 기존 아파트와 신규 입주아파트에서의 전세계약이 이루어지는 경우에, 전세사기와 같은 나쁜 의도를 가진 임대인이 중개사와 임차인을 속이고, 담보대출을 받게 되면, 기존 아파트의 전세계약과 신규 입주아파트의 전세계약 중 더 안전한 거래는 어떤 것일까?

임대인이 임차인과 수임중개사에게 계약 시에는 담보대출에 대한 어떠한 언급도 없었는데, 전세 잔금일에 담보대출을 받게 된다면, 이 물건이 기존 주택의 전세계약일 때에는, 등기부상에 담보대출에 대한 근저당권이 접수되어 설정등기까지 완료되기 전이므로, 임차인과 중개사는 임대인의 대출 여부를 전혀 알 수 없는 상태에서 전세보증금을 지급하고, 임차인은 입주하게 된다. 기존 아파트의 전세계약 잔금일이 3월 1일일 때, 임차인은 잔금 당일에 전입신고와 확정일자를 받으면, 3월 2일 0시에 우선순위를 갖게 되고, 반면 대출 은행은 3월 1일 당일에 설정등기 접수 시에 바로 우선순위를 갖게 되어, 은행이 임차임보다 우선하게 된다. 결국, 후순위가 된 임차인은, 혹시 임대인의 담보대출에 대한 원리금 납부 지연 등으로 경매 처분의 상황이 되면, 후순위자로서 배당을 받게 되어, 뜻하지 않게 전세보증금의 손실을 보게 될 수도 있다.

반면에, 재건축/재개발 신규 입주아파트의 경우, 임차인은 잔금일인 3월 1일에 전입신고와 확정일자를 받으면, 3월 2일 0시에 우선순위를 갖게 되는 반면에, 은행은 입주아파트가 미등기 상태이므로, 근저당 설정등기를 할 수 없고, 등기가 완료될 때까지 짧아도 수개월을 기다렸다가 근저당권 설정등기를 해야 한다. 결국, 임차인이 은행보다 우선하게 된다.

이러한 이유 때문에, 은행에서는 원칙적으로 신규 입주아파트에서 임대차계약이 이뤄진 주택에 대해서는 대출을 해주지 않으며, 혹여 대출을 실행한 경우라도 등기가 이뤄질 때까지 해당 주택에 소유자가 계속 거주하는지를 확인하게 되고, 소유자 이외의 임차인이 거주하는 것으로 밝혀지면, 대출금에 대한 상환청구를 하게 된다.

지금까지 전월세 계약의 안정성에 관한 내용은 조합원이 있는 재개발 재건축 입주아파트에 대한 설명으로 한정해야 한다. 시행자와 시공사가 동일한 입주아파트는 제외하고 설명하였다. 택지개발지역과 같이 토지를 건설사가 매입해서 직접 시공을 진행하는(시행자=시공사) 경우에는, 준공 전에 시공사의 경영난 등의 문제로 인해, 입주가 미뤄지거나, 준공 자체가 힘들어지는 경우도 발생할 수 있으므로, 이때에는 시공사의 인지도 등을 고려해야 할 것이다. 또한, 임대인이 임차인의 임대차계약 잔금일 전에 미리 분양대금을 완납하고, 소유권이전등기를 완료한 경우라면, 임대인은 임차인의 잔금일과 동일한 날에 은행으로부터 담보대출을 받을 수도 있으므로, 임차인은 입주 후 수일 내로 등기부를 발급받아서 근저당권 등의 제한 물건의 설정 여부를 확인해야 할 것이다.

이번에는, 입주아파트에서 소유자가 선순위 담보대출을 남기면서, 전세계약을 진행하고자 하는 경우에, 기존 아파트 전세계약과 비교해서 보면, 기존 아파트에서 전세계약을 하는데, 소유자가 중개사에게 선순위 대출을 받고, 전세계약을 하겠다(임차인 후순위)는 경우가 종종 있는데, 이 경우에 선순위 대출금액과 전세보증금의 합산금액을 해당 주택의 매매시세와 비교하여, 충분히 안전한 범위 내에 있다면(물론, 이 경우라도 최대한 안전한 거래를 해야 함), 전세계약 진행이 가능할 것이며, 중개사도 사전에 충분히 안전성 여부에 대해 본인 스스로 판단할 수 있을 것이다. 또한, 선순위 담보대출이 있는 상태에서도, 임차인은 일정한 조건하에서 전세자금대출을 받을 수 있다. 소유자의 담보대출을 실행해 준 은행의 입장에서는, 대출 실행 시에 즉시 근저당권 설정등기를 접수하게 되어, 우선순위를 확보하게 된다. 그럼, 입주예정아파트에서 소유자가 선순위 담보대출을 받으면서, 전세계약을 진행하고 싶어 하는 경우가 있는데, 이는 입주장 실무에서 자주 접하게 되는 상황이다. 중개사의 입장에서는 선 대출금액과 전세보증금의 합산액이 매매시세 대비 충분히 낮다면, 전세계약을 진행하고 싶은 충동이 들 것이다. 하지만, 선순위 대출을 임대인이 남기는 조건의 계약은 피하는 게 좋다. 임대인(소유자)에게 집단대출을 실행해 주는 은행은 임대인에게 대출을 실행해 주는 조건으로, 임대차계약을 진행하지 말 것 그리고 본인이 직접 입주해서 거주할 것을 전제조건으로 한다. 그런데, 임대인이 전세계약을 하는 경우를 생각해 보면, 전세계약을 마친 임차인은 30일 이내에 주택전월세 신고를 하게 되고, 확정일자를 부여받는다. 그리고, 잔금일이 가까워져 오면, 은행은 임대인의 집단대출 신청에 대한 심사를 진행하게 되는데, 이때, 임차인이 신고한 주택전월세 신고에 따른 확정일자가 부여된 사실을 알게 되고, 이로 인해 대출 실행을 막아버린다. 그 결과, 전세 잔금일이 며칠 남지 않은 상태에서 집단대출과 전세보증금으로 분양대금 일체를 상환납부 하려던 임대인에게 큰 어려움이 발생하게 되어, 이를 해결하지 못하게 되면, 임차인이 잔금일에 입주를 못 하는 상황이 벌어질 수 있다. 따라서, 입주장에서 일하는 중개사는 선순위 대출을 남기는 조건의 전세계약은 삼가야 할 것이다.

그럼에도 불구하고, 선대출을 남기는 조건으로 전세계약을 진행하게 되고, 임차인이 무사히 입주를 하게 되었다면, 이제는 모든 것이 해결된 것일까? 하지만 그렇지 않다. 임대인에게 대출을 실행해 준 은행은 임대인 명의로의 보존등기가 완료되어, 근저당권의 설정등기가 완료되기 전까지, 수시로 해당 세대에 대한 실사를 진행하게 되고, 실사 결과, 임대인 이외의 자가 거주한다는 것을 알게 되면, 대출금에 대한 상환청구를 진행하게 된다. 이러한 실사에도 임대차 사실이 밝혀지지 않고, 보존등기(또는 이전등기)가 완료되는 시점에 은행이 선순위로 근저당권을 설정할 수 있도록, 임차인이 전출을 잠시 한 후 재전입하게 되면 어떤 일이 발생할까? 임차인에게 전세자금대출을 실행해 준 은행은 임차인이 전입신고와 확정일자를 받아 획득한 우선순위를 상실하지 않아야 함을 당연히 중요시한다(점유의 연속성). 그런데, 전출 후 재전입으로 인해(기한의 이익 상실), 우선순위에 문제가 발생하게 되면, 임차인에게는 대출금 상환의 문제라든가, 전세갱신계약 시 전세대출금의 연장에 문제가 발생할 수 있다. 따라서, 중개사는 이러한 거래(선대출을 남기는 조건의 임대차계약)를 할 때에는 상당히 주의해야 한다. 그런데, 임대인이 후순위를 남기는 조건으로 계약을 하는 경우에는 어떻게 될까? 일단, 보존등기가 완료되기 전에는 후순위 대출이 사실상 불가능하다(단, 보존등기 완료 후에는 가능함).

# 6. 고객이 없는 물건만 찾는 이유

　입주장에는 많은 매매, 전세, 월세 물건들이 있다. 하지만, 거래되는 물건은 순서가 이미 정해져 있다. 손님(매수자, 임차인)은 언제나 가장 싼 물건만 찾거나, 없는 물건만 찾는다. 입주장에서는 특히 그렇다. 왜 이런 현상이 일어날까? 입주장에는 수많은 부동산중개업소들이 모여든다. 입주장이라는 특수성으로 인해, 단기간에 많은 중개업소들 모두가 집중해서 일을 하다 보니, 치열한 경쟁에 놓이게 된다. 경쟁이 치열하다 보니, 입주장에는 특히나 많은 허위매물들이 존재한다. 생각해 보라. 허위매물들은 왜 존재할까? 그렇다. 고객의 문의 전화를 받기 위한 목적으로, 시세 대비 조금이라도 낮게 광고를 올린다. 이런 허위매물들이 늘어나다 보면, 고객은 실제매물과 허위매물 간의 가격 차이를 정확히 인지할 수 없으므로, 낮은 물건만을 찾게 되어, 결국에는 중개업소가 받게 되는 고객의 전화문의의 대부분이 없는 물건만 찾게 되는 현상이 발생한다. 이러한 저가매물과 허위매물광고로 인해, 일반인은 물론이고, 입주장을 직접 경험해 보지 않은 부동산 전문가들조차, 입주장에 저렴한 매물이 네이버부동산에 상당히 많이 올라와 있는 것만을 믿고, 가격 예측을 잘 못하게 되는 상황이 일어나게 된다.

# 7. 바로 계약 가능한
# 물건을 만드는 방법

　앞에서도 언급했지만, 지금 바로 계약 가능한 좋은 물건을 만드는 것이 무엇보다 중요하다. 이런 물건을 하루에 하나씩만 만들면 된다. 무한 반복하는 전화작업을 통해서, 그리고, 잘 만들어지고, 잘 작성된 매물장이 중요하다. 입주장은 스피드 싸움이라고 했다. 그런데 고객은 없는 물건만 찾는다고 했다. 물건이 없으니, 포기해야 할까? 아니면, 기다리면 원하는 물건이 나올 테니 기다려 달라고 말할 것인가? 하지만, 고객은 절대 기다리지 않는다. 이곳저곳 여러 중개업소에 문의한다. 또한, 타 부동산 업소도 나의 고객을 가만두지 않는다. 지금 당장, 고객이 원하는 물건을 찾지 못한다면, 그 고객과의 계약은 사실상 힘들어진다는 마음가짐을 가져야 한다. 고객으로부터 걸려온 전화를 그냥 끊지 말아야 한다. 그래서 평소에 현재 거래 가능한 가장 좋은 물건을 평형별로 최소 3건 정도는 머릿속에 기억하고 있어야 한다. 좋은 물건이 없다면, 빠른 시간 내에 찾아야 하는데, 이때 매물장을 잘 활용해야 한다. 매물장에 그동안 통화한 소유자 중에 가격 조정의 여지가 있는 물건들을 별도로 표시해 두면 좋다.

　잘 작성된 매물장으로부터 고객이 원하는 물건을 보다 빠르게 만들 수 있다. 예컨대, 전세 물건을 찾는 고객이 있는데, 현재 내가 확보한 매물의 최저가는 3.2억이라고 해보자. 그런데 고객이 원하는 조건은 보증금 3억에 10층 이상의 물건을 찾는 것이다. 언제나 그렇듯 고객은 없는 물건만 찾는다. 이런 상황에서 어떻게 해야 할까? 간단히 주변 부동산에 연락하는 방법이 가장 일반적일 것이다. 하지만, 그와 더불어, 나의 매물장을 다시 한번 확인해 봐야 한다. 매물장에 작성된 상담내용을 검토하다 보면, 고객이 원하는 가격으로 조정 가능한 성향의 소유자 후보군이 눈에 들어올 것이다. 그 후보군들에게 연락을 취해보면, 원하는 조건에 계약 가능한 물건이 나오게 될 확률이 높다. 이런 사소한 것들이 결국 입주장의 성패를 좌우한다.

서울의 강동구에서 입주장을 할 때의 일이다. 이제 막 중개업을 시작하는 신입 실장님이 있었는데, 이 실장님은 일머리도 좋았지만, 일에 대한 열정이 남달랐다. 궁금한 점이 있으면, 언제든 질문을 하고, 내가 고객과 상담을 하거나, 계약서를 작성할 때면, 눈에서 레이저가 나올 정도로 나의 상황을 주시하곤 했다. 한번은 이 실장님이 보증금이 낮은 월세 물건을 찾아야 하는데, 고객이 찾는 조건의 물건을 찾지 못하겠는데, 어떻게 하면 되느냐고 내게 물었다. "이럴 때에는 매물장에서 조합원 물건 중 권리가액이 높은 사람의 물건들에서 찾아보라"고 했다. 그런데, 잠시 후 신입 실장님이 물건 3개를 금방 만들어 내는 것이다. 높은 이해력과 매물장에 기재된 내용을 빠르게 검토할 수 있는 능력을 보여주었다. 결국, 월세 물건을 찾던 고객에게 좋은 물건을 소개해 줬고, 계약까지 성사시킬 수 있었다.

위의 사례는, 매물장을 왜 잘 작성해야 하는지를 보여주는 한 가지 예시일 뿐이다. 명심하기 바란다. 매물장을 어떻게 만들어서, 어떻게 활용하는지가 입주장에서 1등을 가능하게 만드는 가장 중요한 여러 요소들 중 하나이다.

# 8. 계약 시간을 단축하라

　입주장에서 부동산 업소의 하루 일과 중 가장 많은 비중을 차지하는 업무가 전화작업이다. 그로 인해, 소유자는 하루에도 몇 번씩 중개업소들의 전화를 받는 것이 일상이다. 상황이 이러하니, 우리가 계약을 진행하고 있는 중간에도 소유자에게 타 중개업소로부터 전화가 걸려 온다. 만약, 그들이 제시하는 금액이 지금 계약하는 조건보다 좋다면, 소유자는 지금 진행하고 있는 계약조건이 마음에 들지 않을 것이며, 계약 진행 과정에서 어려움이 발생할 수도 있고, 차후에 중개보수를 받는 데 있어서도 불편함이 있을 수 있다.

　계약서 작성 시간과 관련해서, 계약서 작성 전에 계약 당사자로부터 인적사항을 받아서, 계약서 내용을 미리 작성할 수 있다면 가장 좋겠지만, 상황에 따라서는 계약서를 사전에 작성할 수 없는 경우도 많이 있으므로, 평소에 계약서 작성 시간을 단축하기 위해 어떠한 부분이 필요한지 항상 고민해야 한다. 예컨대, 계약서 출력용 프린트는 반드시 레이저 프린터를 사용하기 바란다. 나는 계약 당사자가 사무실에 도착해서 계약서 작성을 시작하여 마무리하기까지 30분을 넘기지 않으려 한다.

계약 시간을 단축해야 한다고 말했지만, 그것이 계약서를 대충 작성하라는 뜻이 아님을 알 것이다. 계약서는 꼼꼼히 작성해야 하고, 특약은 계약의 내용을 잘 반영하여, 분쟁의 소지가 없도록 제3자가 봐서도 명료하게 기재해야 한다. 또한, 중개대상물 확인설명서도 상세히 기재하고, 명확히 구두로 설명해야 한다.

# 8장

# 입주장에서 알아야 할 취득세와 양도세

재개발 재건축 사업의 조합원은 원조합원과 승계조합원으로 구분할 수 있는데, 원조합원은 조합설립 당시서부터 사업지 내에 토지 및/또는 건물을 소유한 자를 의미하며, 승계조합원은 원조합원으로부터 승계(매매, 증여 등)한 자를 의미한다.

우선, 취득세는 부과기준일에 따라, 재개발 사업의 경우 2008년 3월 12일 이전에 정비구역으로 지정되었다면, 사업시행인가일 이전의 소유자는 원조합원이고, 사업시행인가일 이후 매수자는 승계조합원이 된다.

그리고 2008년 3월 12일 이후에 정비구역으로 지정되었다면, 정비구역지정일 이전 소유자는 원조합원, 이후 매수자는 승계조합원이 된다.

한편 재건축 사업의 경우에는 관리처분인가일을 기준으로 원조합원과 승계조합원을 구분한다.

| 구분 | 건물 완공 전 | | 건물 완공 후 |
|---|---|---|---|
| 원조합원 | 주택취득세 | | 건물분 취득세<br>$85m^2$ 이하: 2.96%<br>$85m^2$ 초과: 3.16% |
| 승계조합원 | 건물 멸실 전 | 주택취득세 | |
| | 건물 멸실 후 | 토지취득세 4.6% | |

그리고 양도세 부과기준일은 재개발과 재건축 모두 동일하게 관리처분인가일을 기준으로 한다.

# 1. 준공 전
# 입주권 매매 시 취득세

　관리처분인가일 전 매매의 경우에는 당연히 주택에 대한 취득세를 납부하면 된다. 그런데, 관리처분인가 후 멸실 전 매매 시의 취득세는 어떻게 될까? 이때에도 건물이 멸실 전이므로, 주택에 대한 취득세를 납부하면 된다. 여기에서 멸실은 사실상의 철거 또는 멸실된 날을 의미하며, 이를 알 수 없는 경우에는, 공부상 철거 또는 멸실된 날을 기준으로 한다.

　그리고, 멸실 후부터 준공 전에 입주권을 매매하는 경우에는, 건물은 멸실되어 없고, 토지만 남아 있는 상태이므로, 입주권의 취득세는 토지에 대한 취득세이므로, 4.6%의 취득세를 납부해야 한다. 우리가 입주장에서 조합원 입주권을 거래할 때, 입주예정아파트의 준공(또는 사용승인)이 되기 전에 매매잔금을 지급하는 거래는 모두 이에 해당한다.

　참고로, 이때 입주권을 거래하게 되면, 입주권 매매계약서 외에 추가적으로 토지매매계약서를 작성해야 한다. 그리고 취득세 납부의 기준이 되는 토지매매계약에 따른 거래금액은 조합원의 종전 부동산의 권리가액(평가금액×비례율)과 프리미엄(입주권 매매가격-분양가)의 합산금액이다. 예컨대, 조합원 입주권의 매매금액이 10억, 종전 부동산의 평가금액이 5억이라고 하고, 비례율이 120%, 조합원분양가가 7억이라고 하면, 조합원 입주권 매입 시의 토지취득세를 계산해 보면, 권리가액(5억×120%)+프리미엄(10억-7억)=9억이다. 따라서 토지취득세는 9억×4.6%인 41,400,000원이다. 또한, 조합원 입주권을 매입한 매수인은 매입 당시의 토지취득세 외에 준공 후에 건물분에 대한 취득세를 별도로 납부해야 한다.

내가 처음 입주장을 시작할 때에 있었던 일화를 하나 소개하겠다. 재개발 조합원 입주권 중에는, 종전에 도로부지를 소유하고 있다가, 재개발로 인해 조합원 자격이 되어, 입주권을 갖게 되는 경우가 있다. 이러한 물건을 입주권 상태로 거래할 때에는 취득세에 대해 유의해야 한다.

통상, 입주권을 거래하게 되면, 토지거래가격(권리가격+프리미엄)에 대해 토지취득세(4.6%)를 납부하게 된다. 당시에 나는 도로부지였다가 입주권 자격이 된 물건을 거래하게 되었는데, 종전 도로의 감정평가금액이 2억 정도였고, 프리미엄이 1억으로, 총 토지거래가격 3억에 대해, 매수자가 4.6%의 취득세를 납부하면 된다고 설명하고는, 계약을 진행하였다. 그런데, 잔금 날이 다가와서 법무사를 통해 취득세를 확인해 보니, 내가 생각했던 취득세 금액보다 무려 2,000만 원이 더 나온다는 것이었다. 내일이면 잔금 날인데, 너무 당황스러워 관할 구청에 문의하니, 구청 취득세 담당자 본인도 이런 경우 어떻게 처리하는지 모르겠고, 국토부 시스템상 그렇게 납부해야 한다는 것이다. 국토부 시스템 기준에 따르면, 토지의 매매가격과 기준시가 중 높은 금액을 기준으로 취득세를 부과하도록 되어 있다는 것이다. 재개발 지역에서 종전 자산 감정평가를 할 때, 종전의 도로부지는 주변 주택부지의 $\frac{1}{3}$~$\frac{1}{4}$ 수준으로 감정평가금액이 낮게 평가된다. 이렇게 감정평가금액은 낮게 책정되는 반면에, 기준시가(제곱미터당 토지가격)는 정비구역으로 지정됨에 따라 토지의 가치가 상승하였으므로 급격하게 높아진다. 그 결과, 토지의 기준시가가 토지매매가격을 훨씬 초과하는 일이 벌어진다. 그래서 당시에 이 도로부지를 매입한 매수인이 취득세로 2,000만 원을 더 납부했을까? 아니다. 이 문제로 나는 정말 열심히 방법을 고민했고, 결국 해결책을 찾았다. 실거래 신고에 관한 법률에서 예외규정이 있었다. 중개사가 거래하는 물건에 대해서는, 기준시가가 실거래가격보다 높다 하더라도, 해당 거래를 공인중개사가 중개하고, 실거래 신고를 마쳤다면, 실거래금액을 기준으로 취득세를 부과할 수 있다는 내용이 있었다. 나는 이 규정을 내세워 관할 구청에 계약 관련 자료와 중개사인 나의 소명자료와 매도인과 매수인의 소명자료까지 모두 준비하여 제출하였다. 잔금일에 매수인이 혹시라도 차후에 2,000만 원의 취득세가 부과된다면, 내가 책임져 준다는 확약서를 작성해 달라 하여, 딱히 대안이 없었으므로 그렇게 해주었다. 그리고 그 이후에 아무 문제 없이 해당 건은 마무리되었다.

이후에, 내가 서울 서대문구의 모 입주장에서 일할 때, 주변 부동산 대표님이 진행하던 입주권 매매 건이 위와 동일한 문제로, 결국 매수자가 기준시가로 부과된 취득세를 납부한 사례가 있었다는 얘기를 들었다. 여러분들 중에 혹시라도, 재개발 지역에서 도로부지가 입주권으로 된 물건을 거래할 일이 있다면, 반드시 사전에 관할 관청에 확인하고 진행할 것을 당부한다.

# 2. 준공 후 입주기간에 잔금 시 취득세

취득세 면제나 감면 등의 사유가 없다면, 원칙적으로 재개발 재건축 조합원은 아파트가 완성되면 건물분에 대한 취득세(원시 취득세라고 함)를 납부해야 한다.

따라서 조합원은 준공일(또는 사용승인일)로부터 60일 이내에 건물분 취득세를 납부해야 한다.

| 85㎡ 이하인 경우 | 2.96%(취득세 2.8%+지방교육세 0.16%) |
|---|---|
| 85㎡ 초과인 경우 | 3.16%(취득세 2.8%+지방교육세 0.16%+농특세 0.21%) |

준공 후, 재개발과 재건축 조합원의 건물분 취득세는 과세표준 산정 방식이 상이하다.

| 건물분 취득세 과세표준 | | |
|---|---|---|
| 구분 | 재개발 | 재건축 |
| 23년 이후 관리처분 | 공사비×(분양면적/총면적) | 공사비×(분양면적/총면적) |
| 23년 이전 관리처분 | 추가부담금 | |

　우선, 2023년 이전에 관리처분인가 된 재개발 지역 내 조합원의 건물분 취득세는 분양가에서 권리가액과 옵션금액을 합산한 금액을 빼준 추가부담금에 대해서 세율을 곱해주면 된다. 반면에, '2023년 이후에 관리처분인가 된 재개발 지역'과 '재건축 지역' 내 조합원은 '공사비×(나의 분양면적/공사 총면적)×세율' 산식에 따라 계산하면 된다.

　예컨대, 전용 84$m^2$의 아파트를 분양받게 되는 조합원분양가가 6억이고, 권리가액이 2억인 재개발 조합원(별도 옵션 없음)이 원조합원이라면 추가분담금 4억 원×2.96%의 건물분 취득세를 납부하면 된다(면제 및 감면은 배제). 그런데, 이 물건을 관리처분 후 건물이 멸실된 시점부터 신축 입주예정아파트가 완성되기 전에 매입한 매수자인 승계조합원이 8억에 매수하였다면, 이 승계조합원은 매수 시점에 토지에 대한 취득세로서 토지취득세(권리가액 2억+프리미엄 2억)×4.6%를 납부하고, 이후 준공이 되면 60일 이내에 건물분 취득세로서, 조합원분양가 5억-토지취득세 4억=1억에 대해 2.96%의 취득세를 납부하게 된다.

　한편, 2023년 이후 관리처분인가 된 재개발 지역과 재건축 조합원의 건물분 취득세를 계산하기 위해서는 정비사업을 위한 총공사비와 건축 총면적을 알아야 하는데, 이보다 쉽게 간단히 계산하는 간편식이 있다. 물론, 정확한 금액을 선정할 수는 없지만, 개략적인 금액을 확인할 수 있으니, 참조해 보기 바란다.

### 간편식: (평당건축비×전용면적×2)×세율

위 간편식에서 전용면적×2는 계약면적과 거의 비슷하다. 우리가 전용면적은 쉽게 알지만, 계약면적을 확인하기 위해서는 관련 서류를 확인해 봐야 하므로, 계산을 보다 쉽게 하기 위해 전용면적×2를 사용하였다. 이 간편식을 이용해서, 조합원의 건물분 취득세를 계산해 보자.

예컨대, 전용 $84m^2$의 평당 건축비가 800만 원이라고 하면, 취득세는 대략 900만 원 정도이다.

### (예상)취득세금액=$84m^2$×2×0.3025×800만 원(건축비)×2.96%=12,034,176원(약 1,200만 원)

위 수식에서, 단위를 평으로 맞춰주기 위해 0.3025를 곱했다. TM 작업을 하다 보면, 조합원들 중에는 본인들이 준공 이후에 얼마의 취득세를 납부해야 하는지 물어보는 경우가 많다. 이때, 적어도 개략적인 금액이라도 알려주면, 조합원들이 상당히 고마워하며, 우리의 사무실에 대한 좋은 인상을 갖게 될 것이다.

# 1) 토지로 취득하는 경우

　준공인가 되어 아파트가 완성된 경우라 하더라도, 입주권을 매도하는 매도인이 납부해야 할 이주비, 중도금대출금, 분양잔금을 완납하지 않고, 매수인이 승계하는 경우에, 매도인인 조합원이 분양잔금 등을 완납하지 않았으므로, 신축 아파트 건축물의 소유권을 완성했다고 볼 수 없고, 따라서 준공 전 매매와 같이, 매수인은 토지를 취득하는 것으로 보면 된다. 따라서 매수인은 토지취득세와 건물분 취득세 2가지 모두를 납부해야 한다.

　그럼, 왜 이런 상황이 발생하는지부터 이해해야 한다. 주택을 구입할 때 매수인은 매수하는 주택을 담보로 해서, 대출을 받는 경우가 많다. 기존의 주택 매매라면, 잔금일 전에 매수인이 은행을 방문해서, 매매계약서를 제출하면서, 대출 신청을 하면, 해당 은행은 거래주택의 담보 가치를 평가한 후에, 대출가능금액의 한도 내에서 매수인이 요청한 매매잔금대출을 실행해 준다. 그런데, 이전고시 전까지는 미등기 상태인 입주아파트의 경우에는, 매매거래가 완성되어, 매도인으로부터 매수인으로의 명의변경이 완성되어야만, 은행은 담보대출을 실행해 준다. 여기에서 명의변경의 완성이란? 분양계약서를 의미한다. 즉, 매수인 명의로 명의변경이 완성된 분양계약서 원본을 대출 은행에 제출해야만 은행에서는 대출을 실행해 준다.

　앞 장에서도 설명한 내용이지만, 이러한 거래는 입주장 실무에서 너무나 중요하고 빈번한 거래 방식이므로 반복해서 설명한다. 반복해서 머릿속에 명확히 그 과정을 기억하고 있어야 한다.

매매금액이 15억인 물건의 사례를 보자.

### 매매가 15억 원인 조합원 입주권

| 매매금액 | 15억 | 이주비 | 3억 |
|---|---|---|---|
| 조합원분양가 | 10억 | 분양계약금 | 8천(기납부상태) |
| 권리가액<br>(평가금액×비례율) | 6억 | 분양중도금 | 24억(전액대출) |
| 프리미엄<br>(매매가-분양가) | 5억 | 분양잔금 | 8천 |

입주장에서 입주 시 잔금 조건(즉, 매매계약서의 작성은 준공 전에 이뤄지고, 잔금은 준공인가 되어, 매수인이 입주하는 시점에 하기로 함)으로 매매계약을 하는 경우는 아주 일반적인 상황이다. 그런데, 매수인이 잔금 지급 전까지 총 5억의 자금만을 융통 가능하고, 잔금일에는 매수인이 현재 거주하는 집의 전세보증금액(3억)과 일부는 매수하는 신축 아파트로부터 대출을 받아서, 나머지 총 10억을 마련할 계획이다.

위 예시와 같이, 매수인이 전세보증금과 담보대출을 이용해서, 매매잔금, 이주비 금액, 중도금대출 금액, 그리고 분양잔금을 상환 및 납부하고자 한다면, 우선 잔금을 지급받기 전에 매도인이 계약금과 중도금 조로 5억만 받고, 토지등기를 매수인 앞으로 이전시켜 주는 데 동의해야 한다. 그리고 토지등기가 매수인 명의로 변경된 후에, 매도인과 매수인은 함께 은행에 방문해서 이주비(3억)와 중도금대출금(2.4억)을 승계처리 하고, 시공사와 조합에 방문하여, 분양계약서상의 명의를 매수인으로 변경한 후에, 매수인 자신의 이름으로 변경된 분양계약서 원본을 은행에 제출하면 된다. 통상적으로 잔금일에 매수인의 입주가 이뤄지게 되므로, 대략 잔금일 한참 전에는 등기소에 토지등기 접수가 이뤄져야 한다. 따라서 잔금일(=입주일)에 매수인은 전세보증금과 대출금액으로, 매도인이 실제로 받아 가야 할 총액 8.8억 중 계약금과 중도금으로 지급한 5억 이외에 미지급액인 3.8억을 지급하고, 6.2억(이주비+중도금대출금+분양잔금)을 직접 납부하면 된다.

이때 매수인이 납부하는 취득세는, 토지등기 이전 시에 토지취득에 따른 취득세(4.6%)와 분양잔금 등을 매수인이 직접 납부하여, 아파트를 완성하였으므로, 건물분 취득세(2.96% 또는 3.16%)를 납부하게 된다.

## 2) 아파트로 취득하는 경우

이번에는 매수인이 대출을 하지 않고, 매매를 진행하는 경우를 살펴보면, 매수인이 매매대금 총 15억을 잔금일까지 지급하면, 매도인은 잔금일 전에 토지등기를 매수인 앞으로 이전해 줄 필요 없이, 잔금을 지급받는 시점에 토지등기를 이전해 주면 되고, 매수인은 잔금일 당일에 신축 아파트에 입주하고, 이후에 토지등기가 완료되면, 한 번 더 만나서, 분양계약서상에 명의를 이전하면, 거래 절차는 최종적으로 종료된다. 다만, 실무적으로는, 매수인 입장에서 토지등기만 완료된 상태에서 잔금 일체를 지급하였는데, 매도인이 분양계약서상의 명의이전에 협조하지 않으면 낭패이므로, 이때에는, 잔금 중 일부를 분양계약서상의 명의이전까지 완료한 후에 지급하는 것이 좋다. 이 경우, 매매거래에 있어, 잔금일에 매도인은 잔금 지급과 동시에 6.2억(이주비+중도금대출금+분양잔금)을 본인이 직접 납부해서, 아파트로서 완성시켜야 한다. 반드시, 매도인 명의로 위 금액을 납부해야 한다. 이렇게 완성된 상태로 거래가 이뤄지면, 매수인은 완성된 아파트를 매수하게 되므로, 매수인은 아파트에 대한 취득세만을 납부하게 되고, 준공일로부터 60일 이내에 납부해야 하는 건물분 취득세는 원칙적으로 매도인이 납부해야 한다. 다만, 실무에서는 상황에 따라, 건물분 취득세를 매수인이 납부하도록 협의하는 경우도 많다.

그런데, 이번에는, 매수인이 잔금 지급을 위해 담보대출을 받기는 하지만, 토지로 취득하지 않고, 완성된 아파트로 취득하는 경우를 알아보겠다.

위의 사례에서, 매수인이 잔금일 전까지 8억 원을 지급할 수 있다고 가정해 보자. 이 경우, 매매계약 시에 계약금 1.5억을 지급하고, 중도금 6.5억을 아파트가 준공인가 되어 입주기간이 시작되는 기간 중에 지급하고, 매도인이 중도금으로 받은 6.5억으로, 매도인 본인이 납부해야 할 총금액 6.2억(이주비+중도금대출금+분양잔금)을 직접 납부할 수 있다. 이어서, 매도인이 협조하여, 토지등기를 매수인에게 이전하고, 분양계약서상의 명의이전까지 완료하면, 매수인은 해당 거래 물건을 이용해서 은행으로부터 담보대출을 받아, 잔금을 지급할 수 있게 된다. 이 경우에도, 건물분 취득세는 매도인에게 납부의무가 있고, 아파트 취득세는 매수인이 납부하게 된다.

## 3) 최근의 조합원 취득세 방향

입주장 실무에서는 준공인가 되어, 입주가 시작된 상태에서 조합원 입주권을 거래하는 물건이 대단히 많은데(계약서는 준공인가 전에 작성하고, 잔금은 준공인가 후에 하는 경우를 포함), 앞서 설명한 바와 같이, 종전에는 조합원이 납부해야 하는 이주비, 중도금대출금, 분양잔금 등을 입주시점에 매수인이 납부하게 되면 매수인이 토지취득세를 납부하고 거기에 더하여 건물분 취득세를 납부하였다.

그런데 취득세는 지방세이므로, 입주 시에 잔금을 하는 조합원 입주권 매매거래에 있어, 매수인의 취득세를 토지취득으로만 간주하는 지자체가 최근까지도 있었다. 참고로, 내가 입주장을 처음 시작하던 2010년경에는 서울시의 경우에도 재개발 재건축 사업 경험이 없던 관할 구청들이 많아, 각 구청 담당자마다 의견이 달랐으며, 그때마다 직접 관할 구청 담당자를 찾아서 설명한 경우도 있었다.

다행히 최근부터는 누가(매도인 또는 매수인) 분양잔금, 이주비 등 분양받는 아파트와 관련된 납부금액 일체를 납부하였는지의 여부와 무관하게, **준공(또는 사용승인)이 되면, 이때부터는 조합원 입주권을 매수하는 매수자는 토지로 취득하는 것이 아닌, 사실상 아파트가 완성되었으므로, 주택에 대한 취득세만 납부하면 되고, 건물분 취득세는 준공인가 됨에 따라 납세의무자가 준공일 당시의 소유자이므로, 즉, 매도인(입주장에서 입주 시 잔금 방식으로 매매거래하는 경우의 매도인)이 준공일로부터 60일 이내에 건물분 취득세를 납부하게 된다.**

쉽게 말하면, 준공(사용승인)이 되면, 이때부터 나오는 세금 중 건물분 취득세는 매도인이 납부하고, 매수인은 주택인 아파트 취득세를 납부하면 되는 것이다.

다만, 언급했듯이 입주장에서 실무를 하는 중개사는 이러한 '입주 시 잔금 방식'의 매매거래 건을 진행함에 있어, 취득세는 지방세이므로 해당 관할 관청(지방자치단체)에 반드시 사전에 확인하기 바란다.

# 3. 입주장에서
   알아야 할 양도세

　부동산중개업을 하는 데 있어, 다양한 분야의 지식들이 중요할 수 있지만, 그중 첫 번째를 꼽자면, 역시나 부동산 관련 세금이고, 그중에서도 양도세는 실력 있는 중개사가 되고 싶다면, 반드시 깊이 있게 알아둬야 한다. 소유자들이 가장 많이 질문하는 분야가 부동산 관련 세금이다. 세금을 잘 알면, 보다 깊이 있는 상담이 가능하고, 고객 설득에 이용할 수 있다. 그런데, 부동산 관련 법들 중에서 가장 자주 개정되는 분야가 세법이다. 이런 이유로, 세법은 공부하기도 쉽지 않은데다, 자주 바뀌다 보니, 시간이 지나면, 또 새로 공부해야 하는 귀찮은 존재다. 하지만, 남들과 차별화를 위해서라면 반드시 필요하다. 명심하자. 1등은 그냥 얻어지지 않는다.

## 1) 분양권의 양도세

　분양권을 분양권 상태에서 거래하게 되면, 그에 따른 양도세가 적용되며(현재, 지방교육세 10%를 포함하여, 1년 미만 보유 시 77%, 1년 이상 보유 시 66%), 분양권자가 분양잔금을 완납하게 되면, 그때부터 보유기간을 새롭게 기산하게 된다. 일반분양권의 경우 양도세 계산은 어려움이 없다.

양도세율은 보유기간과 무관하게 중과세가 적용되어, 그만큼 분양권 거래는 위축된다. 부동산 시장의 활성화를 위해서는 분양권에 대한 과도한 양도세율은 적정 수준으로 낮춰야 할 것이다.

### 단기매매 시의 양도세율

| 구분 | 보유기간 | 양도세율 | 지방교육세 |
|---|---|---|---|
| 분양권 | 1년 미만 | 70% | 7% |
| | 1년 이상 | 60% | 6% |
| 주택/입주권 | 1년 미만 | 70% | 7% |
| | 1년 이상~2년 | 60% | 6% |

## 2) 조합원 입주권의 양도세

정비사업 절차 중, 관리처분인가를 받게 되면, 이때부터는 조합원 물건은 입주권 거래로 바뀌게 된다. 조합원이 준공 전에 입주권 상태에서 매도하게 되면, 최초 매수 시점부터 관리처분 시까지만 보유기간으로 인정되며, 관리처분 후부터 매도 시까지는 보유기간으로 인정되지 않는다. 다만, 준공이 되어 분양잔금을 납부하면, 이때에는 관리처분인가 이후부터 공사기간 전체에 대해서도 보유기간으로 소급하여 인정받게 된다. 그리고 입주권은 주택으로 간주되므로, 타 주택을 매도하는 경우에, 입주권을 보유하고 있다면, 주택 수에 포함되어, 다 주택자에 대한 양도세 중과 대상이 될 수 있다. 반면에, 다주택자라 하더라도, 입주권 자체를 매도하게 되면, 단기매매를 제외하고는 입주 권 자체에 대해서는 중과세가 적용되지 않는다.

① 일반적인 주택의 양도세

단순히 주택을 매입하고, 일정 시간이 지난 후에, 매도하는 통상적 인 주택 거래에서 양도세 계산은, 매수가격과 매도가격의 차액, 즉 양 도차액에 보유기간에 따른 양도세(비과세, 일반과세, 중과세)를 적용하면 된다. 그리고 비과세 요건을 충족한 물건은 양도세가 없지만, 거래금 액이 12억을 초과하는 고가주택은 비과세라 하더라도, 12억 초과분 에 대해서는 양도세를 납부해야 한다.

예컨대, 위와 같이, 4억 원에 매수한 주택을 10억 원에 매도하는 데, 일반과세가 적용되는 경우라고 하면, 양도차액 6억 원에서 인적공

제(1년에 250만 원)와 필요경비(매입 시의 취득세, 매수 시와 매도 시의 중개수수료, 기타 입증되는 수선비용 등)와 장기보유특별공제액을 빼주면, 과세표준이 계산되고, 이 과세표준 금액에 따른 세율을 곱해주고, 지방교육세 10%를 더해주면, 납부해야 할 세액을 계산할 수 있다.

만약, 매도하는 주택의 거래가격이 12억을 초과하는 고가주택이며, 비과세 요건을 충족한다고 하면,

$$\text{(비과세) 고가주택의 양도차액} = \text{전체양도차액} \times \frac{\text{양도가액} - 12\text{억}}{\text{양도가액}}$$

위 산식으로 양도차액을 계산하면 된다. 위의 예에서 4억 원에 매수한 주택을 15억 원에 매도한다고 하면, 양도차액=11억×(15억-12억)/(15억)=2.2억이다. 이 양도차액 2.2억에 보유기간에 따른 장기보유특별공제액을 빼주면, 과세표준이 계산된다. 이 과세표준 금액에 세율을 곱해주고, 지방교육세 10%를 더해주면, (비과세)고가주택이 납부해야 할 양도세 금액을 계산할 수 있다.

| 양도세 기본 세율 | | |
|---|---|---|
| 과세표준 | 세율 | 누진공제금액 |
| 1,400만 원 이하 | 6% | 0 |
| 1,400~5,000만 원 이하 | 15% | 126만 원 |
| 5,000~8,800만 원 이하 | 24% | 576만 원 |
| 8,8000~15,000만 원 이하 | 35% | 1,544만 원 |
| 15,000~3억 원 이하 | 38% | 1,994만 원 |
| 3억~5억 원 이하 | 40% | 2,594만 원 |
| 5억~10억 원 이하 | 42% | 3,594만 원 |
| 10억 원 초과 | 45% | 6,540만 원 |

② 조합원 입주권의 양도세

재개발 재건축 사업지에, 조합원의 종전 주택(토지와 건물)은 사업시
행인가 단계에서 감정평가를 하고, 관리처분 단계에서 조합원분양가
와 권리가액(감정평가액×비례율)을 비교하여, 부족분은 추가부담금으
로 납부해야 하고, 남는 금액은 환급금으로 돌려받게 된다. 따라서

조합원 입주권의 양도세를 계산하는 데 있어, 크게 추가부담금을 납부하는 경우와 환급금을 수령하는 경우로 분류할 수 있다.

## 첫째, 추가부담금을 납부하는 경우

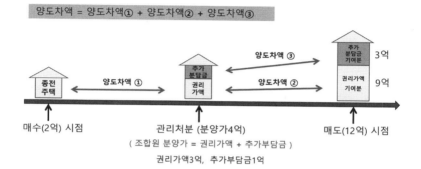

조합원이 종전 주택을 2억 원에 매입했다는데, 사업시행을 거쳐, 감정평가한 금액이 3억 원이고, 비례율은 100%라고 하면, 권리가액은 3억이고, 관리처분인가 이후 조합원분양 당시의 조합원분양가가 4억이라고 하면, 조합원분양가(4억)=권리가액(3억)+추가부담금(1억)이 된다. 위의 그림을 보면, 조합원이 분양받아서 완성하게 될 아파트에 들어가는 총비용, 4억 원 중에는 종전 주택으로부터 발생한 3억 이외에 추가로 부담하게 되는 1억(추가부담금)이 존재하게 된다. 그런데, 3억에 해당하는 부분은 애초부터 보유하고 있었지만, 추가부담금을 통해 확보하게 된 부분은 관리처분 시부터 새롭게 확보하게 된 것이다. 따라서 위와 같이, 추가부담금을 납부하는 조합원 입주권의 양도세를 계산할 때에는, 종전 주택 매입가격과 관리처분 시까지의 양도차액 ①(즉 종전 주택 매입가격 2억과 권리가액 3억의 차액 1억)과 보유기간에 따른 장기보유특별공제액을 계산하고, 다음으로, 관리처분 시부터 매도 시까지의 양도차액②(즉, 권리가액 3억과 매도가격 12억에서 권리가액이 기여한 부분 9억의 차액 6억)과 보유기간에 따른 장기보유특별공제액을 계산하고, 마지막으로, 추가부담금 1억과 매도가격 12억에서 추가부담금이 기여한 부분 3억의 차액 2억과 보유기간에 따른 장기보유특별공제액을 계산한다. 이렇게 각 구간별로 계산된 양도차액을 합산하여, 합산양도차액을 얻을 수 있고, 여기에 기본공제를 빼주면, 과세표준을 얻을 수 있다.

다음은, 추가부담금을 납부하는 조합원 입주권의 실제 양도세를 계산해 본 사례이다.

참고로, 나는 다음의 양도세 계산 예시와 같은 자료를 엑셀 파일로 만들어, 입주장을 할 때 그리고 입주장이 끝난 이후에, 매도하고자 하는 조합원과의 상담 시에 활용한다. 조합원은 자신들의 양도세가 얼마나 나올지 무척이나 관심이 많은데, 조합원 양도세를 전문으로 상담해 주는 세무사를 찾기가 그리 쉽지 않고, 또한 상담비용에 대한 부담도 있어, 일단 가까운 중개업소에 문의하지만, 대부분의 중개업소도 조합원 양도세에 대해서는 명확한 설명을 못 하는 게 현실이다. 나는 이러한 점을 타 부동산과 차별화 전략으로 사용하기 위해 조합원 양도세를 집중적으로 공부했고, 그 결과물이 다음과 같은 자동 계산이 가능한 엑셀 프로그램이다.

이 책을 읽는 독자들도 충분히 열정을 갖고 양도세를 공부하여, 자신만의 차별화 전략에 활용했으면 한다.

| 조합원 준공후 매도시 양도세<br>( 비과세 / 2년이상 거주 / 추가부담금 납부 ) | | | | |
|---|---|---|---|---|
| 기존주택<br>양도차익 | 취득시~<br>관리처분시 | 취득가액 | | 180,000,000 원 |
| | | 권리가액 | | 1,032,400,584 원 |
| | | 필요경비<br>(취득세+중개수수료) | | 1,800,000 원 |
| | | 양도차익 | | 850,600,584 원 |
| | | 매도가액 | | 2,400,000,000 원 |
| | | 비과세되는 양도차액 | | 425,300,292 원 |
| | | 과세분 양도차액 | | 425,300,292 원 |
| | | 장기보유특별공제<br>(최초 매입시~ 매도시) | 보유기간 | 거주기간 |
| | | | 26 년이상 | 4 년이상 |
| | | | 40 % | 16 % |
| | | | 합 계 | 56 % |
| | | ① 양도차액 | | 187,132,128 원 |
| | 관리처분시<br>~ 완성후 매도시 | 매도가액 | | 2,400,000,000 원 |
| | | 권리가액 | | 1,032,400,584 원 |
| | | 추가부담금 | | 0 원 |
| | | 필요경비<br>(건물분 취득세+중개수수료) | | 36,000,000 원 |
| | | 양도차익<br>(안분계산) | | 1,331,599,416 원 |
| | | 비과세되는 양도차액 | | 665,799,708 원 |
| | | 과세분 양도차액 | | 665,799,708 원 |
| | | 장기보유특별공제<br>(최초 매입시~ 매도시) | | 56 % |
| | | ② 양도차액 | | 292,951,872 원 |
| | ③ 양도차액(①+②) | | | 480,084,000 원 |
| 청산금<br>납부분<br>양도차익 | 관리처분시<br>~ 완성후 매도시 | 양도차익<br>(안분계산) | | 0 원 |
| | | 비과세되는 양도차액 | | 0 원 |
| | | 과세분 양도차액 | | 0 원 |
| | | 장기보유특별공제<br>(관리처분시~매도시) | 보유기간 | 거주기간 |
| | | | 7 년이상 | 0 년이상 |
| | | | 28 % | 0 % |
| | | | 합 계 | 28 % |
| | | ④ 양도차액 | | 0 원 |
| ③+④ 합산 양도차액 (과세표준) | | | | 480,084,000 원 |
| 기본공제 | | | | 2,500,000 원 |
| 과세표준 | | | | 477,584,000 원 |
| 세  율 | | | | 40 % |
| 누진공제 | | | | 25,940,000 원 |
| 산출세액 | | | | 165,093,600 원 |
| 지 방 세 | | | | 16,509,360 원 |
| 납부할 세액 | | | | 181,602,960 원 |

## 둘째, 환급금을 수령하는 경우

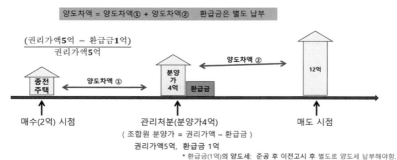

양도차액 = 양도차액① + 양도차액②  환급금은 별도 납부

(권리가액5억 − 환급금1억) / 권리가액5억

종전 주택 — 양도차액 ① — 분양가 4억 환급금 — 양도차액 ② — 12억

매수(2억) 시점          관리처분(분양가4억)          매도 시점
( 조합원 분양가 = 권리가액 − 환급금 )
권리가액5억, 환급금 1억
* 환급금(1억)의 양도세: 준공 후 이전고시 후 별도로 양도세 납부해야함.

양도차액 ① = (권리가액5억 − 취득가액2억 − 필요경비) X (권리가액5억 − 환급금 1억)/권리가액5억
= 3억X(4/5) =2.4억
양도차액 ② = 12억 − 4억 = 8억

이번에는 환급금을 수령하는 경우이다. 이때에는, 추가부담금을 납부하지 않고, 종전 주택만으로 아파트를 완성한 것이므로, 절차가 좀 더 간소하다. 우선, 종전 주택 매입가격과 관리처분 시까지의 양도차액①(즉 종전 주택 매입가격 2억과 권리가액 5억의 차액 3억에, 권리가액과 환급금을 안분한 금액((권리가액 5억−환급금 1억)×권리가액 5억)을 곱하여, 얻어진 차액)을 계산한다. 다음으로, 관리처분 시부터 매도 시까지의 양도차액②(즉, 분양가 4억과 매도가격 12억과의 차액 8억)을 계산한다. 이어서, 두 구간의 양도차액을 합산한 양도차액에 대해 보유기간에 따른 장기보유특별공제액과 기본공제를 차감해 주면, 과세표준을 구할 수 있다. 첫 번째와 다른 점은 장기보유특별공제를 합산양도차액을 구한 후에 한다는 점이다. 이는, 최초에 보유한 종전 주택이 최종적으로 아파트로 완성되었기 때문에, 최초부터 매도 시까지의 보유기간

이 그대로 인정되기 때문이다.

다만, 조합원 입주권의 매도 시점이, 관리처분 후와 준공 전 사이인 경우에는, 관리처분 이후 기간에 대해서는 보유기간이 인정되지 않으므로, 해당 기간에 대해서는 장기보유특별공제를 받을 수 없다.

그리고, 환급금에 대해서는 아파트 준공 후 이전고시공고일로부터 일정 기간 내에 양도세를 별도 납부 해야 한다.

다음은, 환급금을 수령하는 조합원 입주권의 실제 양도세를 계산해 본 사례이다.

| 관리처분 전 양도차익 | 취득시~ 관리처분시 | 취득가액 | 180,000,000 | 원 |
|---|---|---|---|---|
| | | 권리가액 | 603,150,000 | 원 |
| | | 환급금액 | 100,000,000 | 원 |
| | | 필요경비 (매수시 중개수수료 + 취득세) | 3,000,000 | 원 |
| | | 양도차액 | 350,490,711 | 원 |
| | | 비과세되는 양도차액 | 225,315,457 | 원 |
| | | ① 과세분 양도차액 ✔ | 125,175,254 | 원 |
| 관리처분 후 양도차익 | 관리처분시 ~ 완성후 매도시 | 매도가액 | 1,400,000,000 | 원 |
| | | 권리가액 | 603,150,000 | 원 |
| | | 환급금액 | 100,000,000 | 원 |
| | | 필요경비 (매도시 중개수수료 + 건물분취득세) | 10,000,000 | 원 |
| | | 양도차액 | 886,850,000 | 원 |
| | | 비과세되는 양도차액 | 570,117,857 | 원 |
| | | ② 과세분 양도차액 ✔ | 316,732,143 | 원 |

| ①+② 합산 양도차액 | | | 441,907,397 | 원 |
|---|---|---|---|---|
| 장기보유특별공제 ✔ | | 보유기간 | 거주기간 | |
| | | 10 년이상 | 3 년이상 | |
| | | 40 % | 12 % | |
| | | 합 계 | 52 | % |
| 기본공제 | | | 2,500,000 | 원 |
| 과세표준 | | | 212,115,516 | 원 |
| 세 율 | | | 35 | % |
| 누진공제 | | | 15,440,000 | 원 |
| 산출세액 | | | 58,800,430 | 원 |
| 지 방 세 | | | 5,880,043 | 원 |
| 납부할 세액 | | | 64,680,473 | 원 |

# 사전점검과 입주절차, 그리고 등기

# 1. 입주 전 사전점검

통상 입주예정아파트는 입주 30~50일 전에 사전점검을 실시하며, 시공사는 권리자(조합원, 일반분양자)에게 미리 우편 등으로 초대장을 발송한다. 사전점검이란, 권리자가 입주 전에, 본인이 분양받은 집에 대해, 시공이 잘되었는지를 미리 확인할 수 있는 기회이며, 이때에 하자를 확인하고, 하자보수를 신청하게 된다.

사전점검일은 아파트 규모에 따라, 조금씩은 다르지만, 보통 2~4일 간에 걸쳐 진행되며, 본인이 방문 가능한 날짜를 미리 예약하거나, 시공사에서 미리 지정해 주기도 한다. 또한, 사전점검일에 방문하지 못한 경우에도, 입주가 시작되면, 권리자는 임시방문을 통해, 하자체크와 하자보수를 신청할 수 있다.

사전점검 시에는 분양카탈로그, 포스트잇, 줄자 등을 준비하면 좋다. 분양카탈로그는 분양정보와 실제 자재 및 옵션에 따라 시공이 되었는지를 확인하기 위해 필요하고, 포스트잇은 시공사에서 지급하지만, 그것만으로는 부족할 수 있으므로, 별도로 준비하는 것이 좋다. 또한, 시공사에서 지급하는 하자 점검표에 따라 항목별로 하자 여부를 체크하면 좋다. 요즘은, 입주일 이후 발견된 하자를 사진을 찍어

핸드폰 앱으로 바로 전송할 수 있는 시스템을 갖춘 경우가 많다. 줄자는 입주 시에 가구나 가전제품의 배치를 구상하기 위해, 방, 거실 등 세부적인 치수를 미리 측정하는 데 필요하다. 최근에는, 하자 점검 전문업체에 의뢰하는 경우도 많다.

이렇게 신청된 하자는 통상 입주 전까지 보수를 해주지만, 보수가 안 된 부분은 다소 불편하겠지만 입주 이후에 처리하기도 한다.

사전점검이 끝나고 나면, 보통 이사를 위한 엘리베이터 사용예약을 하게 되는데, 입주 초기에는 입주가 일시에 몰리게 되어, 원하는 날짜와 시간에 엘리베이터 예약을 할 수 없는 경우가 자주 발생한다. 이는 엘리베이터 사용이 하루에 시간별로 3~4팀(세대)만이 이용할 수 있게 제한되며, 또한 입주자가 엘리베이터 사용예약을 못 하게 되면, 큰 낭패라는 생각에 일단 예약부터 하고 보자는 생각으로 몰려들기 때문이다. 하지만, 엘리베이터 사용예약을 못 했다고 하여, 이사를 못 하는 것은 아니다. 관리실에 동의를 구한 후에, 조금 불편하겠지만 이미 예약된 세대에 끼여서 엘리베이터를 사용하여 이사하거나, 마지막 타임 이사가 끝난 후 늦은 시간에 이사할 수 있다.

최근 대부분의 입주아파트에서는 사다리차를 이용해서 이사할 수 없다. 조경을 위해 단지 내부에 차량을 주차할 수 없도록 설계한 부분도 있지만, 거실 샷시나 침실 샷시가 시스템창호로 되어 있어, 샷시 문을 활짝 열 수 없으니, 이삿짐 자체가 창호를 통과할 수 없게 되어 있다.

아래의 이미지는 분양계약서에 포함된 하자보수 대상 및 그 책임기간에 관한 내용이다. 하자보수기간은 2년이라고만 알고 있는 중개사들이 많은데, 실제로는 하자의 종류에 따라 그 기간이 더 긴 항목도 있음을 상기하기 바란다.

## 하자보수대상 하자의 범위 및 하자보수 책임기간

■ 하자보수대상 하자의 범위 및 시설공사별 하자보수책임기간 (공동주택관리법 시행령 제36조 제37조 별표 4)
1. 하자의 범위: 공사상의 잘못으로 인한 균열, 처짐, 비틀림, 침하, 파손, 붕괴, 누수, 누출, 작동 또는 기능불량, 부착·접지 또는 결선불량, 고사 및 입상불량 등이 발생하여 건축물 또는 시설물의 기능·미관 또는 안전상의 지장을 초래할 정도의 결함
2. 시설공사별 하자보수 책임기간

| 구 분 | | 하자보수책임기간 | | | | 구 분 | | 하자보수책임기간 | | |
|---|---|---|---|---|---|---|---|---|---|---|
| | | 2년 | 3년 | 5년 | | | | 2년 | 3년 | 5년 |
| 1. 마감공사 | 가. 미장공사 | O | | | 9. 전기 및 전력설비공사 | 아. 배선공사 | | O | |
| | 나. 수장공사 | O | | | | 바. 전기기기공사 | | O | |
| | 다. 도장공사 | O | | | | 사. 발전설비공사 | | O | |
| | 라. 도배공사 | O | | | | 아. 승강기설비공사 | | O | |
| | 마. 타일공사 | O | | | | 자. 인양기설비공사 | | O | |
| | 바. 석공사(건물내부공사) | O | | | | 차. 조명설비공사 | | O | |
| | 사. 옥내가구공사 | O | | | 10. 신재생 에너지 설비공사 | 가. 태양광설비공사 | | O | |
| | 아. 주방기구공사 | O | | | | 나. 태양열설비공사 | | O | |
| | 자. 가전제품 | O | | | | 다. 지열설비공사 | | O | |
| 2. 옥외급수·위생 관련 공사 | 가. 공동구공사 | | O | | | 라. 풍력설비공사 | | O | |
| | 나. 하수소화설비공사 | | O | | 11. 정보통신공사 | 가. 통신·신호설비공사 | | O | |
| | 다. 옥외위생(정화조) 관련 공사 | | O | | | 나. TV공청설비공사 | | O | |
| | 라. 옥외급수 관련 공사 | | O | | | 다. 감시제어설비공사 | | O | |
| | 가. 열원기기설비공사 | | O | | | 라. 가정자동화설비공사 | | O | |
| | 나. 공기조화기설비공사 | | O | | | 마. 정보통신설비공사 | | O | |
| | 다. 냉방설비공사 | | O | | | | | | |

# 2. 사전점검일에
## 중개사가 해야 할 일

사전점검일에 중개사는 해야 할 일이 많다. 입주아파트를 중개하는 중개사도 실제로 아파트 내부를 본 적이 없으므로, 완성된 아파트 단지를 직접 볼 수 있는 좋은 기회이다. 사전점검일에는, 우선, 기존에 계약한 거래에 대해 매수인(명의변경이 완료되지 않은 매수인)이나 전월세 임차인도 본인들이 거주하게 될 집을 미리 보고 싶어 한다. 따라서 매도인과 매수인, 그리고 임대인과 임차인이 사전점검일에 만날 수 있도록, 시간 약속을 잡아줘야 한다. 중개사 입장에서 계약한 건들이 많아서 직접 시간 약속을 잡아주기 불편하다면, 양 당사자들에게 서로 연락해서 시간 약속을 잡으라고 사전에 안내해야 한다.

사전점검일이 다가오면, 사전점검 시에 집을 보고 임대를 놓을지 결정하겠다는 소유자들이 많아진다. 또한, 매수나 임차를 원하는 사람들도 직접 집을 보고 계약하겠다는 경우도 많다. 이러한 계약 가망고객들에게는 미리 사전점검일을 통지해 주고, 중개사와 동반해서 직접 물건을 보여줌으로써, 계약이 이뤄지도록 유도해야 한다.

또한, 사전점검일에는 사전점검을 마치고, 입주예정아파트 인근에 위치한 중개업소에 방문하여, 시세를 문의하고, 물건접수를 하는 집주인들이 많으므로, 사전점검일에는 아무리 바빠도 사무실에는 적어도 한 명의 근무자가 상주해야 한다.

사전점검기간이 종료되었다면, 매물장에서 사전점검 시에 보고 결정하겠다고 했던 집주인들에게 연락해서, 임대 여부를 바로 확인해야 한다.

# 3. 입주 시에
## 챙겨야 할 사항

① 입주안내문

입주안내문은 사전점검이 끝나고, 입주 1개월 전쯤에 나온다. 위에서 보는 바와 같이, 입주안내문에는, 입주지원센터의 운영방침, 입주절차, 수분양자의 분양대금과 옵션대금의 납부 방법, 취득세 납부 방법, 소유권보존(이전)등기 등에 관한 내용 등이 상세히 기재되어 있다. 입주안내문은 수분양자에게 우편으로 발송되며, 때로는 시공사 홈페이지에 게시되어 다운로드받을 수 있다.

실제 입주안내문의 목차

입주안내문에는 입주에 관한 모든 사항들이 상세히 기재되어 있으므로, 중개사도 반드시 사전에 내용을 숙지해 둬야 한다.

가끔은, 입주안내문을 임차인이 신청한 전세자금대출의 실행 은행에서 요청하기도 하므로 잘 챙겨뒀다가, 임차인이 요청할 시 송부하면 된다.

② 준공인가필증 또는 (임시)사용승인서

신축 아파트가 설계도면에 따라 완공되어, 그 용도에 맞게 사용하고자 하면, 시공사는 허가권자인 시장·군수 등에게 사용을 승인요청해야 하고, 허가권자가 현장 검사를 실시한 후에 완공된 아파트에 문제가 없다면 사용승인서(또는, 준공인가필증)를 교부한다.

그런데, 설계도면에 따라 전체 공사를 완료하지 못한 경우에도, 법에 정한 기준에 위반되지 않는 경우에 한해서, 임시로 사용할 수 있도록 하는데, 이때 임시사용승인서를 교부한다.

재개발 재건축 입주아파트에서 입주날짜가 예고되어, 소유자와 임차인이 이사 날짜를 확정하는 등의 입주준비를 하는 과정에, 입주날짜가 미뤄지게 되면, 큰 혼란을 야기할 수 있으므로, 입주에는 문제 없도록 임시사용승인서가 교부되는 경우도 종종 발생한다.

### ③ 이사예약 및 이사업체 선정

이사예약(엘리베이터 예약)은 좀 전에 설명했으므로 생략한다. 입주예정아파트에서 입주장을 하다 보면, 많은 이사업체들, 입주청소업체, 그리고 인테리어업체들이 명함을 주고 간다. 이들 업체들에 입주하는 임차인 등을 소개해 주면, 업체로부터 중개사는 소정의 소개료를 받을 수 있다. 하지만, 나와 같은 경우에는 이들 업체들을 별도로 추천해 주지 않는다. 추천은 잘해야 본전이라 생각하기 때문이다. 그래서 모아둔 이들 업체 명함들을 주면서 직접 상담을 받아보고 결정하라고만 안내한다.

④ 입주청소

시공사는 사전점검 전에 세대별로 기본적인 청소를 완료한다. 하지만, 통상적으로 입주청소는 입주 직전에 입주자(임대인, 임차인)가 개별적으로 한다. 입주청소비용은 임차인이 부담하는 경우와 임대인이 부담하는 경우가 있는데, 재개발 재건축 입주아파트에서는 입주장 특성상 전월세 가격이 주변 시세 대비 저렴한 관계로 임차인이 부담하는 경우가 더 많다고 볼 수 있다. 반면에, 임차인 구하기가 힘든 입주장에서는 임대인이 부담하기도 한다.

입주청소를 위해서는 입주 전에 입주청소를 하게 되는데, 이때에는 입주지원센터에 있는 임시방문처에 방문하면 된다. 이때, 임시방문처에서는 임대인의 신분증 사본 제시 및 임대인과 통화하고, 임대인의 동의를 얻으면, 입주청소를 위한 세대 방문을 허용한다.

⑤ 입주기간 중 (중개업소 등의) 임시방문

입주가 시작되면 중개업소는 입주지원센터 내 임시방문처에 임대인의 위임장을 제출하면(또는, 임대인과의 통화), 임시방문을 위한 키불출을 해준다. 다만, 임시방문처에서는 중개업소의 방문 시간을 제한하며, 경우에 따라서는 방문 횟수까지 제한하는 사례도 있다.

그리고, 전월세 계약을 한 임차인도 해당 세대에 입주청소 등을 위해 임시방문을 할 수 있다. 이때에는 임대인의 신분증 사본(주민등록번호 뒷자리 등을 삭제)을 임시방문처에 제시하면, 임시방문처에서는 임대인에게 전화해서 임차인 방문에 대한 동의를 문의한 후에, 임시방문을 허용한다. 따라서, 임차인이 입주하는 날과 입주시작일 사이에 임시방문을 할 수 있도록, 임대차계약서 작성 시에, 임대인의 신분증 사본을 임차인의 계약서 파일에 첨부해 주면 좋다.

# 4. 입주증과 입주키(key) 불출

　입주증은 입주지원센터에서 발급한다. 그런데 이 입주증을 받기 위해서는, 소유자(또는, 임대인)는 본인이 아파트에 대한 종국적인 소유권을 확보하기 위해 납부해야 할 항목들, 예컨대, 분양계약자(조합원과 일반분양자)는 이주비(조합원의 경우), 중도금대출금, 분양잔금, 관리예치금('선수관리비'라고도 함)을 모두 완납하고, 납부처리 한 해당 은행으로부터 각각의 납부영수증을 수령한 후에, 입주지원센터에 제출하면 된다. 입주지원센터는 임대인의 본인확인(대리인의 경우에는 본인의 위임장 제출)과 납부해야할 모든 항목들을 빠짐없이 납부하였는지를 확인한 후에 입주증을 발급한다.

　입주증을 수령한 후에는, 통상적으로 바로 옆에 위치하고 있는 키불출처에 입주증을 제출하면, 입주를 위한 세대 키와 각종 지급품을 받을 수 있다. 키불출처에서는 원칙적으로 입주증을 소지한 사람한테 입주키를 불출해 준다. 통상적으로 입주증은 소유자(또는 임대인)가 입주지원센터에서 수령 후 제출하지만, 임대인 사정으로 인해, 임차인이 키불출 하는 경우에도, 임대인으로부터 임차인이 입주증을 받아서, 제출하게 되면, 키불출이 가능하다(공인중개사가 입주증을 제출하고, 키불출을 받을 수 있지만, 허용하지 않는 입주단지도 있음).

# 5. 입주기간 도과 시 불이익

① 관리비의 발생

관리비는 입주기간 중이라 하더라도, 입주키를 불출받게 되면, 그 때부터는 실제 입주여부와 무관하게 관리비가 발생하기 시작한다. 따라서 실제 입주일 전에 입주키는 가급적 불출하지 않는 것이 좋겠다. 또한, 입주기간을 넘어서까지 입주잔금(이주비, 중도금대출금, 분양잔금 등)을 미납하게 되면, 입주기간 종료일의 익일부터는 자동으로 관리비가 발생하기 시작한다.

② 연체이자의 발생

입주기간이 종료하게 되면, 이제부터는 분양잔금 및 중도금대출금에 대하여 연체이자가 발생하게 된다. 만약, 중도금 무이자 조건인 경우라도 이때부터는 이자가 발생한다. 중도금대출금의 상환 지연의 경우에는, 해당 은행에 문의해서, 언제까지 상환해야 하는지 반드시 확인해야 한다.

한편, 분양잔금에 대한 연체이자는 분양 당시의 분양계약서에 그 내용이 작은 글씨로 명시되어 있다. 연체기간이 30일, 60일, 90일 초과 등으로 연체기간에 따른 이자율이 상이하다는 점에 유의해야 한다. 예컨대, 연체기간이 30일 이내에 5%, 60일 이내에 8%, 90일 이내에 10%라고 하면, 연체이자 계산식은 연체금액×이자율×(연체일수/356일)이다. 예를 들어보자. 분양잔금이 3억 원이고, 연체일 수가 70일이라고 하면, 이자율은 10%가 적용된다. 이를 계산해 보면, 3억×10%×(70일/365일)=약 575만 원이다. 생각보다 큰 금액이다. 혹시, 3억에 대해, 연체 1일 차부터 30일까지는 5%를 적용하고, 31~60일까지는 8%를, 61~70일까지 10%를 각 구간별로 계산하는 것이 아닌가 생각할 수도 있겠지만, 그렇지 않다. 연체된 전체 기간에 대해 10%를 적용한다. 그래서 우리가 생각했던 것보다, 큰 금액의 연체이자가 발생하며, 추가적으로, 중도금대출 이자도 고려해야 하니, 중개사는 입주아파트에서 연체 우려가 있는 분양자에게 자금 여력이 안 되어 입주를 못 한다면, 입주기간 종료 전에 임대차계약을 완료할 것을 재촉해야 한다.

# 6. 보존등기와 이전등기

시공사와 시행사가 동일한 택지개발지 내 신축 아파트의 경우에는 준공 직후에 등기가 완료된다. 반면에, 재개발 재건축 사업은 보통, 준공 후 수개월~1년 정도 지나 이전고시라는 절차를 거쳐서 등기가 완료된다. 특히, 재개발 사업지는 종전에 수많은 필지로 구성된 토지를 하나의 필지로 합필하는 과정, 그리고 토지의 경계 등을 명확히 해야 하는 과정으로 토지의 전체 면적을 확정하는데, 보다 긴 시간이 소요될 수 있다. 따라서 기존 토지의 필지와 면적이 사실상 고정된 재건축보다 재개발이 등기를 완료하는 데 시간이 좀 더 걸린다.

이전고시공고를 거쳐, 등기가 완료되는데, 조합원의 등기는 '보존등기'이고, 일반분양자의 등기는 '이전등기'이다. 보존등기는 해당 부동산에 관하여 최초로 이뤄지는 등기이고, 이전등기는 보존등기가 완료된 이후에 권리변동에 따른 등기를 말한다. 따라서 조합원은 최초 등기 명의자이고, 일반분양자는 재개발 재건축 조합 명의로 일단 보존등기가 완료되고, 이어서 일반분양자 개인 명의로 이전등기가 된다.

등기가 완료되면, 조합에서는 조합원에게는 완료된 등기권리증을 지급하고, 반면에 일반분양자는 본인이 직접 이전등기 절차를 밟아야 한다.

# 7. 환급금의 양도세

$$\text{환급금의 양도차액} = \text{환급금} - \text{취득가액} \times \frac{\text{환급금}}{\text{권리가액}}$$

환급금의 양도차액=환급금-취득가액×환급금/권리가액으로, 재개발 재건축 조합원 중에는, 종전 주택의 평가금액에 비례율을 곱해준 권리가액이 자신이 분양받은 아파트의 분양가격보다 높아서 환급금을 받는 경우가 있다. 그런데, 이 환급금에 대해서도 종전 주택으로부터 발생한 수익이므로 양도세를 내야 한다. 환급금에 대한 양도세는 종전 주택을 매도하지 않고 보유하고 있는 조합원이라 하더라도, 환급금에 해당하는 금액을 조합에 매도한 것으로 간주해서, '이전고시공고일' 기준으로 양도세를 납부해야 한다. 즉, 이전고시공고일이 속하는 달의 말일로부터 2개월 이내에 신고납부해야 한다. 예컨대, 이전고시공고일이 1월 10일이라고 하면, 3월 말까지 신고납부해야 한다.

환급금은 이전고시공고일을 기준으로 환급금의 비과세, 일반과세,

중과세 여부를 판단하게 되는데, 만약, 이전고시공고일 현재 다주택자인 경우에는 양도세 중과세를 받을 수 있으니 주의해야 한다.

그런데, 문제는, 환급금의 양도세 납부의무자가 관리처분 시점의 조합원이라는 점이다. 관리처분 이후 입주권인 상태에서 매도한 경우에, 조합원은 입주권에 대한 양도세를 납부하고, 수년의 시간이 흐른 시점인 '이전고시공고일'에 환급금에 대한 양도세를 별도로 납부해야 한다는 점이다. 상황이 이러하니, 입주권을 매도하고, 그에 상응하는 양도세를 납부하고, 이전고시가 완료될 때까지 기다렸다가 양도세 신고를 해야 한다는 점이다. 입주권을 매도한 조합원의 입장에서는, 전혀 생각지도 못한 양도세를 내야 한다는 느낌을 지울 수 없을 것이다.

# 10장

# 고객응대 노하우

# 1. 입주장에만 전념하라

　나는 입주장을 하기 위해 사무실을 오픈하면, 입주장 이외 물건에 대해서는 거의 신경 쓰지 않는다. 사무실 주변의 단독, 다가구, 빌라 소유자나 임차인이 매물을 접수하러 방문하는 경우에도, 그리고 해당 종류의 물건들을 찾는 고객이 방문하는 경우에도 상담 시간을 최소화하고, 심지어는 매물장에 적어두지 않는 경우도 많다. 한편으로는 죄송하다는 생각도 들긴 하지만, 입주장을 하러 왔으니, 입주장에 집중하기 위해서다. 표적고객이 아닌 고객의 방문으로 소모한 시간으로 인해, 오늘 하루 목표한 일과를 달성할 수 없을 수도 있다.

　나는 사무실을 오픈하고는, 주변의 중개업소에 방문하는 횟수도 필요한 경우를 제외하고는 최소화한다. 친분이 쌓이다 보면, 주변 중개업소에서 나의 사무실에 와서는 소소한 잡담을 하다 보면, 시간이 훌쩍 지나가 버린다. 심지어는, 입주장 관련 질문도 많이 받게 되는데, 친분이 쌓이면 답변을 안 해주기도 그렇고, 난처한 상황이 벌어질 수도 있다. 당연한 생각이지만, 경쟁업체에게 노하우를 가르쳐 준다는 것도 쉬운 일은 아니다. 또한 함께 사무실에서 일하는 직원분들에게도 경쟁업체만 이롭게 하는 것이므로 최대한 삼가기 위함이다.

# 2. 고객에게 질문하라

　부동산 일을 시작한 지 어느덧 20년이 다 되어간다. 중개업은 사람들을 상대하는 직업으로, 최대한 높은 가격으로 매도하고자 하는 매도인과 최대한 낮은 가격으로 매수하고자 하는 매수인, 즉 서로 이해관계가 상반되는 양 당사자를 설득하여 중재하는 역할을 주 업으로 한다. 결국, 사람 상대로 시작해서 사람 상대로 끝이 난다. 그렇다 보니, 상대방과 조금만 이야기를 해봐도 그 사람의 성향을 금방 파악할 수 있다. 하지만, 나의 첫 직감만을 너무 믿지 말고, 고객에게 질문하기 바란다. 이 점은 아주 중요하다.

　중개업 초기에 나는 재개발 지역에서 중개업을 시작했다. 열심히 재개발 재건축 관련 법인 도시및주거환경정비법을 독파하고, 나름대로 지역분석, 투자분석 등을 통해 충분한 지식으로 무장했다고 생각했다. 주변 중개업소 대표님들로부터 고객에게 브리핑을 정말 잘한다는 얘기도 자주 듣곤 했다. 하지만, 말 그대로 브리핑만 잘했던 것이다. 친절하게 고객이 질문하지도 않은 수많은 정보를 전달했다. 1시간이고 2시간이고, 열정을 다해 설명했다. 그런데 고객은 마지막에 "설명 잘 들었습니다. 감사합니다"라고 말하고는 사무실에서 떠나갔다.

나는 고객에 대한 정보를 제대로 파악도 하지 못한 채, 고객이 계약 가능한 진정한 고객인지, 단순히 시세만 알아보러 방문한 고객인지도 확인하지도 않았던 것이다. 열심히 브리핑 후 사무실 밖을 나서는 고객의 뒷모습을 보면서, 오늘 내가 또 뭘 한 거지? 허무함이 밀려드는 날들이 많았다. 이 책을 읽는 독자라면, 절대 나와 같은 실수를 저지르지 않기 바란다.

내가 항상 직원들에게 강조하는 것들 중 하나가 고객을 차별화하라는 것이다.

방문하는 모든 사람들이 진정한 고객은 아니다. 바로 계약해야 하는 사람이 있는 반면에, 그냥 시세나 알아보자는 심산으로 방문하는 사람들도 많다. 계약 가능성이 희박한 손님을 상대로 아무리 좋은 물건을 소개해도 어차피 지금 바로 계약이 불가능하고, 결과적으로 헛수고만 하게 된다. 그래서 손님을, 지금 바로 계약해야 하는 사람, 할 수 있는 사람, 할 계획이 있는 사람, 계약 불가능한 사람을 구분해서 차별화해야 업무 효율을 높일 수 있다. 우리는 고객을 반드시 차별해야 한다. 차별하기 위해서는 고객을 최대한 빨리 파악해야 한다. 고객을 파악하기 위해서 무엇이 필요하겠는가? 맞다. 고객에게 지속적으로 질문하는 것이다. 현재 가용 자금은 얼마나 되는지, 거주하는 집을 매매나 전세계약을 했는지, 투자 경험은 있는지, 투자 가능 시기는 언제인지, 어디에 거주하고, 가족관계는 어떻게 되는지 등등 소소한 것이라도 최대한 많은 질문을 해야 한다. 특히, 자금 여력은 정확하게 말하지 않는 경우도 많다. 곧이곧대로 믿지 말고, 대화하는 중에 또는 물건을 소개하는 과정에서 고객의 말과 행동에서 지속적으로 파악하도록 노력해야 한다.

심리학적 관점에서 보면, 질문을 받아 그에 대답하는 사람은 기분이 좋아진다고 한다. 그러니, 실례가 되지 않는 선에서 적극적으로 질문을 던져라. 고객에게 질문을 던져서 기분을 좋게 만들고, 계약에 이르도록 노력해야 한다. 가벼운 질문으로는, 지금 보고 있는 집에 산다면 출퇴근이 얼마나 편리하겠어요? 여기 거실에서 아이가 학교에 통학하는 모습을 볼 수 있지 않겠어요? 등 고객이 지금 소개받은 물건을 계약함으로써, 얻을 수 있는 이로움을 질문의 방식으로 바꿔, 그에 대한 긍정적인 대답을 얻는다면, 고객은 해당 물건에 점점 긍정적인 마음을 갖게 될 것이다.

고객과 상담 중에, 고객과 나의 생각이 일치하지 않는 상황도 있다. 이때에는 무턱대고 나의 생각이 맞다고 강하게 주장하기보다는, 고객의 주장에 가급적이면 맞장구를 쳐주며 동의해 주고, 이후에 자신의 주장을 고객이 이해할 수 있도록 합리적으로 설명해 줘야 한다. 그래야, 고객은 반감 없이 받아들일 것이다.

브리핑을 듣는 고객이 부부와 같이 다수인 경우에는, 우선적으로 결정권자가 누구인지 잘 파악해서 공략해야 한다. 대화 중에 결정권자의 기분을 파악하고, 가벼운 칭찬을 아끼지 말고, 눈을 마주치기 바란다. 클로징도 당연히 결정권자라고 생각되는 사람에게 해야 한다.

# 3. 공짜 커피를 주지 마라

"어서 오세요~ 여기 앉으세요~ 커피 한 잔 드릴까요?"

많은 중개사님들 중에는, 손님이 사무실 문을 열고 들어와, 테이블에 앉자마자, "커피 드릴까요?"라고 습관적으로 물어보는 분들이 있다. 그러면, 손님은 고민을 하거나, 즉각적으로 커피를 달라고 한다. 중개사는 고객이 방문했으니 기쁜 마음에 커피를 주고, 상담을 시작하려고 하는데, 아뿔싸, 그 손님은 진정한 고객이 아닌 경우가 허다하다. 손님은 커피를 받았으니, 뜨거운 커피를 다 마실 때까지 마주 앉아 이런저런 대화를 하게 된다. 결국, 중개사는 그 손님이 사무실을 떠날 때까지 본인의 아까운 업무시간만 허비한 꼴이 된다. 또한, 손님에게 커피를 주면, 나도 커피를 마시고 싶은 충동이 들게 되어, 하루에도 몇 잔의 커피를 마시게 되면, 건강에도 좋지 않다.

그러니, 절대로 사무실에 들어오는 고객에게 커피를 제공하지 마라. 나 같은 경우에는 계약하러 온 고객에게도 커피를 제공하지 않는다. 고객이 정말 커피가 마시고 싶다면 본인들이 알아서 요구한다.

커피를 제공하는 것으로, 서비스를 시작하지 마라. 손님은 커피를 마시러 온 것이 아니다. 고객이 원하는 물건을 찾기 위해 방문한 것이니, 전문적인 브리핑으로 고객의 궁금증과 투자에 대한 불안감을 해소하는 데 역점을 둔 진정한 서비스를 제공해야 한다.

# 4. 전화문의 고객을
# 빠르게 계약시키는 기법

　최근, 부동산의 전반적인 흐름은, 고객이 사전에 인터넷을 통해 시세 등에 대한 충분한 사전 지식을 습득한 후에, 전화로 연락하는 경우가 대부분이다. 그만큼 순수 워킹 손님은 소수라고 봐도 무방하다.

　전화문의 손님에게는 최대한 아파트에 대한 전반적인 브리핑은 줄이고, 물건에 대한 직접적인 브리핑을 해야 한다. 그래서 현재 입주장에 나와 있는 물건들을 명확하게 파악하고 있어야 한다. 평형별 정확한 시세와 최저 가격을 설명하고, 고객이 원하는 물건을 바로 소개해 줘야 한다. 고객의 전화를 받고, 대략적인 설명을 한 후 전화를 끊고, 물건을 찾아서 전화드리겠다는 식으로 마무리하지 말기 바란다. 고객은 나에게만 연락하지 않는다. 그들은 우리를 기다려 주지 않는다. 나와 전화를 끝낸 고객은 바로, 또 다른 중개업소에 연락해서 자신이 원하는 물건이 있는지 찾는다. 그사이 내가 물건을 찾아 연락하면, 계속 통화 중인 경우가 허다하다. 그러니, 처음 전화가 왔을 때, 바로 고객에게 최상의 물건을 소개할 수 있을 정도로 물건 파악을 확실하게 해둬야 한다. 내가 뭐라 했나. 입주장은 스피드 싸움이라고 하지 않았는가.

그러니, 평소에 평형별로 최상의 물건을 분류해서 정리해 두거나, 머릿속으로 암기하고 있어야 한다.

# 5. 고객이 원하는 물건을 찾는 기법

중개업을 하다 보면 느끼는 것이지만, 고객이 찾는 물건이 현재 내가 확보한 매물들 중에는 없는 경우가 허다하다. 과거 시세의 물건을 찾거나, 하필이면 딱 맞는 물건이 어제 계약이 됐거나 한다. 이때 가장 중요한 것은 고객의 생각을 빨리 읽어낼 수 있는 센스이다. 고객이 원하는 물건을 찾기가 현재 시점에서는 도저히 불가능한지의 여부는, 지금까지 물건작업을 잘해왔다면, 어렵지 않게 알 수 있다. 이때에는 최선인 대안의 물건을 찾아서 소개해야 한다. 대안의 물건을 찾을 때에는, 우선 고객과 대화한 내용에서 유추해야 한다. 그러기 위해서는 고객과의 대화 중에 고객에 관한 정보를 최대한 많이 이끌어 낼 수 있도록, 다양한 질문들을 해야 한다. 찾는 물건의 가격부터, 가족관계, 특정 동호수 물건만을 찾는다면 그 이유, 방향, 입주시기, 대출여부 등 최대한 많은 질문을 통해 고객의 현재 상황을 잘 파악해야 한다. 그래야, 고객이 직접적으로 말하지는 않았지만, 고객이 원하는 물건 그 이상의 대안의 물건을 빨리 찾아, 해당 물건을 고객에게 제시할 수 있게 된다.

그리고, 고객이 원하는 물건을 찾았다 하더라도, 고객이 그 물건을 바로 계약할 것으로 생각해서는 안 된다. 그 물건 이외에도 괜찮은 물건 2개 정도를 추가해서 제시하는 것이 좋다. 고객의 말만 믿고, 딱 맞다고 생각하는 하나의 물건만 제시하는 경우보다, 고객이 선택할 수 있는 선택권을 부여하여, 결정하게 해야 한다. 선택지가 너무 많아도 좋지 않다. 중개업을 하면서 집을 보여줄 때도 그렇지만, 너무 다양한 물건은 고객이 결정을 내리는 데 방해 요소만 될 뿐이다. 선택지가 아무리 많다 해도, 3가지로 한정하자.

# 6. 고객의 마음을 사로잡는 상담 기법

완벽한 브리핑보다 선행해야 하는 것이 바로, 고객에게 양질의 질문을 던지는 것이다. 질문하는 능력은 대단히 중요하지만, 대부분의 중개사들에게 소홀히 여겨지는 기술이다. 평생을 살면서 질문하는 기법에 대해 배운 적이 없으니, 그 중요성조차 인지하지 못하는 것이 당연하다.

고객과 마주 보고 상담하면서 할 수 있는 멘트에는 어느 것들이 있는지 예를 들어보자. 고객과 마주 앉아 지역 브리핑과 물건 브리핑을 시작하기 전에, "어떤 물건을 찾고 있나요?", "투자 가능 금액은 얼마인가요?", "현재 거주하는 집은 매매하신 건가요?", "투자 경험은 있나요?", "대출은 얼마나 받나요?", "지금 거주하는 곳은 어디인가요?", "갭투자가 목적인가요? 아니면, 실거주 목적인가요?" 등의 질문을 기본적으로 생각해 볼 수 있다. 이러한 기본적인 질문을 바탕으로, 고객의 현재 상황에 맞는 맞춤형 상담이 가능해진다.

이번에는, 고객과 집을 보러 갔다고 설정해 보자. 이때 해야 하는 질문은 "TV와 소파는 원래는 여기에 두어야 하지만, 거실 조망을 더욱 잘 누리기 위해서는, 소파의 위치를 이쪽 방향으로 하는 게 좋을 것 같네요. 그렇지 않나요?", "이쪽 베란다 공간에 세탁기를 놓는 게 좋겠지요?", "안방 침대는 동쪽 방향으로 배치하는 게 편안한 잠자리를 위해서 좋겠지요?" 등과 같이, 고객이 이미 계약한 것으로 간주하는 식의 질문을 던져야 한다.

그리고, 클로징 바로 직전의 멘트로서, "고객님 『백만장자 시크릿』이란 책을 보면 '집을 사기 위해 기다리지 말라. 집을 사고 나서 기다려라'라는 말이 있습니다. 고객님의 과거부터 현재까지의 경험으로 봤을 때, 이 말에 대해 어떻게 생각하시나요?"와 같이 질문한다면, 대다수의 고객은 충분히 공감을 표시할 것이다. 고객의 공감을 얻었다면, 바로 클로징 단계로 돌입하라.


위와 비슷한 실제 사례를 들어보겠다.

서울의 모 입주장에서 일할 때의 일이다. 당시의 입주장은 대단지 아파트 단지로 여러 명의 실장님들과 함께 일하고 있었다. 다른 실장님은 열심히 일을 하는데도, 결과물(계약성사율)이 그리 좋지가 않았다. 그런데, 이제 막 중개업을 시작한 신입 실장님은 좀 달랐다. 그 신입 실장님과 집을 보러 간 고객은 신기하게도 대부분 계약을 하는 것이다. 부동산 경력이 무척이나 많았던 나로서도 이해할 수 없을 정도로 계약성사율이 높았다. 그래서 이 신입 실장님께 "실장님은 어떻게 하기에, 고객과 집만 보고 오면 계약을 하나요?"라고 물어봤다. 이 신입 실장님의 답변에 나는 크게 놀라지 않을 수 없었다. "저는 고객과 집을 보러 가면, 이 고객이 이미 이 집을 계약했다고 간주하고, 설명합니다". 그러니깐 이 신입 실장님은 고객이 이미 계약을 한 것으로 간주했으므로, '고객이 계약을 안 하면 어떡하지?'에 대한 두려움이 전혀 없었던 것이다. 그리고 고객이 이 집을 계약함으로써 누릴 수 있는 장점들을 언급하는 것이었다.

물건 브리핑 시에도, 물건을 직접 보러 가는 중에도, 그리고 물건을 보고 나오는 중에도, 고객이 이미 계약서에 도장을 찍었다라고 간주하길 바란다. 모든 일련의 과정 중에 거듭해서 고객이 계약을 할 거라 간주해야 한다. 그러면, 고객 또한 자신도 모르는 사이에 나의 물건으로 계약하게 되는구나 하고 느끼게 될 것이다. 세계적인 베스트셀러인 론다 번의 『시크릿』에서의 끌어당김의 법칙과 같이, 내가 고객에게 나의 물건으로 계약한다는 신호를 지속적으로 강렬하게 보낸다면, 고객의 잠재의식에 영향을 미치게 되어, '계약한다'라는 메시지가 고객에게 전달될 것이다.

고객 상담 스킬을 키우는 방법 중에 하나가, 고객과 실제로 상담한 내용을 녹음해서 들어보는 것이다. 제3자가 돼서 들어보면, 고객 상담과정에서 나의 목소리 톤은 어떠했는지, 상담과정에서 고객의 의중을 파악하는 질문을 던졌는지, 고객의 궁금증을 충분히 해소시켰고, 호기심을 자극했는지 등 자신의 문제점이 무엇인지를 인지할 수 있게 된다. 필요하다면, 사무실 직원이나, 지인에게도 들려주고, 문제점을 지적해 달라고 부탁해 보자. 발견된 문제점은 즉시 수정·보완해서 보다 완벽한 고객 상담이 될 수 있도록 하자.

지금까지, 고객 상담 스킬을 상세히 설명했다. 요약하면, 고객에게 이런저런 설명을 장황하게 먼저 늘어놓지 말고, 좋은 질문을 던져서,

고객의 현재 상황과 내심의 의사를 파악해야 한다. 반드시 밖으로 드러나지 않는 동기를 밝히는 데 집중해야 한다. 고객과 처음 대화를 시작하는 몇 초, 몇 분 내에 고객의 말과 행동에서 어떻게 반응하는지를 면밀히 분석해서, 고객의 진정한 의사를 파악하자. 또한, 고객에게 물건 브리핑 시에, 고객의 궁금증과 불안감을 충분히 해소할 수 있도록 자료와 설명을 통해 믿음과 신뢰를 제공해야 한다. 그리고 상담에서부터 집을 보여주는 일련의 과정에서 고객이 이미 계약을 했다고 간주하고, 상황에 따른 멘트를 날려야 한다.

우리가 아무리 완벽한 브리핑과 물건을 소개했더라도, 고객은 다음 날이 되면, 어제 들은 물건의 장점의 상당부분을 잊어버린다. 그리고 매수하고 싶다는 의욕도 점차 식어간다. 시간이 지날수록 내가 브리핑한 물건은 기억에서 멀어지고, 그 물건을 소유하겠다는 필요성 또한 시들해진다. 이후, 나의 연락도 회피하고 결국엔 내 기억에서도 사라진다.

우리는 반드시 기억하고 실천해야 한다. 고객 상담(브리핑)을 진행하는 중에, 그리고 상담이 끝난 직후에, 끊임없이 클로징을 해야 한다. 사무실을 떠난 고객은 다시 돌아오지 않는다고 각오해야 한다. 시간이 흐를수록 거래 가능성은 낮아진다. 고객이 지금 내 눈앞에 있을 때, 고객의 열정도 최고조에 이른다는 것을 명심하기 바란다.

# 7. 계약에 이르게 하는
## 실전 클로징 기법


완벽한 고객 상담을 통해, 고객의 구매 욕구를 최대로 끌어올렸다면, 바로 클로징을 해야 한다.

고객을 도와준다는 마음으로, 고객 브리핑과 함께 클로징을 해야 한다. 좋지 않은 물건을 좋은 물건으로 포장해서 거래하는 데에는 한계가 있다. 자신의 속마음과 다른 행동으로는 꾸준히 일을 잘할 수 없다.

중개사는 계약을 체결하면 수수료를 받는다. 그런데, 수수료는 거래금액에 비해 큰 비중이 아니다. 부동산 거래로 인해 발생하는 투자수익은 대부분 수수료에 비할 바가 아니다. 즉, 고객의 문제(투자수익)를 해결하도록 돕고자 하는 우리의 제안(좋은 물건)에도 계약에 이르지 못한다면, 우리와 고객 둘 모두의 손해지만, 고객의 손해가 더 큰 것이다. 그러니, 고객이 원하는 결과를 얻도록 최선을 다해 도와준다면, 당신도 중개업에서 원하는 모든 것을 달성할 수 있다.

이제, 입주시작 전과 후로 나눠서, 고객응대에 따른 클로징 방법을 설명하겠다.

입주가 시작되기 전까지, 입주예정아파트 단지 내에 들어가 물건을 직접 볼 수는 없다. 어쩌면 볼 수 없다는 점에서 고객에게는 단지와 집 내부에 대한 궁금증을 해소할 수 없다는 단점이 될 수 있지만, 다른 한편으로, 중개사의 입장에서는 고객과 직접 물건을 보러 다닐 필요가 없으므로, 그 시간을 아낄 수 있다. 그래서 이때에는 고객에게 이미지로 물건을 거래시켜야 한다. 이미지로 거래시키기 위해서는 말로써 잘 설명해야 하고, 어느 정도의 포장 기술도 필요하다. 물건을 잘 포장하기 위해서는, 입주예정아파트 단지에 대한 깊이 있는 분석과 객관적인 장점들을 완벽하게 파악하고 있어야 한다. 입주예정아파트 단지의 커뮤니티시설에는 어떤 것들이 있으며, 대중교통은 어떻게 이용하면 좋은지, 단지별 학군은 어떻게 되는지, 학원가와 주변의 백화점, 대형마트, 쇼핑몰 등 편의시설들은 어디에 있는지, 각 타입별, 방향별, 층별 장단점은 무엇인지 확실히 파악해 둬야 한다. 그래야, 고객에 대한 나의 브리핑에 자신감이 표출되고, 그 자신감이 고객에게 그대로 전달된다.

입주가 시작되면, 계약하고자 하는 집을 방문해서 직접 볼 수 있으므로, 이때에는, 고객에게 가급적이면 가능한 3개의 물건을 보여주면 좋다. 가장 좋은 거 하나, 다소 괜찮은 거 하나, 그리고 조금 부족한 거 하나. 그 이상 보여주면 고객이 결정하는 데 오히려 혼동만 일으킨다.

나는, 고객과 집을 보러 이동하는 중에 지속적으로 부동산 시장상황, 시중금리, 집단대출 및 전세자금대출 방법, 그리고 세상 사는 이야기 등을 주제로 대화하면서, 긴장감을 풀어주려고 노력한다. 물건에 대해서는 시시콜콜 말하지 않는다. 물건을 보면서는 진실되게 장단점을 설명한다. 그리고 내가 계약시키고자 하는 물건은 확실히 강조해서 비교·설명한다.

한편, 고객이 부부이거나, 가족관계인 경우에는, 결정권자가 누구인지를 파악해서, 마지막 집을 보고 나오면서, 바로 최종 클로징을 한다. 클로징은 끊임없이 하는 게 좋으며, 많이 했다고 해서 손해 볼 일은 결코 없다. 고객이 싫어할 거라 속단하지 말고, 클로징하라.

자 이제 다음의 문장을 따라 해보자. 그리고 실전에서도 반드시 실행해 보자.

"방금 본 집은 어떠셨나요? 제가 재촉하는 것 같이 느껴질 수도 있지만, 빨리 결정하시는 게 좋을 것 같습니다. 오늘 가계약금이라도 입금하시는 게 어떠실까요? 집이 가격 대비 워낙에 좋다 보니, 오늘만 해도 두 팀이 이미 보고 갔습니다. 이 정도 가격에 더 이상 좋은 집을 찾기는 힘듭니다. 진행하실까요?"

이 멘트가 진부하다고 느끼는가? 하지만, 고객을 재촉하지 않으면, 그들은 쉽게 실행에 옮기지 않는다. 내가 설명하고 보여준 물건을 계약함으로써, 명확히 고객에게도 이익이 된다는 것을 우리 스스로 믿어야 한다. 내가 지금 당장 계약에 이르도록 고객의 결정을 돕지 않는다면, 고객은 본인이 원하던 집을 소유할 수 있는 좋은 기회를 놓치게 되고, 또다시 시간과 비용을 낭비해야 한다.

긍정적인 답변을 한 사람은 긍정적으로 또 다른 답변을 한다. 그래서 고객에게 브리핑하는 중에 질문을 할 때에, 지속적으로 긍정적인 답변을 하도록 유도하는 질문을 던지면, 거래를 진척시키는 데 도움이 된다. 예컨대, 거실에서의 경치가 좋다면, "여기, 거실에서 바라보는 경치가 정말 좋네요. 그렇죠?", 주방 구조가 잘 빠졌다면, "주방이

주부가 이용하기에 너무 편리하고, 멋진 구조네요. 그렇죠?", "가격이 조금 높아서 그렇지만, 모든 면에서 앞에 봤던 집보다는 확실히 좋네요. 그렇죠?". 객관적으로 누가 봐도 사실인 점을 강조하면서, 이와 같이 질문한다면, 대부분의 고객들은 "네"라고 자동적으로 답변하게 된다. "네"라는 답변은 자신도 모르게 해당 물건에 대한 긍정적인 생각을 갖도록 유도한다. 또한, 부부가 함께 집을 보는 중에, 한 명에게 위와 같이 질문하고, 대답을 하게 되면, 그 대답을 듣는 배우자에게도 긍정적인 심리적 영향을 미치게 된다. 여러분들도, 고객으로 하여금 긍정적인 답변을 하게 만드는, 자신만의 멘트를 만들어 보기 바란다.

이번에는, 고객이 원하는 가격대에 마땅한 물건이 없어, 예산을 조금 초과하는 비싼 물건을 거래해야 할 때에, 고객을 설득하기 위해서, 고객이 얻을 수 있는 이익이 어떤 것이 있을까 생각해 보자. 우선, 비싸지만 좋은 집을 구매함으로써, 더 좋은 교통 편의성, 더 좋은 조망권, 더 좋은 학군 등의 누릴 수 있는 혜택을 설명하고, 두 번째로, 싼 집을 구매했을 때 받는 실망감을 설명하고, 세 번째로, 가장 좋은 동호수 물건에 거주한다는 자부심을 부각시키고, 끝으로, 내가 처분하고자 하는 시점에 편하게 매도할 수 있다는 장점을 부각시켜 보자. 그리고는, 다시 클로징을 시도하자.

완벽한 브리핑과 고객의 반응도 좋아서, 고객이 지금 바로 계약할 것 같았는데, 최종 결정의 순간에 계약을 미루는 경험을 자주 하게 된다.

"죄송하지만, 좀 더 생각해 봐야 할 것 같아요"

"한 번 보고, 결정하기에는 부담되네요"

"하루 더 생각해 보고, 내일 다시 오겠습니다"

"명함 주시면, 결정해서 연락드리도록 하겠습니다"

"집에 가서, 가족이랑 상의하고 연락드리겠습니다"

고객이 이러한 멘트를 하는 이유는 무엇일까? 바로, 물건에 대한 불안감이 존재하기 때문이다. 결국, 중개사는 그 불안감을 해소하는 확신을 심어주도록 도와줘야 한다. 고객이 원하는 물건을 정확히 소개했음에도, 고객은 가끔 주저하고, 결정을 미룬다. 혹시라도 자신이 잘못된 결정을 내리는 것은 아닌지, 두려워하는 것이다. 그 두려움 때문에, 어떠한 것도 하지 않는, 즉 계약하지 않는 선택을 하게 되는 것이다. 그럼, 계약을 미루는 고객에게 확신을 심어주도록 어떻게 도와줄 수 있을까를 고민해 보자. 우선, 내가 소개하는 물건이 고객에게 얼마나 큰 이득을 주는지 명확히 설명한다. 물건이 가격에 비해 월등히 높은 가치를 지니고 있음을 설명해야 한다. 가치에 대한 확신이 물건에 대한 불안감을 해소해 준다. 그리고 내가 제공하는 서비스(물건 분석, 계약의 안전성, 계약 이후의 책임감 등)에 대한 신뢰도를 높여야 한다.

유사한 상황을 설정해 보자. 예컨대, 고객이 "방금 본 집이 너무 마음에 들어요. 하지만, 결정을 하기 전에 다시 한번만 집에 가서 배우자랑 상의해 보고 싶어요. 며칠 내로 꼭 연락드리도록 하겠습니다"라고 말했다고 하자. 일부 중개사들은, 만족하지만 최종 결정을 미루는 고객에게 클로징 압력을 가하게 되면, 싫어할 거라는 선입견을 갖고 있다. 하지만, 이는 잘못된 생각이다. 좋은 물건을 앞에 두고 계약을 성사시키지 않게 되면, 중개사인 나도 손해지만, 고객에게는 더 큰 손해이다. 그러니, 고객에게 강하게 클로징 멘트를 날려야 한다. "아시겠지만, 지금 보신 집은 너무 좋은 물건입니다. 제가 단순히 계약을 재촉하는 것으로 보일지는 모르겠지만, 오늘 계약하시고 가시는 것이 좋을 것 같습니다. 이 정도 가격에 이만한 물건은 다시 찾을 수 없을 것입니다. 이 집을 절대로 놓치지 않으셨으면 합니다. 마음에 드신다고 하셨으니, 가계약금이라도 걸어두도록 하세요"와 같이, 고객을 도와준다는 마음으로 클로징에 임해야 한다.

이번에는 고객 유형에 따라, 고객의 자존감을 높여주면서, 계약을 성사시키는 방법을 보자. 고객의 자존감을 높여주는 멘트는 계약성사율을 높인다. 예를 들어, "이렇게 유명하신 분을 고객으로 맞이하게 되어 영광입니다", "투자 경험이 저보다 많으신 것 같으니, 설명을 드리는 저 또한 마음이 편하네요", "들어올 때부터 느낌이 참 좋았습니다"와 같이, 상대방을 치켜세워 주는 멘트는 거래를 성사시키는 데 크게 도움이 된다.

고객이 기혼 남자인 경우에는, "고객님처럼, 물건을 잘 보실 줄 아는 분을 만나서 설명하게 되니, 확실히 설명 자체가 쉽네요" 또는, "어떤 분들은 와이프와의 상의 없이는 결정을 못 내리는 분들도 많은데, 역시 고객님처럼, 부동산 경험이 많으신 분은 다르네요"와 같은 멘트를 준비해 보자.

고객이 기혼 여자인 경우에는, "불과 몇 년 전만 해도, 여자가 혼자 부동산 구매 결정을 내린다는 게 쉬운 일이 아니었는데, 요즘 여성분들은 사모님처럼 남편분과 상의 없이도 부동산 거래를 쉽게 결정하는 분들이 많아졌습니다"와 같은 멘트를 준비해 보자.

고객이 연륜이 있는 경우에는, "선생님처럼, 사회적인 경험도 풍부하시고, 총명하신 분을 만나게 되니 영광입니다. 요즘 젊은 친구들은 모든 결정을 배우자랑 상의해야 한다며 쉽게 결정을 못 내리고는, 좋은 기회를 날려버리게 되더라고요"와 같은 멘트를 준비해 보자.

위의 예시적인 멘트와 같이, 고객의 자존감을 높여주는 멘트를 적어두고, 자주 반복해서 실천하다 보면, 어느 순간부터는 자연스럽게 숙달되어, 입 밖으로 나오게 될 것이다.

끝으로, 인간에게는 손실 회피 편향이라는 것이 존재하는데, 즉, 사람에게는 자신이 얻은 것의 가치(즐거움, 행복감)보다, 잃어버린 것의 가치(상실감)가 더 크다는 것이다. 그래서 투자로 인해 1억 원의 수익을 얻어서 발생하는 만족감보다, 1억 원을 잃어버려서 느끼게 되는 상실감이 훨씬 고통스럽다는 것이다. 이러한 손실 회피 편향이 가장 극적으로 나타나는 분야가 주식시장이다. 나와 같은 경우에도, 주당 110달러에 산 주식이 10% 상승했을 때는 기분이 좋았고, "역시 나는 주식을 잘 볼 줄 안다니까"라고 만족해했다. 그러던 어느 날, 이 주식이 급락해서, 30% 이상 떨어졌지만, 다시 반등할 거라는 막연한 기대감과 근자감으로, 손실의 고통을 참았다. 그런데 그 후 주식은 더 하락해서 50%가 넘는 손실을 봤지만, 그때에도 나는 손실을 인정하고 싶지 않아, 추가 매수를 했지만, 결국엔 더 큰 손실을 입은 경험이 있다. 이후로 나는 다시는 주식투자에 손도 대지 않는다.

이러한 손실 회피 편향을 부동산중개업에 적용해 보자. 고객이 최종 결정을 미룰 때, 사용하는 멘트로는, "고객님 지금 매수하지 않으면, 향후에는 가격이 더 오르게 되어, 그때는 정말 고객님 인생에서 평생 내 집 마련이 불가능해질 수 있습니다", "지금 결정하지 않고, 기다리신다면, 입주가 가까이 다가올수록 가격은 더 오를 수밖에 없고, 그럼 고객님에게 여기 물건을 매수할 기회가 더더욱 사라지게 됩니다" 등이 있겠다. 손실 회피 편향과 관련된 나름의 멘트도 준비해 보기 바란다.

지금까지, 다양한 방식의 클로징 기술들을 상세히 설명했다. 위에 설명된 모든 클로징 멘트들의 대부분은 내가 실전에서 직접 사용하는 것들이다. 지금 이 책을 읽고 있는 현업 중개사나 예비 중개사라면 반드시 숙지하고, 자신의 상황에 맞는 멘트를 준비하고, 실전에 사용해 보기 바란다. 우연한 멘트 한마디에 고객은 반응하게 되고, 계약을 성사시킬 수 있을 것이다.

# 11장

# 터줏대감
# 부동산을
# 이기는 전략

# 1. 기존 부동산 친목회는 무시하라

앞에서도 언급하지만, 입주장을 처음 하는 초보자도 기존 부동산 친목회는 크게 신경 쓰지 않아도 된다. 입주예정아파트 단지의 규모가 클수록 외부에서 입주장을 위해 수많은 부동산중개업소들이 새롭게 오픈한다. 이렇게 오픈한 중개업소들은 하나둘 서로 모이기 시작한다. 그러고는 새로운 친목회를 만들게 된다. 특히, 포식자의 힘이 강할수록 약자들이 서로 협력하듯, 기존 중개업소 친목회의 규모가 크고, 결속력이 강할수록, 새로운 중개업소 간의 모임은 더 빨리 만들어진다. 새롭게 만들어지는 모임은 통상 입주장이 본격적으로 시작되는 시점 전후로 형성되는데, 요즘은 카카오톡의 단톡방을 이용해서 쉽게 물건을 주고받는다. 그러니, 입주장에 처음 입문하는 초보자라 하더라도, 기존 부동산 친목회에 가입해야 할지 고민할 필요가 없다.

그리고, 입주가 시작되면, 단지 내 상가에 다수의 중개업소들이 입점하게 된다. 여기에서, 재개발로 인한 입주아파트와 재건축으로 인한 입주아파트를 비교해 보면, 재개발로 인한 입주아파트의 경우에는, 통상적으로 기존 부동산 친목회의 결속력이 그리 강하지 않기 때문에, 단지 내 중개업소들로만 구성되는 친목회가 새롭게 만들어지는 경우가 많다. 반면에, 재건축으로 인한 입주아파트의 경우에는, 기존 부동산 친목회의 결속력이 강한 경우가 많으며, 이때에는, 새로 입주하는 아파트 단지 내에 입점하는 부동산들은 기존 부동산 친목회에 속한 중개업소와 새롭게 입주장에 뛰어들어 외부에서 입주장을 하다가 단지 내로 입점하는 중개업소로 양분된다. 과거 재건축 이전의 오래된 아파트 단지 내 상가에서는 점포의 월세가 저렴하였으나, 새로 입주한 아파트의 단지 내 상가의 월세는 훨씬 높게 형성되므로, 기존의 중개업소들 입장에서는 과거 재건축 이전의 단지 내 상가의 임대료에 비해 높아진 월세 부담으로 인해 쉽게 단지 내 상가에 입점하지 못하는 경우가 많다. 그 결과, 단지 내 상가에 입점하는 중개업소의 구성비는 기존 부동산 친목회에 속한 중개업소와 새로 입점한 중개업소 간의 차이가 크지 않은 경우가 많다.

그런데, 단지 내 상가에 입점한 부동산들은 높은 월세를 부담해야 한다는 점에서는 한배를 탄 입장이다. 그래서 그들은 같은 생각을 갖게 된다. 바로, 어떻게 하면, 단지 외부의 부동산들과는 공동중개를 차단하고, 단지 내 부동산들끼리 협조할 수 있을까를 고민하고, 결국에는 단지 내 부동산들만의 친목회를 만들게 된다.

이제, 입주장을 처음 시작하는 여러분들도 기존 부동산 친목회에 가입해야 하는지 고민할 필요가 없음을 이해했을 것이다. 마음 편하게 입주장을 시작해서, 소기의 성과를 달성하고, 무권리로 단지 내 상가에 입점한 후, 가입비 부담 없이 새로운 자신들만의 친목회에 가입할 수 있을 것이다. 그리고 입주장부터 시작해서 열심히 노력하면, 단지 내 상가에서도 지속적으로 1등을 유지할 수 있을 것이다.

# 2. 터줏대감 부동산이
## 입주장에서 힘을 못 쓰는 이유

　재개발 재건축 이전부터 입주예정아파트 지역에서 오랫동안 중개업을 해왔던 중개업소가 실제로 입주장에서 큰 성과를 내지 못하는 경우가 다반사다. 이들 터줏대감 부동산들은 과거부터 열심히 일해왔고, 많은 조합원 물건을 계약했을 것이다. 이들 부동산들은 한곳에서만 오랫동안 일해왔기에, 해당 지역 정보에 대해서는 누구보다 많이 알 것이다. 그래서인지 그들은 자신들의 밥그릇을 빼앗아 간다는 생각에 외부에서 새롭게 입주장을 위해 입점하는 중개업소들에 적대적이거나, 대단히 보수적인 생각을 갖고 있는 경우가 많다. 그런데 그들은 입주장이 처음인 초보자와 별반 다르지 않다.

　터줏대감 부동산들이 실수하는 착각 중의 하나가 나의 고객은 나를 믿고 기다려 줄 것이라는 점이다. 그래서 그들은 자신들이 과거에 거래해 준 고객이 입주장에서 자신들에게 전속으로 물건을 주기를 기대한다. 그리고 입주장 경험이 없기에, 주변 아파트 시세에 부합하는 정도의 금액으로 매매든 전세든 월세든 진행해 줄 수 있다고 말한다. 예컨대, 가장 최근에 주변에 입주한 아파트의 전세시세가 5억이라면, 자신의 기존 고객(조합원)에게 전세 5억 이상은 충분히 받을 수 있으니, 자신을 믿고 기다려 달라고 한다. 하지만, 입주장 특성상 전세 시세는 주변 아파트 단지보다 낮게 형성되는 것이 일반적이다. 해당 평형의 입주장 시세는 적어도 주변 시세 대비 5천 이상은 낮게 형성되어 거래될 것이고, 입주가 가까워짐에 따라, 아직 계약에 이르지 못한 조합원은 점점 초조해진다. 입주시기는 다가오는데, 거래해 주겠다던 터줏대감 중개업소로부터는 연락은 없고, 오히려, 타 중개업소들로부터 지속적으로 연락이 오면서, 저렴하게라도 지금 바로 계약하는 것이 마음 편할 것이며, "전세금액 더 받아서 뭐 하냐? 어차피 돌려줄 돈인데"라고 하면서, 지금에라도 당장 계약할 것을 권유받게 된다. 이러한 권유의 통화를 지속적으로 받다 보면, 심리적으로 동요하게 되고, 그동안에 친분이 있었던 터줏대감 중개업소에는 미안한 마음도 있겠지만, 결국에는 입주장 전문 중개사라고 하는 중개업소와 계약에 이르게 된다. 이러한 현상은 입주장에서 다반사로 일어나는 일이다. 어느 상황에서라도 중개업을 하는 사람이라면, '고객은 절대로 기다려 주지 않는다'라는 말을 마음에 새겨야 한다.

내가 많은 지역의 입주장을 돌아다니며 경험한바, 기존의 터줏대감 부동산은 전화작업을 그동안 경험해 보지 못한 경우가 대부분이어서, 실질적으로는 입주장 초보자와 크게 다를 바 없다. 또한, 입주장에서는 입주장을 위해 최적화된 매물장을 사용해야 하는데, 그들은 기존에 자신들이 사용했던 매물장을 그대로 사용하는 경우가 많았다. 무엇보다 그들 또한 입주장이 처음이라, 입주장이 어떻게 진행되고, 부동산 시장상황에 따라 어떻게 변해가는지 충분히 인지하지 못하는 경우가 많다.

결국, 기존의 터줏대감 부동산이 입주장에서 성공하기 위해서는, 열린 마음으로, 입주장에 새롭게 오픈하는 입주장 전문 중개사들과 손잡고 공동중개에 적극적으로 호응해야 할 것이다.

# 3. 공동중개를 잘해야 한다

공동중개는 입주장에서도 대단히 중요하다. 내가 입주장을 시작하던 시절에는 공동중개 계약 건이 많지 않았다. 대략 8:2 또는 7:3 정도의 비율로 단독중개가 월등히 많았다. 그런데, 최근에는 그 비율이 역전된 상태이다. 과거에는 정보의 불균형이 심하였다. 일부 중개업소만이 명단을 입수하는 사례도 많았고, 입주장에 뛰어드는 중개업소도 지금보다는 훨씬 적었기에 경쟁도 치열하지 않았다. 그러다 보니, 공동중개에 집중할 필요가 없었다. 하지만, 입주장이 점점 보편화되면서, 정보의 불균형이 사라지고, 경쟁은 더욱 치열해지면서, 계약 하나를 완성하는 데 과거보다 더 많은 노력이 필요하게 되었다. 계약 자체가 어려워지면, 하나라도 빨리 계약하고 싶은 마음이 커지고, 이는 공동중개를 활성화시키게 된다. 특히 최근에는 신규 오픈하는 입주장 중개업소들 간의 카카오톡 단체방을 이용하여 쉽게 그룹을 형성할 수 있게 되어, 물건을 올리고, 물건을 찾는 과정이 쉽고, 빨라짐에 따라, 좋은 물건을 나만 가지고 있다는 착각에 광고를 보고 연락하는 고객을 기다리는 동안, 그 물건은 이미 타 중개업소들 간에 공동중개로 거래되고 만다.

이번에는, 입주장에서 공동중개를 위해 물건을 주고받는 데 있어 주의해야 할 내용을 살펴보겠다. 타 중개업소로부터 물건을 찾을 때에 각별히 주의를 해야 하는데, 나의 고객이 찾는 물건이 지금 나에게는 없는 물건이라는 판단에, 타 중개업소에 전화를 걸어 물건을 받고자 한다면, 지금 자신의 고객이 찾는 물건의 조건과 고객의 기초적인 정보, 예컨대 원하는 금액, 입주날짜, 필요시 가족관계 등을 상대방 중개업소에 알려줘야 한다. 그래서 상대방 중개업소에서도 우리 고객을 진성고객으로 인지하게 되고, 우리가 찾던 물건을 소개해 줄 것이다. 다만, 타 중개업소에게 물건을 찾기 전에, 나의 매물장을 정확히 다시 한번 더 확인해 보고, 정말 마땅한 물건이 없을 때에, 공동중개 하기 위해 타 중개업소에 연락해야 한다. 상대방 중개업소로부터 물건을 받았는데, 내가 그동안 통화해서 알고 있던 그 물건인 경우도 다반사다. 이때에는 나 스스로를 자책해야 한다. 물건을 준 상대방 중개업소에 "이 물건, 우리도 있는데 어쩌죠?" 이런 말은 하지도 말라. 오히려, 상대방 중개업소의 기분만 상하게 하고, 향후에 나와 공동중개를 다시는 하지 않을 수도 있다. 상대방 중개업소로부터 받은 매물을 지금 당장 계약으로 성사시키지 못한 경우에는, 반드시 매물장에 잘 기재해 둬야 한다. 그리고 차후에 해당 물건에 대해서는 그 중개업소에 연락하기 바란다. 나는 지금까지 오랫동안 입주장을 하면서, 한 번도 이 원칙을 어긴 적이 없다.

입주장에서뿐만 아니라, 우리가 중개업을 하면서 수많은 공동중개를 진행하게 되는데, 이때 기본적으로 갖춰야 할 태도에 대해서 말하겠다. 상대방 중개업소도 나의 고객의 일부라는 생각을 가졌으면 한다. 공동중개 하는 중개업소들은 서로 상대방의 입장을 충분히 이해하고, 서로 돕고자 노력해야 한다. 그래야, 계약 시부터 잔금 시까지 웃으며 마무리할 수 있을 것이다. 고객의 문제가 아닌, 중개업소들 간의 오해와 갈등으로 인해 마무리할 때까지 얼굴 붉히는 일은 없어야할 것이다. 그래서 계약에 이르기 전부터 서로 협조해야 한다. 그리고 계약서 작성을 진행하는 데 있어서도, 상대방 중개사가 나보다 연령이 낮다거나, 경험과 지식이 부족하다 하여, 무턱대고 무시하는 태도는 버려야 한다.

계약서 작성을 진행하는 과정에, 손님 측 중개업소는 물건지 중개업소가 특별히 특약서 작성상의 문제라든가 진행상의 문제가 없다면, 조용히 지켜보고, 보조자로서의 역할을 수행하면 된다. 고객은 가만있는데, 공동중개 중개업소가 본인이 나서서 특약 내용에 감 놔라 배 놔라 하면, 계약서를 작성하는 물건지 중개사가 기분 좋을 리가 없다. 나만 똑똑한 것이 아님을 명심해야 한다.

그리고, 계약 진행을 마무리하면서, 고객뿐만 아니라, 함께 거래를 도와준 상대방 중개업소에 항상 감사의 마음을 전해야 한다. 계약은 우리에게 즐거운 일이다. 그러니, 계약서를 작성하기 위해 나의 사무실에 방문한 모든 사람들은 나의 고객이라는 마음으로, 처음부터 서로를 칭찬하고, 웃으며 계약을 마무리하자. 이것이 내가 계약서 작성을 할 때 항상 갖는 마음가짐이다.

# 4. 기존 부동산은 물건 가격을 깎지 못한다

    기존 부동산이 입주장에서 고전하는 데에는 여러 요인이 있겠지만, 그중 가장 큰 요인이라고 하면, 바로 전화작업에 대한 부담이다. 기존 부동산들은 입주장 경험이 없기 때문에 기본적으로 전세가격을 높게 생각하는 경향이 많다. 그리고, 전화작업 시 소유자로부터의 불만의 소리를 듣는 데 익숙하지 않아, 전화작업에 대한 부담감이 크다. 결국, 이러한 불만의 소리를 최소화하기 위해서라도 전세금액을 가급적이면 높게 말한다. 이런 방식의 전화작업 결과로 기존 부동산은 높은 금액의 전세 물건들이 넘쳐나는 반면에, 입주장 선수들은 소유자의 불만에도 전혀 신경 쓰지 않고, 전세 물건을 찾는 임차인의 입장에서 좋은 물건을 만들기 위해 최대한 낮은 금액으로 물건을 만들어 낸다. 입주장 선수들과 기존 부동산들 간의 이러한 차이가 결국 입주장에서 원하는 성과를 달성할 수 있느냐를 결정하게 되는 것이다.

    전화작업이 쉽지 않다는 건 누구나 인정한다. 하지만, 이 허들을 넘지 못하면 결국 원하는 목표에도 도달할 수 없는 것이다. 우리가 전화작업을 하다 보면, 전화를 받는 소유자의 상황을 살피는 경우가 많다. "아침 이른 시간에는 업무 중일 가능성이 크므로 전화하면 안 된다", "휴일에도 오전 시간에 전화하면 늦잠을 자고 있는 소유자를 깨우거나, 쉬고 있는데 괜히 전화하는 건 예의가 아니다" 등과 같이, 전화를 받게 되는 소유자의 상황을 너무 배려하는 중개사분들도 많다. 하지만, 이런 식의 행동은 단순히 지금 내가 전화하는 것이 두렵고, 귀찮다는 이유에 대한 하나의 핑계일 뿐이다. 지금 전화하지 않아서 계약하지 못한 바로 그 순간에 경쟁 부동산에서 전화를 해서 계약을 이뤘다는 생각을 해보자. 얼마나 기분이 엉망이 되겠는가. 내가 오늘 하지 않아서 이루지 못한 일을 누군가는 한다.

내가 아는 입주장 선수 중에는 저녁 8시가 넘어서도 전화작업을 하는 분이 있었다. 이분의 생각은 낮 시간에는 업무 중으로 전화를 안 받으니, 저녁에는 받을 거라는, 딱 그 부분에만 생각을 한정하는 것이다. 물론 나도 늦은 시간에 전화하는 건 삼가지만, 어쨌건 이분은 상대방의 상황은 전혀 고려하지 않는다. 그래서, 가끔은 남들이 못하는 계약도 성사시키곤 했다.

다시 한번 말하지만, 전화 받는 상대방의 상황을 너무 고려하지 말 것이며, 전화작업을 두려워하는 이유를 핑계로 돌리지 말아야 한다.

# 12장

# 입주장
# 매매/전월세
# 계약서
# 작성 요령

# 1. 가계약금

가계약금이란, 법률 용어는 아니지만, 실무에서 자주 사용하며, 본 계약서를 작성하기 위한 전 단계에서, 계약을 하고자 하는 매수인 또는 임차인이 소유자에게 지급하는 금원으로서, 통상 계약금의 일부로 간주된다. 가계약금이 지급되면, 정식 계약서 작성 전이라도, 해당 매물을 선점하는 효과를 갖는다. 실무에서는 주로, 가계약금이 입금되면, 전화통화 녹취, 핸드폰 문자 등으로 가계약금과 관련된 계약 내용을 계약 당사자들에게 고지한다. 예컨대, 가계약금 입금 시에는, 물건지 주소, 거래금액, 계약시기, 잔금일 등 계약에 관한 중요 내용 및 단순 변심에 따른 계약 파기 시 입금한 가계약금의 포기(임차인, 매수인) 또는 가계약금의 배액 상환(매도인, 임대인)에 관한 내용을 고지한다. 가계약금만 지급되고, 정식 계약서가 작성되지 않았더라도, 계약자유의 원칙상 양 당사자들에게는 합의한 내용에 따라 효력이 발생한다.

가계약금이 지급되었다고, 계약 파기 시에 무조건 가계약금을 돌려받을 수 없는 것은 아니다. 위에 예시한 계약의 중요 내용에 관한 사항이 없이, 단순히 가계약금만 주고받은 경우라면, 가계약금의 지급에 이르는 과정 등을 종합적으로 판단해야 한다.

본 문자는 임대인과 임차인에게 동시에 전달되며
계약과 동일한 효력이 있습니다.

1. 000아파트 000동 0000호
2. 전세보증금: 3억7천만원
3. 계약금: 보증금의 10%
4. 계약서 작성 : 0000년 00월 00일 예정
5. 잔금일 : 0000년 12월말로 하며, 상호 협의하여 조정할 수 있음
6. 옵션 사항 : 시스템에어컨4대

임대인 계좌번호
**은행 73****-01-44****
예금주  홍길동

양당사자는 위 내용에 동의하며, 가계약금으로 000만원을 입금함.
계약일 전에 단순 변심에 따른 계약 해지시 임차인은 가계약금의 포기,
임대인은 배액 상환하기로 한다.

따라서 중개사라면 계약의 해지를 방지하기 위해서라도, 가계약금의 입금 시에 위와 같은 내용으로 문자를 보내야 한다.

참고로, 위 문자 내용을 다음과 같이 바꾼다면 어떻게 될까?

본 문자는 임대인과 임차인에게 동시에 전달되며
계약과 동일한 효력이 있습니다.

1. 000아파트 000동 0000호
2. 전세보증금: 3억7천만원
3. 계약금: 3700만원
4. 계약서 작성 : 0000년 00월 00일 예정
5. 잔금일 : 0000년 12월말로 하며, 상호 협의하여 조정할 수 있음
6. 옵션 사항 : 시스템에어컨4대

임대인 계좌번호
**은행 73****-01-44****
예금주  홍길동

위 2개의 문자 내용상의 차이를 이해하겠는가? 그렇다. 가계약금을 해약금으로 한다는 약정이 없다. 즉, 계약 해지 시 가계약금만을 포기하거나, 가계약금의 배액만을 지급하면 계약이 해지된다는 내용이 없다. 이 경우에는, 가계약금으로 300만 원이 지급된 상태에서, 임차인이 계약을 해지하는 경우에, 계약금에 해당하는 3,700만 원 일체를 지급해야 할 수도 있으니, 각별히 주의해야 한다.

■ 임대차 계약 합의서 ■

부동산표시: 강동구 둔촌동 170-1번지일대
0000아파트 000동 000호 (84A)

상기 표시 부동산의 임대차계약과 관련하여, 양당사자간 합의 내용을 명확히 하기 위해, 하기와 같은 내용을 문자로 임대인측과 임차인측에 동시에 보내드립니다. 본 문자는 서면계약서 작성 전이라도, 계약서와 동일한 효력을 갖습니다.

■ 임차보증금 : 8억원정
■ 계약금 : 8천만원
■ 잔금일 : 0000년 00월 00일(단, 시공사에서 지정하는 입주지정기간  내에서 협의할 수 있음)
■ 임대인 지정계좌: 홍길동 00은행 123-4567-890
■ 주요옵션 : 전체 시스템에어컨, 중문, 인덕션
■ 특약사항
- 선순위 융자없는 임차인 1순위 유지조건
- 임차인은 세대 하자보수에 적극 협조한다.
- 임차인은 민법의 일반원칙에 따라 원상회복의 의무를 진다(고의·과실에 의한 시설물 파손시 원상복구하기로 함. 다만, 자연적인 마모로 인한 사항은 면책됨).
- 임대인은 필요시 임차인의 전세자금대출에 협조한다.

임차인이 상기 임대인의 지정계좌로, 임대차계약을 위한 계약금의 일부로서 금300만원 입금함으로써 계약이 성립합니다.

서면계약서 작성 전까지, 본 내용에 대하여 계약당사자 일방이 단순변심 등의 사유로 해지하고자 할 경우, 임차인은 금일 송금액의 포기, 임대인은 그 배액을 상환함으로써, 본 계약을 해지할 수 있으며, 이 경우 위약의 당사자는 쌍방의 중개보수를 지급해야 합니다.
(단, 서면계약서 작성 후에는 그 내용에 따름)

본 내용은 계약에 관련된 양당사자와 관련 공인중개사사무소들에 함께 전송됩니다.

- 000 부동산 -

가계약금 입금 시의 '임대차계약 합의서' 문자 내용이다. 최근 입주장에서 내가 직접 사용하는 내용이니, 참조해 보기 바란다.

이번에는, 내가 입주장을 하면서 경험한 사례를 소개하겠다. 먼저, 서울 ○○구에서 입주장을 할 때의 일이다. 어느 날, 임차인이 사무실을 방문하여, 입주예정아파트의 전용 84㎡ 전세 7억짜리 물건을 찾았다. 이사 예정일은 아파트의 입주가 시작하면 바로 입주하겠다고 한다. 임차인이 원하는 물건을 몇 개 소개하였고, 고민하고 연락을 주겠다고 한다. 그날 저녁 늦은 시간에 임차인으로부터 연락이 왔다. 계약하고자 하는데, 일단 가계약금으로 300만 원을 입금하겠다고 한다. 임대인으로부터 계좌번호를 받고, 임차인에게 전달하였다. 그런데, 입금을 계속 미루는 것이다. 그러다가, 새벽 1시쯤 되어 문자가 왔다. 그제야, 가계약금을 입금하겠다고 한다. 그런데, 조건이 있는데, 혹시 계약 전에 해지하게 되면 가계약금을 다시 돌려받을 수 있냐는 것이다. 계약하고자 하는 마음이 컸던 나는 그렇게 해드리겠다고 했다. 혹시라도 잘못되면 내가 책임지면 된다는 생각에서 그렇게 했다. 잠시 후, 계약하고자 하는 임차인으로부터 문자가 왔다. "입금했습니다". 이렇게 잘 마무리가 되었다고 생각하고, 즐거운 마음으로 잠자리에 들었다.

그리고, 다음 날, 정오가 되는 시간에 갑자기 임차인으로부터 연락이 왔다. 계약을 못 하겠다는 것이다. 갑자기 부모님이 반대하셔서 해지하고 싶단다. 누가 봐도, 단순 변심으로 보이는데, 난처한 상황이 벌어진 것이다. 새벽에 문자를 주고받느라, 당연히 가계약 시에 항상 보내던 계약에 관한 내용의 문자도 안 보냈다. 이 건과 관련해, 가계약금 입금 당시에, 임대인에게 거래금액 이외에는, 계약서 작성일, 임차인의 입주예정일 등을 전달하지 않은 상태였다. 결국, 이 건에 대해 소송이 진행되었고, 임차인이 승소하였다(이 건에서 임차인이 승소하였다고 하여, 다른 사건에서도 이와 동일한 결과가 나올 것이라 단정할 수는 없다).

다음은, 서울 ○○구 내 입주장에서 분양권을 거래하며 생긴 일이다. 당시에 해당 아파트 단지에는 일반분양세대가 1,400세대 정도로 무척 많았다. 그런데, 당시에는 부동산 시장상황이 최저점을 찍고 있었고, 미분양 물건이 남아 있던 시기였다. 내가 이곳 입주장에 오픈하였을 시점이 돼서야, 미분양이 해소되고, 소형 평형 위주로 약간의 프리미엄이 형성되고 있었고, 중대형 평형은 여전히 마이너스 프리미엄 상태였다. 지인의 지인이란 사람이 자신이 분양받은 중대형 평형을 손해 안 보는 금액, 즉 무피로 매도하고 싶어 했지만, 한동안 중대형 평형은 문의조차도 없다 보니, 매도 의뢰인으로부터 가끔 전화가 오면, 조금만 더 기다려 달라고만 말했었다. 그러던 어느 날, 외부 부동산으로부터 매수 손님이 있으니, 물건을 달라고 하여, 해당 물건을 소개해 주었다. 그리고 잠시 후 매수인 측 부동산으로부터 계약을 진행하고자 하며, 계약서 작성을 잔금일과 동시에 하고, 분양계약서 명의변경도 한꺼번에 당일 날 하자면서, 가계약금 조로 300만 원을 매도인의 지정계좌로 입금하였다. 매도인에게도 해당 내용을 전달하고, 며칠 후에 만나서 진행하기로 했다. 계약 및 잔금 당일에는 시간적 여유가 없으니, 나는 미리 양 당사자의 인적사항을 받아서, 계약서 초안을 작성해 둔 상태였다. 그런데, 매수인 측 부동산이 계약서 특약 내용을 보내달라는 것이다. 통상적으로 그런 경우들이 있으니, 팩스로 특약 내용만 발췌해서 보냈는데, 잠시 후 상대 부동산에서 연락이 와서는, 계약서 전체 내용을 보내달라는 것이다. 기분이 조금 그렇긴 했지만, 요구한 대로 보내줬다. 그날의 상황은 이렇게 마무리되었다.

그런데, 이틀이 지나고 나서 매도인에게서 연락이 왔다. 요즘 프리미엄이 형성되고 있으니, 해당 금액으로는 못 팔겠다는 것이다. 그러면, 가계약금으로 받은 금액의 배액을 상환하면 된다고 하니, 그렇게도 못 하겠다고 한다. 가계약금만 되돌려주겠단다. 매수인 측 중개업소에 이러한 매도인의 의사를 전달하였는데, 매수인은 한술 더 떠서 절대로 가계약금의 배액 배상만으로도 안 되고, 가계약금의 배액이 아닌 계약금액의 배액 배상이 원칙이니, 가계약금 300만 원에 더하여 거래금액의 10%에 해당하는 7천몇백만 원을 달라는 것이다. 계약서 작성도 하지 않았고, 계약과 동시에 잔금이므로 계약금으로 얼마를 지급하기로 합의한 상태도 아니었다. 그리고 이 건으로 인해 매도인과 대판 싸우게 되었고, 매수인은 연락이 한동안 안 된다며 해외로 여행을 가버렸다. 이후 양 당사자와 연락이 안 되었고, 기억에서 차츰 멀어져 갔다. 그런데 1년여가 넘은 시점에 어느 날 관할 경찰서에서 연락이 왔다. 매도인이 사문서위조로 나를 고발했다는 것이다. 처음에는 이게 무슨 일인가 싶었다. 경찰서에 출석하여, 확인해 보니, 내가 매수인 측 부동산에 팩스로 보내준 계약서 초안을 문제 삼은 것이다. 물론, 해당 건은 사문서위조가 될 수 없었기에, 무혐의로 종결되었는데, 사건의 내용을 확인해 보니, 우선 매수인이 매도인을 상대로 가계약금 300만 원의 배액 배상이 아닌, 계약금의 배액 배상을 요구하며 소송을 진행하였고, 해당 소송에서는 매도인이 승소하였다. 소송 중에 내가 작성해 준 계약서 초안(계약과 동시에 잔금 조건으로 계약금에 대한 어떠한 표기도 없음)이 입증자료로 제출된 것이었다. 그래서 매도인은 자신이 본적도 없는 계약서가 소송 시 갑자기 나타났으니 당황스러웠을 것이다. 여하간, 사건은 이렇게 마무리되었다.

끝으로, 가계약금에 관한 사례는 아니지만, 소개하겠다. 서울 ○○구에서 처음 입주장을 했을 때의 일이다. 당시에도 역시나 부동산 시장상황이 좋지 않았다. 특히, 40평형대 대형 평형은 매수인 찾기가 정말 어려운 시기였다. 입주장이 거의 마무리되는 시점이었는데, 일반분양으로 분양을 받은 매도인이 40평대 매물을 마이너스 프리미엄으로 급하게 처분하고 싶다며 사무실을 방문했다. 사정을 들어보니, 암 진단을 받고 투병 중으로 이제 시간이 얼마 남지 않았다고 한다. 그리고 얼마의 시간이 지나고, 다행히 해당 물건을 매수하겠다는 사람이 나타났다. 매수인은 가계약금을 입금하기보다는, 직접 만나서 계약하고 싶다 하여, 계약 날짜를 정하고 만나게 되었다. 그런데, 매수인은 계약하기로 한 금액에서도 몇천만 원을 더 깎아달라고 하는 것이다. 매도인은 자신의 건강 문제로 인해 빨리 처분하고자 하는 마음이 간절하여, 어쩔 수 없이 그렇게 하기로 했다. 그런데, 매수인은 여기에 더해, 계약금(당시, 4,500만 원 정도이었음)이 준비되지 않아서, 오늘은 200만 원만 지급하고, 나머지는 일주일 후에 지급하겠다고 했다. 계약을 진행하면서, 매수인 말과 행동, 그리고 자금 여력에 대해서 계속 의심이 들었다. 무엇보다, 어려운 사정에 있는 매도인을 위해서라도, 나는 이 계약이 해지되지 않도록 명확하게 하고 싶었다. 그래서 계약서 특약에 이렇게 기재했다. "매수인은 계약서 작성일에 계약금 4,500만 원 중 200만 원 만을 지급하고, 나머지 금액 4,200만 원은 0000년 00월 00일까지 지급하기로 하며, 미지급 시에는 해약금으로 계약금 4,500만 원 일체를 지급하기로 한다"와 같이, 명시하였다. 그런데 이 건의 결과는 어떻게 됐을까? 매수인은 결국 계약금을 지급하지 못했고, 계약금 일체를 배상해야 했다.

# 2. 계좌를 잘 받아야
# 1등이 된다

　입주장에서뿐만 아니라, 중개업을 하면서 가장 중요한 결과물은 계약이다. 내 노력의 모든 대가는 계약을 통한 수익으로만 보상받는다. 본계약을 진행하기 위해 가장 먼저 하는 절차가 가계약금의 입금이다. 그런데, 이 가계약금을 입금하기 위해서는 무엇이 필요할까? 그렇다, 소유자의 은행 계좌번호이다.

　물건을 찾던 고객(임차인, 매수인)이 내가 소개한 물건으로 계약한다고 하면, 소유자에게 연락해서 가장 먼저 소유자 명의의 은행 계좌번호, 신분증(필요시), 분양계약서, 옵션계약서 등을 받는다.

　다음은 소유자와의 통화내용이다.

부동산: "안녕하세요? 홍길동부동산입니다"
부동산: "원하시는 금액에 계약하고자 하는 손님이 있어서 연락드립니다"
부동산: "계좌번호 알려주시고, 분양계약서 좀 사진 찍어서 보내주세요"

소유자: "네~ 알겠습니다. 지금 운전 중이라, 잠시 후에 계좌번호랑
       분양계약서를 사진 찍어서 문자로 보내드릴게요"
부동산: "네~"


위 통화내용에서 뭐가 문제인지 알겠는가?

계좌번호를 문자로 보내겠다고 했는데, "네~"라고 하며 전화를 끊어버린 부분이다. 계좌번호를 문자로 보내주겠다고 말하고, 기다리는 시간은 억겁의 시간처럼 느껴질 수 있다. 입주장의 생명은 뭐라고 했나? 스피드라고 했다. 입주장에서 경쟁하는 부동산은 수도 없이 많다. 내가 소유자의 문자를 기다리는 그 짧은 순간에도 타 부동산으로부터 전화가 갈 수 있고, 소유자도 마지막으로 가족과 상의해서 한 번 더 확인하고 싶은 생각을 가질 수도 있다. 실제로, 소유자 입장에서도 부동산 거래를 한다는 것은 인생에서 중요한 일이다. 그러니, 가족과 최종적으로 상의하는 건 다반사다.

우리는 타 부동산에서 방해(?)할 시간과 소유자가 생각할 시간을 주면 안 된다. 그럼, 위 통화내용에서 소유자가 '계좌번호를 문자로 보내주겠다'고 했을 때, 문자가 아닌 계좌번호를 직접 불러달라고 해야 한다. 소유자는 우리가 요청하지 않으면, 대부분 문자로 보내주겠다고 말한다. 절대로, 그냥 끊지 말고, 불러달라고 하라. 계좌번호를 받았다면, 분양계약서 등 필요한 것들은 문자로 보내달라고 하면 된다. 일단, 소유자가 본인의 계좌번호를 알려주게 되면, 소유자는 이후부터는 타 중개업소에서 연락이 와도 계약됐다고 말한다. 또한, 사람은 심리적으로 자신이 한 행동에 대해서는 합리화하려는 경향을 보인

다. 간혹, 가족과 상의한다고 해도, 자신이 결정을 밀고 나가게 된다. 그러니, 중개사 입장에서도 이제는 한시름을 놔도 된다. 물론, 소유자의 계좌와 이후에 분양계약서 등을 받으면, 계약할 고객에게 바로 입금하도록 촉구해야 한다.

여러분들은 어떻게 하면 소유자로부터 계좌번호를 잘 받아낼 수 있을까 고민해 보기 바란다. 계좌번호를 잘 받는 것은 입주장에서뿐만 아니라, 모든 부동산 중개거래에서 아주 중요하다.

# 3. 계약서 작성 시
## 소유자 확인 방법

중개사는 부동산 계약서 작성 시, 신분증으로 계약의 양 당사자가 본인이 맞는지부터 확인하고, 등기권리증이나, 등기부(등기사항전부증명서)를 통해 소유자 명의로 된 물건이 맞는지, (가)압류나 근저당권 등의 제한 물건이 설정되어 있는지 확인하고, 토지대장과 건축물대장으로 물건의 면적 등을 확인한다.

그런데, 입주장에서 계약 시에는, 입주예정아파트는 기존에 이미 완성된 아파트와는 달리, 건물등기와 건축물대장이 존재하지 않으므로, 분양계약서, 토지등기부, 시공사를 통해 본인 여부를 확인하게 된다.

### ① 분양계약서

분양계약서 1면 상단에는, 아파트 명칭과 해당 동호수가 기재되어 있고, 그 아래로 주택의 표시란에 면적에 대한 내용과 분양가에 따른 분담금 납부금액과 시기가 기재되어 있다. 그리고 우측 하단에 수분양자의 인적사항(주소, 주민등록번호, 이름, 연락처)이 있다. 2면에는 매매 등의 사유로 소유자가 변경되었을 때에, 양도인과 양수인의 인적사항이 기재된다.

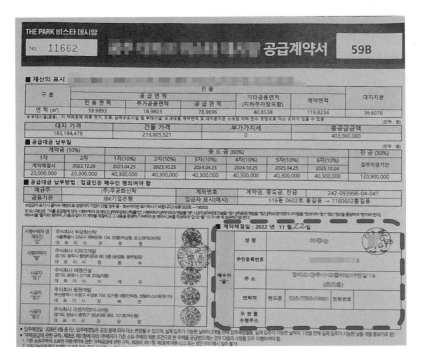

분양계약서 앞면 일부

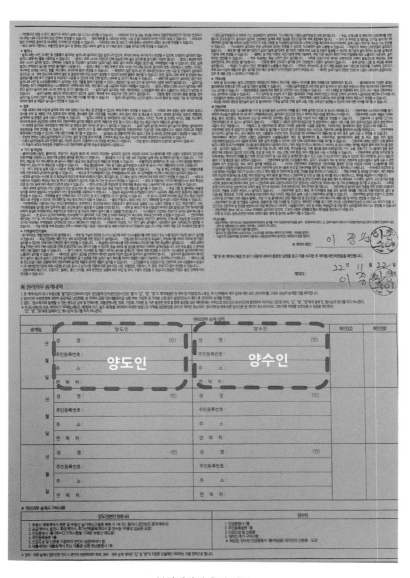

분양계약서 후면 일부

실무에서는, 매매계약이든, 임대차계약이든 계약서를 작성할 때에, 소유자의 신분증과 분양계약서상의 명의자가 동일한지부터 확인한다. 그리고 소유자에게 계약일에 반드시 분양계약서 원본을 가져오라고 해야 한다. 분양계약서 원본을 분실한 경우에는, 조합원과 일반분양자 모두 시공사에 연락하여, 일정한 절차를 거쳐서, 재발급받을 수 있다.

### ② 등기사항전부증명서(등기부)

일반분양자는 종전 자산(토지 또는 건물)이 없으므로, 등기부로 본인확인을 할 필요가 없다. 반면에, 재개발과 재건축 조합원은 종전 자산이 있었으므로, 그에 대한 등기부가 존재하는데, 재개발과 재건축이 조금은 다르다.

재개발 조합원의 경우, 건물은 멸실되어 건물등기부가 존재하지 않고, 토지등기부는 조합원 명의를 그대로 유지한 채 존재한다(때로는, 신탁등기 되어 재개발 조합 명의로 소유권이 이전되었다 해도, 수탁자 명의로 확인 가능하다). 따라서 재개발 조합원 물건을 거래한다면, 종전 토지지번으로 등기부를 발급받아서, 본인 여부를 확인할 수 있다.

앞에서도 언급했지만, 재건축 조합원의 경우에는, 재건축 이전부터 아파트, 즉 집합건물이므로, 토지의 소유권이 공유관계(지분에 따른 공동 소유)이고, 건축물은 역시 멸실된 상태로서 별도로 등기부가 없다. 그런데, 과거 토지의 소유권이 수많은 사람들이 공동으로 소유한 공유관계인 상태라, 토지등기부를 발급받고자 해도, 분량이 과다하여 인터넷등기소를 통해서는 출력이 불가능하다. 그렇다고 등기소에 가서 발급받기에도 그 분량이 과다하여 사실상 명의자 확인이 불가능하다. 그런데, 재건축 조합원의 집합건물 등기부는 '폐쇄등기부'라는 형태로 인터넷등기소에서 발급받을 수 있는데, 폐쇄등기부상에 기재된 명의자가 현재의 소유자를 나타내지 않는 경우도 있다. 예컨대, 재건축을 위한 멸실 이후에 거래된 경우, 폐쇄등기부에는 매수자(현재 소유자)가 아닌, 종전 소유자(매도인) 명의로 되어있는 사례도 많다. 그러니, 실무에서 폐쇄등기부를 명의자 확인 용도로 사용하면 절대 안된다. 한편, 토지등기부가 정말 필요한 경우라면, 이때에는, 조합 담당 법무사에게 연락하면 확인 가능할 수 있다. 통상, 조합법무사는 토지등기부 등본을 발급받아서 보유하고 있으므로, 사본을 요청하면, 거래 조합원 명의가 표시된 페이지만을 보내준다.

따라서 재개발 사업이든, 재건축 사업이든 입주예정아파트의 종전(토지)등기부는 종전 자산에 대한 소유자 명의를 나타내는 것이지, 조합원이 분양받은 해당 아파트 동호수가 기재되어 있지 않으므로, 소유자임을 직접적으로 나타내는 서류가 아니라서, 참고 자료 정도로만 활용하기 바란다.

③ 시공사에 문의

통상적으로, 조합원 명부는 조합과 시공사에서, 일반분양자 명부는 시공사에서 관리한다. 조합보다는 시공사가 보다 좋은 시스템을 구축하고 있으므로, 조합원 물건이든, 일반분양자 물건이든 계약 진행 시에 시공사에 문의하여, 소유자 명의를 확인하면 된다.

그런데, 시공사는 개인정보보호법을 철저히 준수하기 때문에, 시공사에 전화해서 "000동 000호 소유자가 누구입니까?"라고 물어본다면, 절대 대답해 주지 않는다. "000동 000호 소유자가 홍길동 맞습니까?"라고 물어봐야, 본인 여부를 확인해 준다.

이 시공사를 통한 소유자 확인은, 주로 계약서 작성의 전 단계인 가계약금을 입금하는 시점에 이뤄지는데, 중개사가 전화해서 통화내용을 녹취하여 계약할 임차인에게 들려줘도 되고, 임차인에게 시공사 연락처를 알려주면서 본인이 직접 확인해 보라고 하여도 괜찮다.

# 4. 반드시 알아야 하는 전세자금대출

아파트 등 주택의 전세계약 중에는 임차인이 전세자금대출을 이용하는 경우가 많다. 입주장에서도 전세자금대출은 빈번한 일이므로, 중개사는 전세자금대출 상품에는 어떤 것들이 있으며, 특징은 무엇이고, 대출이 실행되고 마무리되는 과정을 명확히 이해하고 있어야 한다.

① 전세자금대출 상품

대표적인 전세자금대출 상품은 다음의 표와 같다.

서울보증보험(SGI)은 보증금의 한도가 없고, 대출 한도도 보증금액의 80% 이내에서 최대 5억 원까지 가능하다는 점에서 장점이나, 대출 이자가 주택금융공사(HF) 상품이나 주택도시보증공사(HUG) 상품보다는 높은 편이다.

## 전세자금대출 상품

| 구분 | 주택금융공사<br>(HF) | 주택도시보증공사<br>(HUG) | 서울보증보험<br>(SGI) |
|---|---|---|---|
| 보증금 한도 | 서울 수도권: 7억 이하<br>그 외 지역: 5억 이하 | | 한도 없음 |
| 대출 한도 | 보증금의 80% 내에서,<br>최대 2.2억까지 | 보증금의 80% 내에서,<br>최대 4억까지 | 보증금의 80% 내에서,<br>최대 5억까지 |
| 증빙서류 | 재직증빙 and<br>소득증빙 | 재직증빙이나 소득증빙<br>없이도 가능 | 재직증빙 X, 소득증빙 O<br>(카드사용금액, 건강<br>보험납부금액으로 증명) |
| 집주인 동의 | 동의 X | 동의 O<br>(질권설정 및 채권양도) | 동의 O<br>(질권설정 및 채권양도) |
| 개별제한<br>사항 | 임대인이 법인 O | 임대인이 법인 X<br>공인중개사가<br>진행한 계약 | 임대인이 법인 X<br>공인중개사가<br>진행한 계약 |

　최근에는, 버팀목전세자금대출이 많이 이용되는데, 적용 금리가 타 대출 상품보다 현저히 낮다는 점은 장점이나, 소득 조건이 있고, 대출 가능한 보증금액이 낮다는 점에서 아쉬움이 있다. 혼인기간 7년 이내 또는 3개월 내 결혼예정 신혼부부의 경우, 임대차 보증금액이 4억 원 이하이고, 연 소득이 부부합산 6,000만 원 이하라면, 1.2~2.1%의 낮은 금리이므로, 신축 입주예정아파트에서 신혼집을 마련하고 싶은 결혼예정 신혼부부들에게 신혼부부 버팀목전세자금대출 상품이 큰 관심을 받는다.

# 버팀목전세자금대출 2024년 기준

| 구분 | 신혼부부<br>버팀목전세자금대출 | 청년<br>버팀목전세자금대출 | 버팀목전세자금대출 |
|---|---|---|---|
| 대상 | 혼인기간 7년 이내, 또는<br>3개월 이내 결혼예정자 | 만 19세~34세 이하 | 일반 |
| 소득조건 | 연 소득 7천 500만 원<br>이하(부부합산) | 연 소득 5천만 원 이하 | 연 소득 5천만 원 이하<br>(2자녀 이상 가구,<br>6천만 원 이하) |
| 자산조건 | 순자산가액 3.45억 이하 | | |
| 주택수 | 무주택자 | | |
| 대상주택<br>(보증금<br>상한) | 전용 85㎡ 이하<br>수도권 4억,<br>그 외 지역 3억 원 | 전용 85㎡ 이하<br>3억 원 이하 | 전용 85㎡ 이하<br>수도권 3억,<br>그 외 지역 2억<br>(2자녀 이상 가구,<br>4억 원 이하) |
| 대출한도 | 수도권 3억,<br>그 외 지역 2억 이내<br>(보증금의 80% 이내) | 최대 2억 이내<br>(보증금의 80% 이내) | 1. 수도권 1.2억,<br>그 외 지역 8천만 원<br>(보증금의 70% 이내)<br>2. 2자녀 이상 가구, 1억<br>(보증금의 80% 이내) |
| 금리 | 1.2~2.1% | 1.5~2.1% | 1.3~2.4% |

입주장을 하다 보면, 전세자금대출 업무를 담당하는 전문 상담사들이 사무실을 방문한다. 방문하는 상담사를 잡상인으로 취급하지 말고, 나의 협력자라고 생각하고, 환대해 주기 바란다. 대출상담사와 친분을 쌓으면, 그들에게 전세자금대출 관련해서 궁금한 많은 질문들을 언제든 편하게 할 수 있다.

② 전세자금대출의 신청

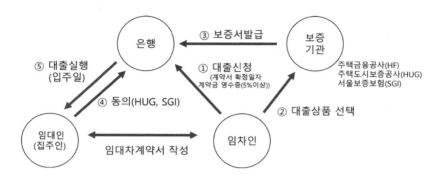

일반적인 전세자금대출을 이용하는 경우의 대출 신청 절차이다.

우선, 임차인은 임대인과 작성한 임대차계약서(확정일자를 받아야 함)와 계약 시에 지불한 계약금 영수증(거래금액의 5% 이상, 즉 전세보증금이 5억이면, 2,500만 원 이상)을 지참하여, 은행에 문의하면 된다. 은행과 상담 시 대출 상품을 선택하면, 보증기관에서 보증서를 발급해 준다. 대출 상품에 따라, 신청 시부터 대출이 나오기까지 심사 과정 등의 시간이 소요될 수 있으므로, 입주 1개월 전부터 늦어도 2주 전까지는 대출 신청을 완료해야 한다.

전세자금대출 상품마다 상이하지만, 임대인의 동의가 필요한 경우에, 임차인이 전세자금대출을 신청하고 일정 시간이 되면, 은행은 소유자에게 동의 절차로서, 내용증명과 함께 전화통화를 하여, 질권설정을 하게 된다.

그리고, 입주시작 전에 임대차계약을 하고, 이후 입주아파트에 대한 준공인가(또는, 사용승인)가 되면, 준공인가 서류 등을 은행에 제출해야 하는데, 이때에는 계약을 진행한 수임중개사가 해당 서류를 확보하고 있다가, 임차인 또는 해당 은행에 송부하면 된다.

### ③ 입주일(잔금일)에 대출 실행 및 제출 서류

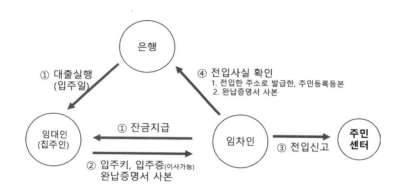

임차인이 입주하는 잔금 날에 일어나는 일들을 시계열적으로 설명하겠다.

우선, 잔금일 오전 10시 전후에 임차인이 대출 신청한 은행으로부터 신청한 전세자금대출 금액이 소유자 계좌로 입금된다. 그리고 보증금 중 부족한 금액이 있다면 해당 금액은 임차인이 직접 임대인에게 송금한다. 임대보증금을 수령한 임대인은 은행에 대기하고 있다가 전세보증금이 입금되는 즉시, 이주비, 중도금대출, 분담금의 잔금, 관리예치금 등 입주증과 입주키를 수령하는 데 필요한 비용 일체를 납부하고, 각각의 납부영수증을 지참하고, 입주아파트 내 입주지원센터로 가면 된다.

　입주지원센터에서는 중개사, 임대인, 임차인 모두가 만나서 입주절차를 밟게 된다. 먼저, 관리실에서 관리예치금 납부영수증을 통해 납부 사실을 확인하고, 임차인은 관리실에 비치된 입주자 명부를 작성한다. 다음으로, 입주지원센터에 각각의 납부영수증을 제출하면, '입주증'을 발급받게 된다. 이때, 입주지원센터에 임대인이 입주 관련 잔금 일체를 납부하였음을 확인하는 '완납증명서'를 받을 수 있는데, 통상 이 '완납증명서'를 전세자금대출을 실행해 준 은행에 보내줘야 한다. 중개사 입장에서는, 가급적이면 전세자금대출 여부와 무관하게 잔금일에 입주지원센터에 방문하면 습관적으로 '완납증명서'를 받아두면 좋겠다.

　이어서, 수령한 '입주증'을 갖고, 바로 인근에 위치한 키불출처에 방문하면, 이곳에서 입주에 필요한 세대 키와 세대별 지급품에 대한 설명을 듣게 되고, 개략적으로 체크리스트를 작성하고, 매니저와 동행하여 계약한 세대로 이동하면 된다.

　입주 당일에 임차인은 시간이 날 때, 반드시 관할 주민센터에 방문하여, 전입신고를 하고, 전입한 주소로 발급된 '주민등록등본'을 전세자금대출 은행에 전달하면, 모든 과정은 마무리된다.

　끝으로, 임대차계약이 종료되면, 전세보증금을 반환하게 되는데, 이때 집주인인 소유자는 보증금액을 임차인에게 직접 지급하면 안 된다. 반드시, 전세자금대출을 실행한 은행에 연락해서, 보증금 중 얼마의 금액을 은행에 입금하고, 나머지 금액 얼마를 임차인에게 지급해야 하는지 확인한 후, 보증금을 반환해야 한다.

# 5. 전세보증금반환보증 제도

최근 깡통전세로 인한 전세사기 피해가 급증하여, 사회적 문제가 됨에 따라, 전세보증금반환보증보험에 가입하는 임차인이 증가하고 있다. 전세보증금반환보증 제도는 소중한 전세보증금을 지키고, 임대차가 종료되었음에도 임대인이 정당한 사유 없이 임차보증금을 반환하지 않는 경우에, 공사(주택도시보증공사 HUG, 한국주택금융공사 HF, 서울보증보험 SGI)가 임대인을 대신하여, 임차인에게 임차보증금을 지급하는 상품이다. 하지만, 이들 전세보증금반환보증 상품은 재개발 재건축 입주아파트와 같이 준공 후 이전고시(등기완료)까지 수개월이 소요되어, 임차인이 주로 입주하는 입주기간에 미등기 상태인 경우에는 가입이 불가능하다. 그런데, 전세보증보험은 임대차계약의 잔여기간이 1년 이상(2년 계약 시) 남아 있어야 가입이 가능한데, 만약에 입주아파트의 등기가 1년 이상 늦어지게 되면, 보증보험 가입 자체가 사실상 불가능하게 된다. 따라서 재개발 재건축 아파트가 준공된 후 미등기 상태라도 보증보험 가입이 가능하도록 하는 제도 개선이 필요해 보인다.

아래는 전세보증보험 상품에 대한 간략한 내용이다.

# 전세보증보험 상품

| 구분 | HUG<br>전세보증보험 | HF<br>전세보증보험 | SGI<br>전세보증보험 |
|---|---|---|---|
| 가입조건 | 전세계약기간이 1/2이<br>경과하기 전까지 | | 임대차기간이 1년 이상이면서,<br>계약기간의 1/2이<br>경과 전까지 |
| 전세보증금 | 수도권 7억 이하<br>그 외 지역 5억 이하 | 수도권 7억 이하<br>지방 5억 이하 | 아파트는 제한 없음 |
| 보험요율 | 연 0.115~0.128% | 연 0.02~0.04% | 연 0.183~0.208% |

# 6. 임대차계약서 작성 요령

　　입주장에서 임대차계약을 진행하는 데 있어, 주의해야 할 사항이 임대인의 성향이다. 처음 입주하는 신축 아파트라, 집주인은 세입자가 어떠한 사람인지 궁금증이 많다. 그래서 가급적이면 가족이 단출한 신혼부부 등을 가장 선호한다. 계약할 임차인이 신혼부부라고 하면, 전세보증금을 조금 깎아주는 경우도 많다. 반면에, 남자 혼자 거주한다거나, 어린아이가 있는 임차인은 선호하지 않는다. 남자 혼자 거주하게 되면, 관리를 잘 안 할 것 같고, 어린아이가 있으면, 벽지나 바닥 면에 손상을 입힐 수 있다는 선입견이 생길 수밖에 없다.

　　아래는 입주장에서 실제로 자주 사용하는 전세계약서 특약 내용이다.

---

1. 본 계약의 임대인과 임차인은, 수임중개사에게 본 물건의 계약서 작성 및 관리의 목적을 위해, 개인정보(이름, 주소, 연락처, 주민등록번호 등)를 제공하는 데 동의한다.

2. 본 계약은 계약일 현재 건축 중에 있는 ***아파트 000동 0000호(시스템에 어컨4대, 인덕션, 안방붙박이장)에 대한 전세계약임.

3. 임대인은 잔금일에 전세보증금 수령 즉시, 이주비, 분담금의 잔금, 중도금대
출 등 입주에 필요한 비용 일체를 납부하여 임차인의 입주에 문제없도록 한다.

4. 임차인은 임차기간 중 하자를 발견하는 즉시, 임대인 또는 관리실에 통보하고
하자보수에 적극 협조한다. 또한, 애완동물은 키우지 않기로 한다.

5. 임대인은 선순위대출을 받지 않기로 한다.

6. 임대인은 임차인의 전세자금대출에 동의하며, 그 절차에 협조한다.

7. **상기 잔금일에도 불구하고, 임대인과 임차인은 조합 및 시공사에서 지정하
는 입주지정 기간 내에서 상호 협의하여 잔금일을 변경할 수 있다(단, 공휴
일은 제외).**

8. 기타 사항은 민법, 주택임대차보호법 및 부동산 관례에 따른다.

9. 임대인의 지정계좌: 홍길동 00은행 100-2000-00000

위 특약 내용에서 보면, 3항 잔금일에 전세보증금 수령 즉시, 이주
비 등 비용 일체를 납부한다는 내용과 5항 선순위 대출을 받지 않는
다는 내용은 반드시 기재한다. 그리고 임대인의 최대 관심사는 임차
인이 거주하는 동안 발생하게 되는 하자에 대해 적극적으로 대처해
주는 것이다. 따라서 하자보수에 관한 내용도 반드시 기재해야 하며,
애완동물 키우는 것도 당연히 싫어한다. 신축 입주아파트에 임차인
이 애완동물을 키운다고 하면, 그 어떤 임대인이 좋다고 하겠는가. 또
한 6항에서 "임대인은 전세자금대출에 동의하며,"라고 되어 있는데,
가끔 중개사분들 중에는 '동의한다' 대신에 '협조한다'라고 습관적으

로 기재하는 분들이 있지만, 동의와 협조는 법률상 의미하는 바가 엄연히 상이하므로 주의해야 한다. 계약 당시에는 임대인과 임차인이 순조롭게 협의하에 계약이 진행되었으나, 이후 어떠한 이유로 서로의 관계가 틀어지게 되면, 임대인이 종종 임차인의 전세자금대출에 비협조적으로 나오는 사례도 있다. 그러니, 특약에는 반드시 '동의한다'라고 기재해야 한다.

입주장이 좋은 점은 입주해야 하는 날짜가 딱 하루로 한정되어 있지 않고, 입주기간 내에 입주하면 되므로, 혹시 모를 임차인의 사정에 따라 잔금일을 조정할 수 있다는 것이다. 다만, 공휴일에는 임대인이 잔금 등을 납부처리 해야 하는데 은행 업무를 볼 수 없으므로, 잔금일은 평일로 하여야 한다.

다음으로, 9항에 임대인의 지정계좌를 기재했는데, 부동산 계약서를 작성할 때 특별한 사정이 있는 경우를 제외하고는 임대인의 이름과 임대인의 지정계좌를 기재하기 바란다.

이외에도, 주택임대차 신고제에 따라, 계약일로부터 30일 이내에 관할 주민센터 또는 부동산거래관리시스템을 통해 임대차 신고를 해야 함, 벽 타공이 필요한 벽걸이TV 설치 금지(최근에는 무타공 방식의 벽걸이TV 설치가 가능함), 실내 흡연 금지, 벽면 못질 시 임대인에게 사전 동의를 받을 것, 도시가스 연결비용은 임대인이 부담하기로 한다 등이 입주장에서 임대차계약서에 주로 기재되는 특약 내용이다.

중개사들 중에는 계약서는 나름대로 열심히 설명하는데, 중개대상물 확인설명서는 귀찮아서인지, 특별히 설명할 만한 내용이 없어서인지, 양이 많아서 부담스러워서 그러는 것인지, 대충 얼버무리고 넘어가는 분들도 많이 있다. 하지만, 중개대상물 확인설명서는 명확하게 하나하나 설명해야 한다. 그런데, 스피드를 요하는 입주장에서 최대한 빨리 계약서 작성을 마무리하는 것이 목표이므로, 나는 확인설명서 내용을 설명하는 시간을 단축하기 위해, 확인설명서 전체를 최대한 빨리 읽으면서도 명확하게 설명하는 나만의 방법을 찾고자 노력했다. 여러분들도 확인설명서를 어떻게 하면 빠르고 정확히 설명할 수 있을지 고민해서, 스크립트를 짜서 연습해 보기 바란다. 스크립트를 한 번만 잘 짜놓으면, 어떤 계약을 진행하더라도 도움이 될 것이다.

한편, 임대차계약 작성 시에, 임차인에게 임대차계약서와 확인설명서 외에도, 임차인이 전세자금대출을 받는 경우에는, 다음의 서류를 첨부해 줘야 한다.

1. 분양계약서의 사본
2. 계약금 지급 영수증
3. 임대인의 신분증 사본
4. 준공인가증 또는 (임시)사용승인서
5. 분양대금 완납증명서(잔금일에 보완)

여기에서, 계약 시에는 임대차계약서, 보증금액의 5% 이상을 지급한 영수증 및 분양계약서의 사본을 챙겨주고, 준공인가 서류는 통상 입주시작 며칠 전에 나오므로, 그때 보내주면 되고, 잔금일에는 임대인이 분양잔금 등을 납부하였음을 확인해 주는, 완납증명서를 챙겨

주면 된다. 그리고 임대인의 신분증 사본도 가급적이면 계약 시에 임차인에게 주면 좋다. 다만 임대인의 신분증 사본을 지급할 때에는 주민등록번호 뒷자리와 발생일시는 보이지 않도록 해야 한다. 입주장마다 상이하지만, 임차인이 입주 전에 입주청소를 하기 위해서는 통상적으로, 입주지원센터 내의 임시방문처에서 임대인의 신분증 사본 제출을 요구한다. 그리고 입주지원센터의 매니저가 임대인에게 직접 전화해서 임시방문에 대한 동의를 구하면 입주청소(또는 임차인의 임시방문)가 가능하다.

# 7. 입주권 매매계약서 작성 요령

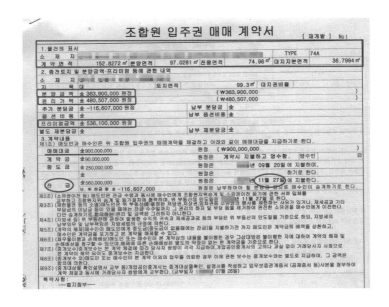

실제 조합원 입주권 매매계약서이다. 계약서 상단의 "물건의 표시" 란은 분양계약서를 참조하여 기재하면 된다. 그 아래에는 조합원이 종전 토지에 관한 내용을 기재하면 되고, 이때는 토지등기부를 발급 받아서 그 내용을 기재하면 된다. 이어서, 분양금액, 권리가액, 추가

부담금(위의 계약서에서 마이너스 표시는 환급금을 의미함)을 분양계약서를 참조해서 기재하면 된다.

한편, 프리미엄금액은 매매금액에서 분양금액을 빼준 금액이다. 이 건의 잔금일은 11월 27일이다.

이 건을 진행하는 데 있어, 매수인의 상황을 이해하고, 계약서 특약에 잘 반영해야 한다. 매수인은 토지취득세(4.6%)가 아닌 주택(1~3%)으로 취득세를 납부하고자 하며, 더불어 거래 물건으로부터 담보대출을 받아서, 잔금의 일부를 지급해야만 한다.

마무리까지 계약 진행을 어떻게 해야 하는지 머리에 정리되는가? 정리가 잘 안된다면, 7장 내용 중 "입주 전 매매와 입주 후 매매의 차이와 그 절차"의 상세한 설명, 그리고 8장 내용 중 "준공 후 입주기간에 잔금 시 취득세"를 다시 읽어보기 바란다.

계 약 서 별 지

No.1

| 계약일자 | | | | | | |
|---|---|---|---|---|---|---|
| 소 재 지 | | | | | TYPE | 74A |
| 계약면적 | 152.8272㎡ 분양면적 | 97.0281㎡ 전용면적 | 74.96㎡ 대지지분면적 | 36.7994㎡ | | |

**특약사항**

1. 매도인과 매수인은 본 계약서의 작성 및 관리의 목적으로, 개인정보를 제공하는데 동의한다.
2. 매도인은 잔금일 10일 전인 　　　년 11월 17일에 매수인에게 토지등기를 이전하기로 하며, 이후 분양계약서 명의변경 절차에 협조하기로 한다.
3. 　　　년 11월 17일에 매도인은 토지등기를 매수인에게 명의이전해주고, 매수인은 당일에 2차중도금조로, 이주비 금 165,000,000원(도시주택보증공사, 채권최고액 금199,200,000원정)을 매도인에게 지급하고, 매도인은 상환납부하기로 한다. 또한, 매도인은 입주증과 입주 키(key)를 수령하기로 한다. 이후, 토지등기와 분양계약서의 명의변경이 완료되고, 잔금을 지급받을 때 입주증과 입주 키(key)를 매수인에게 전달하기로 한다.
4. 별도 제부담금(　　　　　　 일반취득세, 기타 조합에서 발행하는 추가비용 등등)은 본 매매계약에 따라 매수인이 승계하기로 한다.
5. 제4항에도 불구하고, 시행사(LH)나 시공사로부터 본 매매계약의 잔금일까지 통지되는 추가부담금에 대해서는, 매수인과 매도인이 반반씩 부담하기로 한다. 따라서, 추가부담금에 따라 환급금(금116,607,000원)에 변동이 발생하면, 매도인과 매수인이 반반씩 부담하기로 한다.
6. 매수인은 본 계약에 따라, 잔금일 이후부터 청산완료까지 발생하는 조합원으로서의 권리와 의무를 포괄승계하기로 한다.
7. 매수인은 시스템에어컨2대를 추가설치하며, 그 비용은 300만원을 한도로하며, 매도인이 부담하기로 한다.
8. 공급계약서 및 옵션계약서는 거래안전을 위해, 명의변경 완료시까지 수임중개사가 보관한다.
9. 기타사항은 민법, 부동산계약법 외 관례에 따른다.
매도인 지정계좌 :

우선, 매수인이 거래 물건으로 담보대출을 받기 위한 조건을 해결하는 과정을 보자. 별지 특약 내용을 보면, 2조에서 토지등기를 11월 17일에 이전하는 것으로 되어 있다. 왜냐하면, 매매잔금일인 11월 27일에 매수인이 대출을 받아서 매도인에게 잔금을 지급해야 하므로, 잔금일 전에 분양계약서상의 명의가 매도인으로부터 매수인으로 변경되어야 하고, 매수인은 본인의 명의로 변경이 완료된 분양계약서를 주택담보대출을 신청한 은행에 제출해야 한다(물론, 대출 신청은 그 이전에 해둬야 함). 따라서 잔금일 11월 27일보다 빠른 11월 17일에 매도인으로부터 매수인으로 토지등기 이전신청을 등기소에 접수해야 한다(법무사가 등기이전 관련 서류를 받아서, 등기소에 제출함). 11월 17일에 토지등기가 접수되고 며칠이 지나 매수인 명의로 토지등기가 완료되면, 매수인과 매도인은 동행하여, 시공사와 조합(시공사 또는 조합)에 방문해서, 분양계약서상의 명의를 변경하면 된다.

[참고로, 이 건 거래에서 매수인의 담보대출 신청을 은행에서 분양계약서 명의변경 이전에 받아준다는 전제하에, 토지등기이전 시점(11월 17일)과 분양계약서 명의변경 시점(11월 27일), 그리고 매수인의 실제 입주날짜(12월 1일, 이때 은행 대출도 실행되고, 최종 잔금이 지급됨)를 정한 것이다. 만약, 은행에서 분양계약서상의 명의변경이 완료된 후에야 대출 신청을 받아준다고 하면, 대출금액이 실행될 때까지 기본 2~3주 이상 소요되므로, 이때에는 토지등기와 분양계약서상의 명의변경 일자를 앞당겨 진행해야 한다.]

다음으로, 매수인이 토지취득세가 아닌 주택취득세를 납부하는 조건을 해결하는 과정을 보자. 이 부분은 크게 어렵지 않다. 이 매매계약 건은 매도인이 환급 대상자이므로, 납부해야 할 추가분담금이나 분양잔금이 없다. 특약 제3조와 같이, 이주비만 매도인이 상환납부 하면 아파트를 완성시키게 된다. 예를 들어 조합원이 추가부담금에 따른 중도금대출금과 분양잔금, 그리고 이주비 대출이 있다면, 이러한 모든 항목들을 매도인이 본인 명의로 직접 납부해서, 아파트를 완성시킨 후에, 매수인에게 명의이전 및 매매잔금을 처리하면, 매수인은 종국적으로 아파트에 대한 취득세만 납부하게 되는 것이다. 물론, 매도인은 건물분 취득세를 준공일로부터 60일 이내에 납부해야 한다.

**제8장의 2. 준공 후 입주기간에 잔금시 취득세의 "③ 최근의 조합원 취득세 방향"에서 기술한 바와 같이, 입주아파트가 준공인가(또는 사용승인)되면, 매도인(조합원)의 분양잔금 등의 납부여부와 무관하게 아파트가 완성된 것으로 간주하여, 매도인은 건물분 취득세를 준공일로부터 60일 이내에 신고납부하게 되고, 매수인은 단순히 아파트를 매수한 것이므로, 주택에 대한 일반 취득세만 납부하면 된다.**

그리고 조합원 입주권을 준공 전에 계약서를 작성하고, 입주기간에 잔금을 지급하는 거래는 자주 발생한다. 그런데, 계약서 작성과 잔금 지급일까지의 기간이 통상적인 거래보다 길다 보니, 입주시점이 가까워져서 갑자기 조합원의 추가부담금이 발생하는 경우가 있다. 따라서 예상하지 못한 추가부담금이 발생했을 때 어떻게 처리해야 할지를 사전에 매도인과 매수인이 합의를 하면 좋다. 따라서 특약 제5항과 같이, 잔금일 전까지(또는 준공일까지) 등 특정일을 기준으로 추가부담금에 대해 조합이나 시공사로부터 통지가 있게 되면, 서로 협의한 내용대로 부담한다는 특약 내용을 기재하면 좋다.

또한, 이전고시로 인한 등기가 완료되기 전에 매도인과 매수인 간의 명의변경이 이뤄지면, 매수인이 조합원으로서의 지위와 자격을 승계하게 된다. 따라서 특약 제6조와 같이, 잔금일 이후 발생하는 조합원으로부터 권리와 의무를 매수인이 포괄승계 하는 것으로 기재해야 한다. 잔금일 이후 발생할 수 있는 대표적인 사건이라면, 조합 청산 시까지 또 다른 추가부담금의 납부의무 또는 환급금의 수령이라고 할 수 있겠다.

또 한 가지 부가하면, 준공 후 입주기간에 매매잔금을 지급하는 매매거래에서, 조합원의 무상옵션은 매도자 또는 매수자 중 누구의 소유로 할 것인지를 특약서상에 반드시 기재해야 한다. 조합원의 무상옵션에는 TV, 세탁기, 냉장고 등 물건으로부터 분리 가능한 품목이 있고, 이와는 달리, 빌트인 냉장고, 인덕션 등 물건에 부속되어 분리 불가능한 품목이 있다. 그런데, 입주권 거래는 통상 조합원의 권리와 의무를 매수인이 포괄해서 승계하는 계약이므로, 조합원에게 지급되는 무상옵션도 매수인이 가져가는 것으로 볼 수 있겠으나, 매도자는 준공된 후에 아파트를 완성해서 매수자에게 이전하는 것이므로, 조합원 무상옵션 중 분리 가능한 가전제품(TV, 세탁기 등)은 조합원의 권리와 의무를 승계하는 것과 무관하게 그동안 조합원이었던 본인이 가져가는 것으로 생각하는 사례도 많다. 이러한 이유로 분쟁이 발생할 수 있으므로, 특약 내용에 "조합원(매도인) 무상옵션은 본 매매거래에 따라 매도인이 가져가기로 한다" 또는 "조합원(매도인) 무상옵션은 본 매매 거래에 포함되어 매수인에게 귀속한다"와 같이 반드시 명시해야 한다.

끝으로, 공급계약서와 옵션계약서의 정본은 거래 안전을 위해 명의 변경이 완료될 때까지 수임중개사가 보관해야 한다.

토지매매계약서는 조합원 입주권을 거래하게 되면, 부가적으로 작성해야 하는 서류이다. 소재지는 종전 토지의 주소를 기재하면 되고, 토지매매금액은 권리가액과 프리미엄의 합산금액이다. 이건 매매계약서를 보면, 권리가액은 480,507,000원이고, 프리미엄 금액은 536,100,000원이므로, 토지매매금액은 10억이 조금 넘는 1,016,607,000원이다. 이 금액이 매수인이 준공 전 입주권 상태로 매매거래 시에 토지취득세를 납부하는 기준금액이 된다.

한편, 매매 시에도 본인확인 서류는 임대차계약 시와 별반 차이는 없다. 다만, 임대인의 공급계약서는 위에서와 같이 계약 시부터 명의 변경이 완료될 때까지 수임중개사가 보관한다. 소유자 중에는 중개사가 분양계약서를 보관하는 것을 꺼려 하는 경우도 있긴 하지만, 거래 안전을 위해서 중개사 보관하는 것이라 설득하며 양해를 구한다. 임대차계약 시에도 수임중개사가 보관하면 좋겠지만, 현실적으로 임대인의 동의를 구하기가 쉽지 않다.

임대차계약이든, 매매계약이든 어떤 계약서를 작성하든, 특약 내용은 가급적이면 차후에라도 특약 내용을 보면 중요사항 모두를 바로 알 수 있도록 많이, 그리고 꼼꼼하면서도 명료하게 기재함으로써, 혹시 모를 분쟁의 소지를 미연에 방지하려 노력해야 한다.

중개사가 계약 진행을 하다 보면 발생하는 사건들 중에 계약금을 지불하고, 부동산 매매계약서를 작성하였는데, 중도금 지급일과 잔금 지급일도 협의하여 정하였는데, 중도금 지급일에 매수인이 중도금 지급을 미루는 경우가 있다. 이때는 어떻게 해야 하나, 가끔 일반인들 중에는 중도금 지급일에 중도금이 안 들오면 즉각적으로 계약을 해지할 수 있는 것으로 생각한다. 그런데 실무에서 보면, 이 경우에 법적으로 어떻게 진행해야 하는지 당최 모르는 중개사분들도 생각보다 많다. 우리는 국가 공인 시험을 통과한 공인중개사인, 부동산 전문가가 아닌가. 민법을 공부하였으니 '이행지체'와 '이행불능'이란 용어를 알고 있다. 매수인(또는 임차인)이 중도금 지급일에 중도금을 정당한 사유 없이 지급하지 않으면 이행지체 상태가 된다. 이 이행지체 상태에서 바로 계약 해지가 가능한가? 그렇지 않다. 그럼 어떻게 처리해야 하나? 여러분들이 열심히 공부한 민법에서, 중도금 지연으로 인한 이행지체 상태에서 이행불능 상태로 넘어가야만 계약의 해지가 가능하다고 알고 있을 것이다. 그럼, 이행불능에 도달하기 위해서는 무엇을 해야 하나, 바로 '최고'의 통지를 해야 한다. 쉽게 말해서, 중도금 지급을 이행하라고 내용증명 등을 보내는 것이 바로 '최고'이다. 이렇게 일정 기간(통상, 일주일 내외)을 정하여, 2번 정도 '최고'를 하였음에도 이행이 안 되면, 그때에는 이행이 불가능한 것으로 간주하고, 그 내용(계약 해지의 내용)을 다시 매수자에게 통지해야 한다. 상식적인 내용으로 보이지만, 실무에서 중도금 지연 등과 같은 이행지체가 발생했는데 이에 대한 처리와 진행을 중개사조차 충분히 이해 못 하는 경우들을 많이 봐왔다.

# 8. 아파트입주장 투자기법

   입주장에서는 매매와 전월세 물건이 많이 거래된다는 것은 이제 누구나 알고 있다. 그럼, 재개발 재건축 물건, 특히 조합원 입주권을 언제 사면 가장 좋을까? 여러분들의 생각은 어떤가? 정부 정책이라던가, 우리나라 경제상황이라던가 외부요인은 배제하고, 평온·공연한 부동산 시장상황이라고 가정하고 답해보기 바란다.

   통상적인 답변으로는 아마도, 사업 초기 단계인 정비예정구역 지정 전후 또는 안전진단통과 전후가 가장 좋다는 사람도 있을 것이며, 사업시행인가 전후, 관리처분 전후, 입주시작 직전과 같이 사업의 리스크가 많이 줄어든 시점을 생각하는 사람도 있을 것이다. 여러분들은 나름대로의 정보와 투자 경험을 바탕으로 대답했을 것이다. 그런데, 사업 초기에 투자하는 방식은 운이 좋으면 투자수익이 크겠지만, 잘못하면 사업의 장기화로 인해, 시세 상승이 약하게 되어 생각보다 큰 수익이 안 나는 경우도 다반사다. 사업시행인가 이후로는 사업의 리스크가 많이 줄어들었기 때문에 거래시세가 높다. 물론, 운이 좋아서 높은 투자수익을 올렸을 수도 있다. 여러분들이 답한 내용과 같다면, 내가 이 질문을 하지도 않았을 것이다.

그럼 "입주시작 1년 전에 투자하라" 이런 말은 들어봤는가? 내가 만들어 낸 말이다. 입주장을 죽어라 뛰어다니며, 나의 경험을 바탕으로 만들어 낸 이론이다. 잘 들어보기 바란다. 물론, 100% 정답은 아닐 수는 있지만, 논리적으로 설명해 보겠다.

재화의 가격은 수요와 공급에 의해서 결정된다. 부동산 가격도 마찬가지로, 공급 즉 매물이 많아지면, 가격은 하락한다. 그리고 또 언제 하락할까? 부동산을 소유한 사람들이 경제적으로 어려워지면, 대출을 받아서 생활하고, 그러다가 재정사정이 악화되면 부동산을 처분하게 된다. 그런데, 그 처분 시점에 하필 부동산 시장이 안 좋으면 결국 급매로 던져야 한다. 이런 내용은 누구나 알 것이다.

재개발 재건축 조합원 입주권에서도 이와 비슷한 상황이 벌어지는 때가 존재한다. 처음 들어볼 것이다.

재개발 재건축 조합원은 자신의 종전 자산의 평가금액에 따라, 권리가액이 정해지고(평가금액×비례율), 조합원분양가와의 차액을 추가부담금이라는 명목으로 1~6차에 걸쳐서 분납하게 된다. 그리고 추가부담금 중의 일정 금액에 대해서는 중도금대출이라는 명목으로 담보대출을 받게 된다. 그런데, 통상적으로, 중도금대출은 중도금의 전체가 아닌, 60%인 경우가 많다. 과거 몇 년 전에는 일괄해서 60%였다(문재인 대통령 시절 규제지역에서의 대출 규제로 인해 40%로 감소하기도 했다).

분양계약 후 추가부담금을 납부하는 조합원은 추가부담금에 대해 20%의 계약금, 60%의 중도금(1~6차, 각각 10%씩), 그리고 20% 잔금(입주 시에 납부)의 순으로 납부하게 된다. 중도금은 통상 6개월 간격으로 납부하는 경우가 많은데, 추가부담금이 큰 조합원은 계약금(20%)

부터 중도금대출을 받는데, 그럼 중도금을 4차까지 대출처리 해서 납부하고 나면, 중도금대출 한도(60%)에 도달하고, 중도금 5차분과 6차분은 자기 자금으로 납부해야 한다. 재건축 단지에 비해, 재개발구역 조합원은 자기 자금이 충분치 않은 사람들이 많다. 그렇다 보니, 자금 여력이 녹록지 않은 조합원들 중에는 중도금 5차분을 납부하기 어려워지고, 결국 조합원 입주권을 처분해야 하는 상황이 온다. 이 시점이 통상 입주 1년 전후이다. 그런데, 입주가 앞으로도 1년이나 남았으니, 매수하고자 하는 사람이 타 지역에서 전세로 살고 있거나, 1주택자로서 갈아타기를 하고자 하는 경우라면, 여유자금이 충분치 않아, 입주 1년 전에 미리 매수하기가 쉽지 않다. 그렇다고, 입주가 1년이나 남은 상태인데, 입주 시 잔금으로 매매를 진행하기도 쉽지 않다. 그래서 이 시점에는 생각보다 매수 수요가 많지 않다. 결국, 조합원은 급한 마음에 조금이라도 저렴한 급매로라도 처분하게 된다. 따라서 재개발 입주예정아파트 물건을 매수하기에 적절한 시점이 입주 1년 전이라는 나의 말에 관심을 가져보기 바란다.

실제로 나는 서울의 모 입주장을 할 때 조합원이 6차 중도금을 납부할 시점에 무피로 나온 물건을 직접 매수하기도 했으며, 또 다른 입주장에서도 비슷한 시점에 조합원 입주권 물건을 무피로 거래해주기도 했다. 따라서 재개발 입주예정아파트 물건(입주장을 하다 보면 재건축 단지에서도 이런 물건들이 나옴)을 매수하고자 한다면 입주 1년 전부터 관심을 가져보기 바란다.

이번에는 다른 사례를 들려주겠다. 2015년, 서대문구 내 아파트 단지 4,300세대 입주장을 할 때의 부동산 가격 흐름을 보자. 나는 그해 2월 초에 입주장을 위해 사무실을 오픈했다. 일반분양으로 총 1,547세대 분양되었고, 2013년 분양 당시는, 2008년 미국발 리먼 브라더스 사태로 인한 장기간의 부동산 침체기에서 벗어나기 직전으로, 미분양이 크게 발생했다.

**서울 서대문구 ○○○아파트 일반분양 청약 결과**

| 평형 | 분양세대수 | 청약경쟁률 | |
|---|---|---|---|
| 26평형 | 49 | 141% | |
| 34평형 | 4098 | 43% | |
| 47평형 | 300 | 95 | |
| 58평형 | 56 | 2% | |
| 63평형 | 44 | 7% | |
| 합계 | 1,574 | 37% | |

다행히, 내가 입주장을 위해 사무실을 오픈한 시점으로 34평 미분양이 해소되면서, 26평과 34평 물건에서 프리미엄이 형성되기 시작했다. 500만 원부터 시작하여 5,000만 원까지 상승했으나, 입주시점에는 오히려 프리미엄이 하락했다.

그리고, 그다음 해인 2016년 초에 강동구 내 아파트 단지 약 3,600세대에서 입주장을 할 때에도, 해당 아파트 단지의 일반분양 청약 결과 미분양이 발생했으나, 미분양이 해소되는 시점부터 프리미엄이 붙고, 분양권 거래가 활발하게 진행되었다. 특히 입주(2017년 1월)시작

전인 2016년 여름부터 프리미엄이 크게 상승해서, 7,000~8,000만 원까지 올랐다. 그런데, 입주가 시작되면서, 급매 물건이 쏟아져 나왔고, 불과 2~3개월 만에 무피(프리미엄 0원)로도 나온 매물이 있었을 정도로, 단기간에 크게 하락했다. 그런데, 이 아파트 단지의 입주시점에 큰 외부요인(정부 정책의 변화, 전체 부동산 시장의 갑작스러운 변화)이 작용한 것도 아니었다. 위의 서대문구 아파트 단지에서도 입주시점에 특별한 외부요인은 없었다. 그런데도, 입주시점에 프리미엄이 크게 하락했다.

위의 두 아파트 단지들의 특징은, 일반분양세대가 많았다는 점, 미분양이 많았다는 점, 미분양이 해소되면서 프리미엄이 크게 상승했다는 점, 입주시점에 전세가격이 크게 하락했다는 점이다. 이러한 유사한 특징으로부터 입주시점에 매매가 하락이 발생한 이유를 유추해 볼 수 있다. 미분양 발생에 따라, 실거주 목적으로 분양받기보다는 단순 투자 목적으로 분양을 받거나, 분양권을 매수한 사람들이 많았을 것이다. 그런데, 입주시점에 전세가격 하락으로 인해, 전세보증금으로는 입주잔금을 충당할 수 없어, 연체이자 등이 부담된 사람들이 매매로 급하게 처분했을 것이다.

내가 경험한 과거의 사례들을 언급하는 이유는, 부동산 시장은 외부요인뿐만 아니라, 위와 같이, 내부요인들에 의해 언제나 우리의 예측과 다르게 움직일 수 있으므로, 각각의 사례가 지금 우리가 일하고 있는 입주장과 만약 유사하다면, 입주장 현장의 시세(특히, 매매가격)를 예측하는 데 조금이나마 도움이 될 것이기 때문이다. 이렇게 입주기간에 갑자기 가격 하락이 발생하면, 손님들에게 좋은 물건을 소개하기에 앞서, 우리 스스로 투자자의 입장에서 접근하면 좋을 것 같다. 중개사가 단순히 수수료만 받아서는 경제적 자유를 달성할 수 없음을 잘 알 것이다. 그러니, 우리 자신부터 투자 경험과 수익을 늘려가자.

# 13장

# 프로페셔널 공인중개사가 되자

# 1. 일찍 출근하라

오래전 내가 창동역 인근에서 중개업을 시작할 때의 일이다. 매일 1시간이 넘게 지하철 1호선을 타고 창동역에 도착하여, 1번 출구를 나오다 보면, 첫 번째 보이는 건물의 코너에 안경점이 하나 있었다. 전체 면적은 12평 내외로 크지 않았지만, 코너에 위치하다 보니, 실제 면적보다 더 넓어 보였다. 나는 매일 아침마다 그 안경점을 지나쳐 사무실에 도착했다. 그런데, 어느 날 안경점 사장님이 점포 전면의 유리창을 열심히 닦는 모습이 눈에 들어왔다. '아침 일찍부터 저렇게 열심히 청소하는 사장님도 있구나'라고 생각했다. 그런데, 다음 날도, 그다음 날도, 사무실에 도착하기 직전, 열심히 유리창을 닦고 있는 안경점 사장님의 모습을 보았다. 간판은 조금 낡아 보여, 누가 봐도, 오래전부터 영업해 왔음을 짐작할 수 있었다. 당시 나의 사무실 월세가 200만 원이 조금 넘었는데, 그 안경점의 입지가 더 좋았던 것을 감안하면, 월세가 적어도 300만 원은 넘었을 것이다. 문득, 이런 생각이 들었다. 높은 월세에도 오랫동안 안경점을 운영할 수 있었던 이유가 사장님이 저렇게 부지런하니, 아마도 손님들한테도 정말 열정적으로 잘 응대할 것이라 짐작할 수 있었다.

이후로, 나는 어떻게 행동했을까? 그래, 맞다. 나도 매일 아침 사무실 청소를 열심히 했다. 입주장을 시작할 때에도, 나는 직원들보다 항상 일찍 출근해서, 청소부터 열심히 한다. 하루의 시작은 반드시 청소로 시작한다. 주변을 청소하면 우선 머리가 맑아지고, 뿌듯한 마음이 든다. 청소 후 어떤 업무를 시작해도 활기찬 하루를 시작할 수 있을 것이다.

아침 일찍 출근해서 청소를 했으니 무엇을 해야 할까? 지금도 매일 나는 오전 8시 30분쯤에 사무실에 도착한다. 청소를 하고 나면, 눈을 감고 조용히 오늘 하루 해야 할 일을 머릿속에 그리며, 정리한다. 때로는, 팔굽혀펴기 등 가벼운 운동을 하기도 한다. 심장이 살짝 뛰는 느낌이 좋아서다.

이제부터, 일찍 출근해서 아침 시간에 나만의 루틴을 만들어 보자.

청소하고, 명상하고, 오늘 해야 할 일과를 머릿속으로 정리하고, 광고 물건을 정리하는 것으로 하루를 시작하자.

# 2. 일의 우선순위를 정하라

당신의 아침 일과는 어떻게 시작되는가? 이른 아침에 일어나, 명상과 독서를 하고, 아침 식사를 맛있게 먹고, 여유롭게 출근해서, 하루의 일과를 계획적으로 진행하는가? 아니면, 조금 늦은 시간에 눈을 뜨고, 무거운 몸을 겨우 일으켜, 부랴부랴 아침을 먹고, 오전 10시가 다 되어, 사무실에 도착해서는, 오늘 하루는 무슨 일을 해야 할까? 그때서야 고민하는가? 만약, 당신이 하루를 이런 식으로 시작한다면, 당신은 틀림없이 중개업에서 큰 성과를 내지 못하고 있을 것이다. 어쩌면, 운이 좋아, 어느 날은 매매계약도 하고 기분이 좋을 수도 있겠으나, 다음 날부터 계약을 성사시키지 못하는 날이 많아지고 점점 우울감이 쌓여, 수동적인 하루하루를 버티며, 부동산 시장이 좋아지기만을 마냥 기다리게 될 것이다.

하루를 계획적으로 시작하지 못하는 당신을 위해, 다음의 이야기를 들려주겠다.

1930년대 미국에 '아이비 리(Ivy Lee)'라는 경영 전문 컨설턴트가 있었다. 그의 고객으로는 록펠러, 모건, 카네기, 듀폰과 같은 거물들이 주를 이뤘다고 한다. 어느 날, 세기의 철강회사인 '베슬리헴스틸'의 경영주 '찰스 스왑(Charles Schwab)'이 아이비 리에게 조언을 구했다고 한다. "나에게 주어진 시간 내에 더 많은 일을 할 수 있는 방법을 가르쳐 준다면, 그에 합당한 보수를 얼마든지 지불하겠소" 아이비 리는 그에게 메모지 한 장을 건네주며, 이렇게 말했다. "매일 저녁에 15분씩, 내일 해야 하는 가장 중요한 일 6가지를 중요도 순으로 번호를 매겨 적으십시오. 그리고 1번부터 일을 시작하고, 그 일을 끝낼 때까지는 다른 일은 하지 마십시오. 1번 일을 다 끝내고 나면, 두 번째 일을 시작하십시오. 오늘 하루 다음 순번의 일을 다 하지 못했다고 해도 상관없습니다. 가장 중요한 일을 하고 있는 것이니까요. 다른 일들은 미뤄도 됩니다. 이 방법이 아니면 어떤 일이 가장 중요한지를 결정조차 못 할 수도 있습니다. 이렇게 해보시고 가치가 있었다고 생각하는 만큼의 금액을 수표로 보내주십시오" 그리고, 몇 주 후, 찰스 스왑은 아이비 리에게 수표를 보냈는데, 거기에는 2만 5,000달러(현재 가치로 약 50만 달러) 수표와 함께, "하찮아 보이는 방법이지만, 내 평생 배운 것들 중에서 가장 실용적이었습니다"라는 문구가 적힌 메모지를 보냈다고 한다. 실제로, 찰스 스왑은 이 방법을 통해 아홉 달을 미뤄왔던 전화를 걸어, 200만 달러어치의 철재 주문을 받아냈다고 한다.

아이비 리의 방법은 참으로 단순해 보인다. 하지만, 우리에게도 가치 있는 조언이 될 수 있을 것이다. 자 이제, 실행에 옮겨보자.

하루의 일과를 마치고, 잠들기 전에 습관적으로 내일 해야 할 일을 우선순위에 따라 적어보고, 다음 날 최우선순위부터 일과를 시작해보자.

# 3. 전문가로서의
## 지식을 습득하라

　공인중개사는 국가고시를 통과한 자격증을 소지하고, 부동산 중개를 업으로 하는 전문가이다. 많은 사람들은 중개사는 서비스업이라고 한다. 맞는 말이다. 서비스업이다. 하지만, 개인에게 가장 큰 실물자산인 부동산을 안전하게 거래할 수 있도록 도와주는 전문가이다. 그렇다면, 전문가로서의 품위뿐만 아니라, 그에 합당한 전문적인 지식을 습득해야 한다. 공인중개사 자격시험을 위해 열심히 공부하긴 했지만, 공부한 이론이나 용어를 실무에서 얼마나 자주 사용하는가? 개인마다 편차가 있겠지만, 공부한 내용을 실무에서 사용하는 사람은 많지 않을 것이다. 예컨대, 도시및주거환경정비법에 관련된 문제를 풀기 위해 공부했지만, 실무를 위해서는 더 많은 관련 책들을 읽거나 강의를 수강하거나 해야 한다. 경매배당 순서를 열심히 외웠지만, 경매대리신청을 위해서는 좀 더 전문적인 경매와 관련된 지식을 쌓아야 한다.

　또한, 부동산 관련 세금은 실무에서 고객에게 가장 많이 질문을 받는 사항이다. 예컨대, 양도세는, 취득세와는 달리 중개사에게 설명·고지의 의무가 없지만, 세금 관련 질문 중 가장 많이 받게 된다. 중개사라면 당연히 고객을 도와줘야 한다는 마음을 가져야 한다. 고객은 세금 전문가인 세무사를 찾기보다는, 자신의 집 주변에 있는 생활밀착형 업종인 주변 부동산에 방문해서 물어보기를 선호한다. 아무래도, 세무사와의 상담은 무료가 아니라는 점도 크게 작용할 것이다. 그러니, 중개사는 양도세 등 부동산 관련 세법을 열심히 공부하면 중개업을 하는 데 있어, 고객 상담 시에 아주 유용하다. 나는 세금 상담이 고객에게 가장 큰 서비스 중에 하나라고 생각한다. 그래서 양도세 공부만은 절대 소홀히 하지 않았다.

고객의 세금 관련 질문에 명확하게 답변해 줘 보라. 나를 대하는 고객의 태도부터 달라지며, 또한 중개 계약 건을 늘려주는 데도 도움이 된다.

부동산 거래를 위해서는 자기 자본만으로는 부족하기 때문에, 담보대출이나, 전세자금대출 등 금융 지식을 많이 알아두면 좋다. 세금 관련 질문처럼, 고객은 은행에 찾아가서 상담받기 전에, 부동산 사무실을 방문해서, 물건에 대한 설명뿐만 아니라, 은행 대출에 대한 질문도 자주 한다. 그래서 중개사는 담보대출 상한이나 이자율, 전세자금대출 상품의 신청 절차와 조건 등 기본적인 지식을 습득해 두면 좋다. 특히, 매수인이 대출을 받고자 하는 경우에, 매매계약서 작성 전에 대출 은행에 방문해서 대출 한도와 대출 조건 등에 대해 정확히 확인하도록 안내해야 하고, 은행마다의 특별한 조건이 있다면, 그 내용을 계약서 작성 시에 계약의 특약 내용에 잘 반영하여, 잔금 시 및 명의이전까지 원만한 진행이 가능하도록 해야 한다.

# 4. 부동산 시장의 흐름을 읽어라

나는 2005년 제16회 중개사 시험에 합격했을 당시에, 나는 로펌에서 국제특허업무를 담당하고 있었다. 중개사 시험에 합격하고, 자격증을 그냥 썩히고 싶지 않았다. 그래서 자격 취득 후 바로, 당시에 가장 큰 경매 커뮤니티 사이트였던 다음(Daum) 카페의 '경매 공부하는 사람들의 모임(일명, 경공사)'에 가입했다. 그곳에서 다양한 사람들과 소통하면서, 몇몇 분들과 경매 지역 모임을 만들게 되었고, 얼마 후 30명 정도로 오프라인 만남을 갖게 되었다. 첫 모임이고, 서로 얼굴도 모르지만, 부동산 경매라는 공통의 관심사가 있었기에 모임의 분위기는 참 좋았다. 사람들은 서로 자신들의 경험담이나, 어느 지역은 현재 부동산 가격이 얼마이고, 앞으로 부동산 시장상황이 어떻게 될지를 열심히 토론하고 있었다. 하지만, 자격증만 땄지, 부동산 경험이나 실전 지식이 전무했던 나로서는 그들의 대화에 쉽게 참여할 수 없었고, 무엇보다 그들의 대화 내용 대부분에 대해 이해 자체를 못 했다. 사실 그들의 대부분은 중개사 자격증도 없는 그냥 평범한 일반인이었다. 그날 이후로 어떻게 하면, 가장 빨리 부동산에 관한 지식을 키울 수 있을까 고민했다. 나는 부동산 관련 신문 기사를 꾸준히 읽고,

서울 곳곳을 알아야겠다고 생각했다. 그때부터, 나는 회사에 출근 후 오전 10시가 되면 매일의 부동산 신문 기사를 읽어나갔다. 거의 하루도 빠짐없이 부동산 기사들을 닥치는 대로 읽었다. 또한, 당시에는 네이버나 다음과 같은 포털사이트에서 지도 서비스를 제공하지 않았던 시기였다. 나는 경매 공부를 하기 전에 지역을 잘 알고 싶었고, 그러자면 지도가 필요하다고 생각했다. 지도 책자를 구입해서, 퇴근 후 집에 오면 시간 날 때마다 지도를 펼쳐서 눈이 빠지게 서울 각 구와 동의 위치 그리고 주거지역(1종 전용, 1종 일반, 2종 일반), 준주거지역, 상업지역이 어떻게 구분되는지 탐독했다. 당시에는 지도 보는 게 너무 재미있었다.

이렇게 1년 정도 지나고 나니, 우리나라 부동산 시장흐름이 어떻게 움직이는지가 눈에 들어오기 시작했다. 그리고 처음 모임에서 만났던 사람들과 대화를 하면서 그동안 나의 노력이 헛되지 않았음을 느끼게 되었다. 이 경매 모임은 3년 정도 유지되었다.

나의 경우에는, 주로 신문 기사를 열심히 탐독함으로 부동산 시장의 흐름을 파악하고자 했으며, 경매를 통해 부동산 물건의 권리분석을 잘할 수 있게 되었으며, 시간 날 때마다 지도를 보고, 다양한 지역에 임장활동을 하면서 안목을 넓힐 수 있었다.

여러분들도 부동산 관련 신문을 자주 읽으면 좋겠다. 그리고 요즘은 유튜브 등으로부터 양질의 영상 콘텐츠도 쉽게 접할 수 있으니, 선별해서 내 것으로 만들었으면 한다.

# 5. 중개보수는 당당하게 받아라

중개보수 요율 자체에 대해서는 여기에서 별도로 언급하지 않겠다. 필요한 사람은 검색해 보면 바로 나온다. 즉, 이 책에서 중개보수 요율은 중요한 게 아니다. 우리는 언제나 요율이 부족하다고 생각해야 한다.

중개사들 중에는 계약을 하고, 계약의 당사자한테 중개보수를 청구하려고 말할 때, 부담스러워하는 분들이 생각보다 많다. 중개업을 시작하고 한동안 나 또한 그랬다. 주려는 사람의 마음은 같을 수밖에 없어서, 대부분의 고객은 중개보수를 지급할 때 깎으려 한다. 아마도, 중개보수가 비싸다고 생각하기 때문일 것이다. 중개사분들 중에도 '맞아. 중개보수가 비싸긴 하지'라고 생각할 수는 있다. 하지만, 고객에게 그런 느낌을 주어서는 안 된다.

중개업을 하는 중개사는 중개보수를 언제나 내 노력에 대한 정당한 대가라고 생각하고, 당당하게 받아야 한다. 이는 부끄러운 것이 아니며, 부담스러워할 필요도 없다. 생각하기 나름이다. 당당한 표정과 말투로, 자신감을 표출해야 중개보수를 어렵지 않게 받을 수 있다.

내가 중개업을 시작하고 몇 개월 안 됐을 때의 일이다. 여러분들도 잘 아는 떡볶이 촌으로 유명한 서울 중구 신당동에서 중개업을 하고 있을 때의 일이다. 어느 날, 젊은 부부가 방문해서는 전세 1억 5천짜리 물건을 찾았다. 그들 부부와 이야기하는데, 계속 이 부부를 어떻게 하면 도와줄 수 있을까를 계속 고민하게 되었고, 그들 부부에게 일단, 보증금 1억 5천으로 전세를 구하지 말고, 재개발 물건을 사두고, 남는 자금이 조금 있으면, 월세를 얻으라고 조언했다. 당시 나의 사무실 주변에, 지하철 5호선 청구역 인근으로 재개발이 진행되고 있었고, 관리처분인가 직후의 상태였다. 수소문 끝에 이들 부부가 투자할 수 있는 너무 좋은 물건을 찾아냈다. 실투자금액 1억 2천이고, 추가부담금을 부담하면, 전용면적 59㎡를 분양받을 수 있는 물건이었다. 정말 싸고 좋은 물건을 계약해 주고 나니, 내가 기분이 좋을 정도였다.

잔금일이 되어, 중개보수(약 110만 원 정도였음)를 받아야 하는데, 110만 원 수수료를 모두 달라는 말이 입에서 잘 나오지 않았다. 심장이 마구 뛰었다. 그런데, 이들 부부는 당연히도 나의 기대와는 달리, 역시나 "수수료 좀 깎아주세요"라고 하는 것이다. 그런데, 이런 상황에 나는, "그럼, 100만 원만 주세요"라고 너무 쉽게 말해버렸다. 사실, 조합원 입주권을 중개할 때에는, 계약서만 쓰고, 잔금일에 수수료만 받는 게 아니라, 명의변경을 하기 위해 시공사와 조합을 추가로 방문해야 하는 등 통상의 주택 거래보다 해야 할 일이 많다는 점을 감안하면, 정당하게 수수료 일체를 청구했어야 했다.

위 사례처럼, 나는 젊은 부부의 사정이 안타까워, 그들을 돕고자 했고, 그들은 아마도 큰 투자수익을 봤을 것이다. 참고로, 해당 아파트의 최근 시세는 12억 원 정도이다.

내가 자주 언급하지만, 중개사는 고객이 원하는 것을 해결하고, 고객이 성공할 수 있도록 도움을 주는 사람이다. 도움을 주었다면, 그에 대한 정당한 권리를 주장하는 건 너무나 당연한 일임을 기억하자.

요즘 손님들은 참으로 똑똑하고, 영악하다. 가끔은 중개사를 가르치려 들려는 사람도 있다. 하지만, 우리는 부동산을 업으로 하는 프로페셔널이다. 전문 직업인이 사용하는 언어가 저급하면, 고객이 어떻게 생각하겠는가. 자신감 있는 말투와 적절한 전문용어를 사용하는 것부터 시작해서 나의 가치를 높여야 한다. 그래야, 중개보수도 잘 받을 수 있다.

한 가지 팁을 드리자면, 나는 계약서 작성이 끝나고, 귀가하는 고객에게 '커피쿠폰'을 보낸다. 작은 성의를 보여줌으로써, 생각지도 않은 선물을 받게 된 고객은 중개사에게 고마움을 표현하게 되고, 이후 잔금일까지 협조가 잘되며, 중개보수도 잘 지급한다.

# 6. 사후 관리를
# 잘해야 한다

입주장만을 돌아다니며 중개업을 하다 보면, 한곳에 정착하여 중개업을 지속할 수 없기에, 계약을 진행해 드린 고객에 대한 사후 관리가 소홀할 수밖에 없다. 이점이 입주장을 오랫동안 하면서 느낀 입주장 전문 중개업소의 가장 큰 단점이라 하겠다.

나는 고객에 대한 사후 관리의 시작은 계약 시부터 시작된다고 생각한다. 그래서 계약서를 작성하고 계약을 마무리할 때까지 완벽한 서비스를 제공하여 고객을 만족시키려 노력한다. 가끔은 공동중개 계약을 위해 타 부동산에 방문하면, 계약을 진행하는 대표님들 중에는 개인적인 성향일 수도 있겠지만, 계약서 작성부터 마무리할 때까지 엄숙함을 유지하시는 분들이 있다. 그러다 보니, 계약 당사자들은 중개사가 계약을 진행하기 위해 말을 하는 경우를 제외에는 무표정한 얼굴로 어색한 분위기에서 눈만 껌벅일 뿐 본인들도 엄숙함을 유지하게 된다.

계약서 작성이라는 중대한 업무를 하는 중이라지만 나는 이러한 분위기를 반기는 성향이 아니다. 그래서 계약서 작성 시 나만의 다양한 원칙들이 있는데 그중 하나가 계약에 임하는 고객을 기분 좋게 만드는 것이다. 계약서를 작성하는 중개사야 계약을 성사시켰으니 당연히 기분이 좋겠지만, 계약의 양 당사자는 항상 기분이 좋은 것만은 아니다. 계약의 조건에 불만이 있을 수 있고, 계약일에 중개사무실로 오는 길에 접촉사고가 날 수도 있고, 배우자와 다퉈서 기분이 언짢은 상태일 수도 있다. 그래서 나는 계약서 작성을 위해 마주 앉은 계약자들에게 "오시는 길에 수고 많았습니다", "오시는 길이 힘들지는 않았나요?", "처음 뵙겠습니다. 전화로만 뵙다가, 이렇게 얼굴을 보니, 참 괜찮으신 분이구나 바로 알 수 있겠네요" 등과 같이 최대한 첫눈에 느꼈던 상대방에 대한 감정 중에서 좋아 보였던 점을 솔직한 감정으로 말해준다. 그러면 계약서 작성을 시작하기 전부터 대부분의 계약 당사자들은 호의적인 상태가 된다. 나는 계약을 마치고 사무실을 나설 때에도 고객에게 항상 "고객님 궁금한 점이 있으시면 언제든 연락 주세요. 제가, 아는 한도 내에서는 무엇이든 충분히 답변드릴게요. 오늘 수고하셨습니다. 조심히 귀가하세요"라고 말한다. 이런 멘트를 듣는 고객의 입장에서는 자신들이 괜찮은 중개사와 계약을 진행했다며 흡족해할 것이다. 그 후, 계약이 최종 마무리되는 잔금일까지 나는 고객 서비스에 최대한 심혈을 기울인다.

계약의 시작에서 마무리까지 책임감 있는 모습을 보여준다면, 고객은 중개보수를 깎으려 하지 않는다. 나는 입주장을 하면서, 대부분의 고객들에게 "그동안 잘해주셔서 감사하다"는 말을 듣는다.

만약, 입주장을 시작으로 입주아파트 단지 내 상가에 입점하여 계속해서 1등 중개업소로 살아남기 위해서는, 계약서 작성일부터 사후관리의 시작이라고 스스로 다짐해야 한다. 계약 이후 고객에게 부동산에 관한 전반적인 시장상황, 최근 해당 아파트 단지의 시세 변화 등등 고객에게 조금이라도 도움이 될만한 내용이나 어떤 것이라도 좋으니 정기적으로 연락을 취해야 하며, 자신의 존재감을 지속적으로 홍보해야 할 것이다. 특히 대단지 아파트에서 전세 임차인은 장기적으로 해당 아파트의 예비 매수 고객이 될 확률이 높다는 점을 상기해야 한다. 또한, 입주아파트의 소유자들은 아파트 시세와 세금, 특히 양도세에 대한 궁금증이 많다. 통상 입주아파트는 2년 차가 되면 매매거래가 크게 증가하므로, 그 수개월 전부터는 더욱 집중해야 할 것이다.

# 14장

# 경제적
# 자유를
# 꿈꿔라

# 1. 생계형 부동산을
# 극복하자

부동산중개업은 참으로 힘들고, 지속성이 보장되지 않는 힘든 직업군이다. 일반인들에게, 공인중개사는 사무실 자리에 앉아 손님을 기다리다, 어벙한 손님 하나 걸리면, 몇백만 원의 수수료를 챙기는 한량처럼 보일 것이다. 하지만, 중개사 일은 그리 녹록지 않다.

특히, 가족의 생계를 책임지는 가장이라면, 더욱 그러하다. 생계를 책임지기 위해서는 매달 일정 금액 이상의 수익을 달성해야만 한다. 그래서 중개업은 남자보다는 여자에게 괜찮은 직업이라고 할 수 있겠다. 그런데, 우리나라 중개업 시장에서 가장 큰 규모는 주택, 그중에서도 아파트 거래이다. 그런데, 주변을 둘러보면, 아파트에서 날고 긴다는 중개사 대표님들의 대부분은 여자 대표님들이다. 그 이유는 여러분들도 충분히 알고 있을 것이다. 집을 보는 데 있어서도 남자보다 여자 중개사가 유리하고, 집을 구입할 때 결정권자가 대부분 여자라는 점에서도 같은 여자로서 집을 보는 관점과 가치관이 유사하여, 남자보다는 유리할 수밖에 없다.

그럼 남자 대표님들과 같은, 생계형 중개사는 어떻게 해야, 중개업 분야에서 살아남을 수 있을까?

우리가 중개업을 하다 보면, 어느 순간에 생각보다 큰 수익이 발생하는 날이 온다. 이때, 그 수익을 함부로 사용해서는 안 된다. 반드시, 돈이 돈을 벌어올 수 있는 투자를 해야 한다. 대표적인 투자 대상은 주식과 부동산이 있다. 주식은 우리의 주요 분야가 아니다. 부동산 투자를 해야 한다. 주식은 금융시장의 작은 외부요인에 의해서도 주가가 크게 흔들린다. 또한, 주식시장은 개인이 아니고, 기관(증권사, 금융사, 펀드사 등)과 싸움이다. 우리 개인보다 자금과 정보력에서 유리한 조건을 갖춘 기관을 위한 기울어진 운동장이다.

반면에, 부동산 시장은 개인과 개인 간의 싸움이다. 정보의 불균형도 거의 없고, 지식과 경험에 있어서도 개인 간의 차이가 주식만큼 크지 않다. 무엇보다 우리는 부동산 전문가 아닌가. 반드시 부동산 투자를 하자.

다만, 수익 전부를 한 방에 투자함으로써, 지금 당장 중개업 이외에 수입이 없어, 계약을 못 하는 날이 길어지면, 다시 궁핍한 삶을 살게 되고, 자존감도 바닥으로 떨어진다. 그래서 투자금을 모두 소진하는 투자, 예컨대 여유자금이 1억이 있는데, 3억 원짜리 아파트를 전세 끼고 갭투자로 여유자금 1억 원 전체를 사용해서 이 아파트를 매수한다고 하면, 투자금 전체가 갭투자에 사용됨으로 인해, 처분하기 전까지는 나의 생활에 전혀 도움이 되지 않는다. 결국, 이런 방식으로 투자하면 오래가지 못한다. 이럴 때에는, 투자금 1억 원을 월세수익이 발생할 수 있는 물건에 투자해야 한다. 혹자는, 월세수익은 크지 않을 뿐더러, 전세 끼고 매수하여 시세차익을 누리는 갭투자 방식이 결과적으로 더 큰 수익을 낸다고 주장할 수 있다. 물론, 틀린 지적은 아니다. 하지만, 그러한 투자 방식은, 직장인처럼 고정수익이 있는 사람에게는 괜찮을 수 있지만, 생계형인 중개사에게는 적절치 못하다. 사업은 항상 굴곡이 있기 마련이다.

따라서, 생계형 중개사는 반드시 처음 몇 번은 월세수익이 발생하는 물건에 투자해야 한다. 매달 일정 수준의 현금흐름을 유지할 수 있게 만든 후에, 여유자금이 생기면, 그때부터는 좀 더 공격적인 방식으로 투자해도 될 것이다.

# 2. 뚜렷한 목표를 갖자

우선 눈을 감고, 내가 인생에서 진정으로 원하는 것이 무엇인지를 스스로에게 물어보자. 자신이 원하는 많은 것들이 떠오를 것이다.

원하는 것을 달성하기 위한 결심을 하고, 확고한 목표를 세워야만 실행할 수 있다. 뭔가 해보겠다는 막연한 목표는 결코 이뤄질 수 없는 신기루나 다름없다. 왜 목표를 달성해야 하는지에 대한 절실한 이유가 존재해야 한다. 현재의 재정적으로 어려운 환경에서 벗어나야만 하는 절박한 이유이거나, 어떤 일이 있더라도 목표를 달성하겠다는 간절한 이유가 존재한다면, 지금 당장 변할 수 있다. 지금 당장 결심했다면, 실행에 옮겨야 하고, 그 상태를 유지하기만 하면 된다. 대부분의 사람들은 무엇을 해야 하는지는 잘 알고 있다. 하지만 좀처럼 그 일을 행동으로 실천하지 않는다. 그 이유는 동기가 약해서이다. 실행하게 하는 동기는 오직 확고한 미래가 보일 때만 부여된다.

연구·개발이든, 사업이든, 모든 일에서 성과를 내기 위해서는 그에 상응하는 노력이 필요하다. 그 노력이 임계점에 도달하기 전까지는 어떠한 변화도 나타나지 않는다. 그래서 대부분의 사람들이 성과를 눈앞에 두고 좌절하게 된다. 좌절하는 순간에 성공이 바로 앞에 있음을 깨닫지 못한 채 말이다. 하지만, 노력하는 매 순간에도 변화는 일어나고 있음을 잊지 말아야 한다.

이제 목표를 세워보자. 지금부터 10년 후 나의 목표를 계획할 때에는 지금보다 좀 더 나아진 모습의 자신을 목표로 하면 안 된다. 생각만 해도 심장이 두근거리는 목표여야 한다.

경제적 자유 달성 피라미드

당신이 지금 부자가 아니라면, 이는 과거 나의 행동에 따른 결과이다. 미래에 부자로 경제적 자유를 누리고자 한다면, 미래의 부자가 되기 위한 목표를 달성하기 위해 나의 모든 '오늘'의 행동을 바꿔야 한다.

예를 들어, '10년 후 경제적 자유 달성'이라는 목표를 세워보자.

명확한 목표를 결심했다면, 이제부터 시간의 역산으로, 최종 목표와 중간 목표를 정하고, 이를 달성하는 각각의 단계를 구체화하면 된다. 위의 피라미드를 참조해서, 나만의 '10년 후 경제적 자유를 달성하기 위한 프로젝트'를 작성해 보자.

최종단계: 10년 후 경제적 자유 달성

4단계:　5년 내에 현금흐름으로 매월 1,000만 원을 달성한다.

3단계:　매년 수익형 부동산 1개를 경매로 낙찰받는다.

2단계:　중개보수의 30%로 반드시 종잣돈을 모은다.

1단계:　종잣돈을 모으기 위해, 매달 10건을 계약 목표로, 오늘 당장에 그것과 직접적으로 연관된 일에 집중한다.

최근, "주 100시간은 기본이다"라는 말을 자주 듣는다. 테슬라의 CEO이자, 페이팔(paypal) 창업자인 일론 머스크는 매일 3시간만 자며, 주 120시간의 일과 싸웠다고 한다. 아마도 일론 머스크는 자신의 명확한 목표를 달성할 수 있다는 신념으로, 자신의 모든 열정을 쏟아부었을 것이다.

인간은 누구나 무한한 잠재력을 갖고 있다. 결심해 보자. 중개업에서 성공하고 싶다면, 일단 딱 1년만 제대로 미쳐보자. 지금의 삶에 비하여, 1년 후의 삶이 어떻게, 얼마나 바뀌게 되는지 확인해 보자. 내가 무언가에 완전히 미쳤을 때 어떠한 결과를 달성할 수 있는지 궁금하지 않은가? 두 번 다시 할 수 없을 만큼, 딱 1년만 노력해 보자.

이렇게 1년을 노력해 보면, 2, 3년을 지속할 수 있을 것이다. 그리고, 최종 목표를 달성하는 과정 중 중간단계에서의 성공에 대해 합당한 보상을 스스로에게 함으로써, 지속적인 동기부여를 제공해야 한다.

# 3. 롤 모델을 만들어라

'토니 로빈스(Tony Robbins)'는 나의 롤 모델이다. 그는 세계적인 연설가이자 동기부여 전문가로서, 변화심리학의 권위자이다. 그는 빌 클린턴, 조지 부시, 마이클 잭슨, 그리고 다수의 세계적인 CEO들을 멘토링하였다. 다수의 저서가 있으나, 나는 『네 안에 잠든 거인을 깨워라』를 읽고, 내 삶과 현재의 위치를 다시 한번 돌아보고, 앞으로 어떻게 살아야 할지를 결심할 수 있는 기회를 얻었다. 책의 분량이 사악함에도 5번을 반복해서 읽었다. 지금도 가끔씩 밑줄 친 부분만이라도 반복해서 읽곤 한다.

그래서, 어떻게 하면 토니 로빈스와 같은 삶을 살 수 있을까? 어떻게 하면 수많은 사람들에게 선한 영향력을 미치며, 큰 자산가가 될 수 있을까? 내가 누구보다 잘하거나, 잘 아는 것이 무엇일까? 고민했다. 그래 맞다. 나는 20여 년 중개업을 해왔고, 입주장에서만 15년을 지속해서 일하면서 입주장에 대해서는 누구보다 많은 지식과 경험을 쌓았다고 자부한다. 그동안 나는 입주장에서 일어나는 모든 것들을 경험했고, 체계화하려고 노력했다. 그래서 입주장에 대한 나의 지식을 이제 막 중개업을 시작하거나, 중개업 경력은 많으나 입주장에 대한 막연한 두려움에 쉽게 뛰어들지 못했던 분들, 그리고 입주장에서 그동안 원하는 목표를 달성하지 못했던 분들을 위해 이 책을 쓰게 되었다.

물론, 이 책에서는 다룰 수 없는 내용들을 제외하고는, 최대한 나의 모든 노하우를 전달하고자 노력하였다. 따라서 이 책에 나온 내용만이라도 충분히 숙지하고, 자신들의 경기장(입주장)에서 적용한다면, 원하는 많은 것들을 성취할 수 있을 것이다.

이처럼, 나는 토니 로빈스라는 동기부여 전문가를 롤 모델로 삼았다. 누구든 롤 모델을 만들고, 그와 같은 생각을 하려고 노력하고, 그와 같이 행동한다면, 보다 쉽게 성공의 목표에 도달할 것이다.

간단한 예를 들어보자. 사람들이 유튜브가 이제는 부동산중개업에서도 필수가 되었다고 하니, 그럼 '나도 유튜브 마케팅을 해야겠다'는 생각에, 각종 서적을 읽어보고, 유튜브에 접속해서 관련 영상들을 수없이 봤음에도 불구하고, 마음먹은 것처럼 쉽게 실행에 옮기지 못했을 것이다. 이럴 때, 가장 안전하고, 효과적으로 실행에 옮길 수 있는 방법이 롤 모델을 정하는 것이다. 내가 가장 닮고 싶은 유튜브 채널을 똑같이 따라 해보자. 눈으로 보고, 귀로 듣지만 말고, 하나의 영상을 선정해서 해당 영상에 나오는 멘트 한 마디 한 마디를 손으로 적어보라. 그러면 유창하게만 들렸던 그들의 멘트도 사실 우리와 별반 다르지 않은 수준이라는 것을 느끼게 될 것이다. 만약 당신이 그렇게 느꼈다면 이제 '나도 할 수 있을 것 같은데'라는 자신감이 생길 것이다.

유튜브뿐만 아니라, 이외의 블로그, 네이버 광고 등 중개업 전반에 걸쳐 다양한 롤 모델을 정하고, 그들을 복사하듯이 정확히 따라 해보기 바란다. 단기간에 충분히 가시적인 효과를 볼 것이다.

# 4. "왜?"라고 질문을 하라

10장의 고객응대 방법을 설명하면서, 부동산 투자 경험, 재정상태 등 적절한 질문을 고객에게 함으로써, 계약 가능한 진성고객인지를 파악해야 한다고 강조했다. 그런데, 우리 자신에게도 적절한 질문을 자주 해봐야 한다. 질문의 수준이 생각의 수준을 결정한다. 그래서 성공한 사람들은 그렇지 않은 사람들보다, 더 나은 질문을 스스로에게 하고, 그 결과로 더 나은 해답을 찾는다. 예를 들어, 중개업을 하는 우리를 생각해 보자. 부동산 시장이 어렵다고, 경쟁이 치열하다고 해서, 죽은 물고기처럼 그냥 흘러가면 안 된다. 물길을 헤쳐나가야 한다.

보다 차별화된 광고를 어떻게 할 수 있을까?, 거래 가능한 물건을 어떻게 더 만들어 낼 수 있을까?, 어떻게 하면 계약성사율을 더 높일 수 있을까? 같이, 마음속으로 질문해 보자. 그러면, 그 질문들에 대해 어떠한 형태로든 답하게 되어 있다. '부동산 시장이 꽁꽁 얼어붙어 있는데, 내가 할 수 있는 건 아무것도 없어'라고 부정적인 생각에 사로잡히게 되면, 어떠한 변화도 일어나지 않는다. 오히려, 상황은 더 안 좋아질 것이다.

다음은 앞서 언급한 토니 로빈스의 『네 안에 잠든 거인을 깨워라』

에서 '나이아가라 증후군'이라는 내용이다.

"인생은 강물이다. 대부분의 사람들은 어디로 가겠다는 구체적인 결정을 하지도 않은 채 그냥 인생의 강물에 뛰어들어간다. 얼마 내려가지 않아서 여러 가지 사건, 두려움, 도전 등에 부딪히게 되며 그들이 더 큰 강으로 들어가는 분기점이 되어서도 어디로 가기를 원하는지, 또는 어느 방향으로 가야 좋은지 의식적으로 결정을 하지 못하고, 그냥 물줄기를 따라 흘러가게 된다. 그들은 가치관이 아닌 사회적 환경에 지배를 받는 집단의 일원이 되어 이렇게 무의식적인 상태로 가다가 어느 날 갑자기 물결이 빨라지고 요동치는 소리에 놀라 깨어나게 된다. 그러나 그때는 바로 몇 미터 앞에 나이아가라 폭포가 있음을 발견하지만, 배를 강변으로 저어갈 노조차 갖고 있지 않다. 그제서야 "아!"하고 한탄하지만 때는 이미 늦어 그들은 물과 함께 폭포의 낭떠러지로 추락한다. 때로는 그것이 감정의 추락이기도 하고 신체적인 추락, 또는 경제적인 추락이 될 수도 있다. 당시에 어떤 도전을 맞고 있었더라도 상류에 있을 때 더 나은 결단을 내렸다면 그 문제를 예방할 수 있었을 것이다"

중개업 시장도 위와 다르지 않다. 보통의 중개업 시장에서 호황기는 짧고, 불황기는 길다. 수익이 일정하지 않으므로, 불황기에 버티기 위해 호황기 때의 수익을 잘 관리해야 한다. 하지만, 이러한 대처법은 능동적이지 못하다. 불황기에도 수익을 낼 수 있도록 최선을 다해야 한다. 나이아가라 폭포에 함께 떨어지기 전에 상류에서 대비해야 한다.

입주장도 마찬가지이다. 입주장은 속도 싸움이라고 한다. 모든 것이 빠르게 진행된다. 물건작업을 하고, 광고를 하고, 계약을 하는 등 모든 업무가 빠르게 해야 한다. 입주장에는 같은 생각과 같은 목표를 향해 달려가는 수많은 경쟁자들이 즐비하다. 이러한 경쟁에서 나의 목표를 달성하기 위해서는 입주장 초반에 더 집중해야 한다. 어영부영 시간을 보내다가, 어느날 소유자에게 전화해 보니, 계약을 했다는 이야기를 듣고, 그제서야 본격적으로 입주장을 시작한다면, 이미 때는 늦었다. 생각보다 수많은 물건들이 이미 계약이 완료된 상태일 것이다. 그러니, 입주장 초반에 맘 놓고 있으면, 내 주변에서 벌어지고 있는 일들을 모르고 지나치게 되고, 그 누구도 현재 입주장 상황을 알려주지 않는다. 상황파악이 되었을 때는 이미, 폭포 아래로 떨어지기 직전이고, 아무리 발버둥을 쳐도 상황을 반전시킬 수 없게 된다. 기억하기 바란다. 입주장에서는 처음부터 입주장이 끝나는 그날까지 촉각을 곤두세우고, 일에 집중해야 한다.

현재의 부동산중개업 시장이 힘들어도, "이것도 하나의 기회다. 이 기회에 자신을 더욱 발전시킬 수 있는 방법이 뭐가 있을까?"라고 질문해 보자. 그 질문의 결과가 폭포 아래로 추락하지 않고, 현재의 위기를 극복하고, 자신을 더 발전시킬 수 있도록 이끌 것이다.

우리가 간절히 원하는 구체적인 목표를 신중하게 생각하고, 그것을 이루기 위한 질문을 하자.

구체적인 목표: 1년에 1억을 벌겠다.
　질문 1: 어떻게 하면 1년에 1억을 벌 수 있을까?

답변 1:    계약을 많이 하면 된다.

질문 2:    그렇다면, 매달 몇 건의 계약을 성사시키면 될까?

답변 2:    매매계약, 임대차계약 가리지 말고, 무조건 한 달에 10건의 계약을 달성하자.

질문 3:    계약성사율을 높이기 위해, 지금 당장 해야 할 일이 무엇일까?

답변 3:    고객을 많이 끌어모아야 한다. 그러기 위해서는, 마케팅에 더 집중해야 한다.

질문 4:    마케팅에 어떻게 집중해야 할까?

답변 4:    차별화 방법을 써야 한다.


마지막 질문으로, 차별화 마케팅 방법에는 어떤 것이 있는지 고민하고 실행하면 된다. 원하는 목표에 도달하기 위한 첫 단계를 시작하면 된다. 만약 고민해도 생각이 나지 않는다면, 마케팅 관련 책을 적어도 3권 이상 읽어보기 바란다. 그러면 아마도 그 안에서 해답을 찾을 수 있을 것이다.

현재 중개업 시장이 어렵다고, 대부분의 사람들처럼 나이아가라 강물에 몸을 맡긴 채 흘러가지 말자. 중개업 시장에서 쉬운 때란 없었다.

# 5. 독서하라

　1년에 몇 권의 책을 읽는가? 몇 년 전까지만 해도 나는 책을 거의 읽지 않았다. 중개업을 처음 시작했을 때에는 부동산 신문 기사를 빠짐없이 읽고, 부동산 전문서적들도 시간 날 때마다 읽었다. 그리고 부동산 관련 세법 공부도 나름 열심히 했지만, 어느 순간부터 손에서 멀리하게 되었다.

　그러다 2년 전부터는 거의 매일 독서를 한다. 연 100권 이상의 책을 읽고 있다. 평일 저녁 시간에도 읽고, 일요일에는 집 주변 공공도서관으로 출근해서 독서한다. 우리가 개그맨으로 잘 알고 있는 고명환 님은 수천 권의 책을 읽었다고 한다. 그는 도서관을 '돈서관'이라 부른다. 매일 아침 단 30분이라도 도서관에 가서, 독서를 통해 삶과 사업의 지혜를 얻는다고 한다. 그의 말에 전적으로 공감한다.

　독서는, 다양한 분야의 지식을 습득하게 하고, 상상력과 이해력을 높여주고, 언어 구사력의 수준을 높여주며, 자신의 정체성을 강화시켜 준다. 이외에도 많은 장점들이 있을 것이다. 독서를 하면 우리의 뇌는 간접 경험을 하게 된다. 그런데, 인간의 뇌는 실제 삶에서 경험하는 직접 경험과 독서를 통한 간접 경험을 구분하지 못한다고 한다.

그래서 책 내용에 감정이입을 해서 읽다 보면, 저자의 경험을 나의 경험으로 인식하게 된다. 결국, 다양한 분야의 책을 많이 읽으면, 저자의 경험을 나의 경험으로, 뇌가 인지하게 되어 많은 독서량을 통해 많은 경험을 습득하게 되는 것이다.

나보다 앞서 경험하고 성공한 사람들의 경험을 내 것으로 만들 수 있는 가장 간단하고 효과적인 방법이 독서이다.

오늘부터 괜찮은 부동산 관련 서적 30권을 선택해서 읽어보자. 30명의 부동산 전문가의 경험을 뇌에 입력하게 되면, 누구든 부동산 전문가로 거듭날 것이다.

**부동산 공인중개사를 위한**

# 입주장
# 1 등 의
# 비　밀

초판 1쇄 발행　2025. 5. 23.

**지은이**　윤건율
**펴낸이**　김병호
**펴낸곳**　주식회사 바른북스

**편집진행**　김재영
**디자인**　양헌경

**등록**　2019년 4월 3일 제2019-000040호
**주소**　서울시 성동구 연무장5길 9-16, 301호 (성수동2가, 블루스톤타워)
**대표전화**　070-7857-9719 | **경영지원**　02-3409-9719 | **팩스**　070-7610-9820

•바른북스는 여러분의 다양한 아이디어와 원고 투고를 설레는 마음으로 기다리고 있습니다.

**이메일**　barunbooks21@naver.com | **원고투고**　barunbooks21@naver.com
**홈페이지**　www.barunbooks.com | **공식 블로그**　blog.naver.com/barunbooks7
**공식 포스트**　post.naver.com/barunbooks7 | **페이스북**　facebook.com/barunbooks7

ⓒ 윤건율, 2025
**ISBN** 979-11-7263-374-5 03320